APA GUIDES

Kreation und Leitung Hans Höfer

DUBLIN

Herausgegeben von Brian Bell und Liam McAuley
Fotografiert von Thomas Kelly u.a.

APA PUBLICATIONS

Dublin – die Stadt, berühmter Autoren wie James Joyce, George Bernard Shaw und Samuel Beckett; Quelle des berühmten Guinness-Biers, Schauplatz der Pferderennen und verbissener politischer Auseinandersetzungen, Hort katholischer Frömmigkeit – über keine Metropole vergleichbarer Größe ist so viel geschrieben worden.

Der Herausgeber des *Apa Guide Dublin,* der in Nordirland geborene **Brian Bell,** der die Leitung der Londoner Apa-Redaktion innehat, hatte sich mit dem *Apa Guide Irland* bereits einen Namen gemacht – in der Serie der Apa Guides das erste Buch über ein europäisches Land. So lag es nahe, daß Bell, der ein Studium der Psychologie an der Universität Belfast abgeschlossen hatte und Herausgeber des Reiseteils des *Observer Magazine* war, 1987 gemeinsam mit seinem alten Freund und früheren Kollegen **Liam McAuley** von der *Irish Times* auch die Betreuung des *Apa Guide Dublin* übernahm. Er sollte die irische Hauptstadt mit gut recherchierten, einfühlsamen Texten und einer Auswahl aussagekräftiger Fotografien und historischer Dokumente porträtieren.

Als zweite Schlüsselfigur für die Gestaltung dieses Buchs gewann Bell den Fotografen **Thomas Kelly,** für den – nach vielseitigen Aufgaben für die WHO und Unicef in aller Welt – die Landschaft in seiner Heimat Irland noch immer die größte Herausforderung darstellte: „Hier ist so viel Wasser in der Luft, daß dadurch einzigartige Lichtverhältnisse geschaffen werden. Man kann hier an einem Tag Frühling, Sommer, Herbst und Winter erleben; und wie sich dabei die Landschaft verändert, erstaunt mich immer wieder. Natürlich ist es der liebe Gott, der die Arbeit macht, ich mache nur die Bilder!"

Bell

McAuley

Kelly

Für die Darstellung der komplexen Geschichte der Stadt konnte Bell **Peter Somerville Large,** einen Dubliner anglo-irischer Herkunft, gewinnen. Er ist der Autor eines Buches über die Geschichte Dublins (*Dublin,* Hamish Hamilton 1979), das die Fachleute als Standardwerk und Pflichtlektüre für jeden bezeichnet haben, den dieses Thema interessiert.

Für einen Großteil der Kapitel im Abschnitt „Orte und Plätze" ist die Journalistin **Lorna Siggins** verantwortlich, die in Glasgow als Tochter irischer Eltern geboren wurde und seit 1976 in Dublin lebt. Nach ihrem Studium am Trinity College hat sie die ganze Welt bereist, fühlt sich jedoch nirgendwo so zu Hause wie in Dublin: „Nach all den Reisen ist es immer wieder erholsam, in eine Stadt zu kommen, wo man an der Bushaltestelle die Leute ansprechen kann, ohne sie zu erschrecken."

Der Reporter und Kolumnist der *Irish Times,* **Seamus Martin,** der in dem alten Dubliner Viertel Liberties aufgewachsen ist, übernahm die Aufgabe, die ihm vertrauten Straßen im Kapitel „Die Altstadt" zu beschreiben. Seamus ist bekannt für seinen humorvollen Stil, doch spürt man auch seine Enttäuschung, wenn er darüber spricht, wie seine geliebte Heimatstadt der modernen „Stadtentwicklung" zum Opfer gefallen ist. Es ist eine altbekannte Tatsache, daß der Fluß Liffey Dublin nicht nur geographisch, sondern auch sozialpolitisch in den reicheren Süden und den ärmeren Norden teilt. „Doch nun", so Martin, „wird Dublin auch von West nach Ost gespalten." Er will damit sagen, daß sich die Vorstädte mit den Wohnblocks der Arbeiterklasse im Westen rapide ausgebreitet haben und von den wohlhabenden Geschäftsvierteln im östlichen Zentrum

Siggins

Martin

Dublins durch „eine Barriere von Trümmern" getrennt sind – „Bauruinen, die seit Jahrzehnten vor sich hin gammeln." Am traurigsten ist für Martin, daß in den Vorstädten heute die Familien leben, die früher im alten Dublin wohnten und die lebendige, großzügige und fröhliche Atmosphäre der Stadt geprägt haben.

Morissy

Die Atmosphäre der Dubliner Straßen hat auch die für die *Irish Times* tätige **Mary Morissy** mit dem Kapitel „Straßenleben" eingefangen, während sich den Gesprächen in den Pubs ihre amerikanisch-irische Kollegin **Mary Maher** gewidmet hat, die seit 1965 in Dublin lebt. „Eigentlich wollte ich nur für ein Jahr kommen, aber dann bin ich einfach geblieben." Den Grund dafür nennt sie schlicht „Crack" – nicht die Modedroge ist gemeint, sondern die Kurzbezeichnung für die irische Vorliebe für lebendige Konversation und Gelächter, die durch ein schäumendes Ale noch unterstützt wird.

Maher

Diese Vorliebe der Dubliner für ununterbrochenes Reden wird auch in dem Essay „Das Gespräch als Kunstform" von **Noel McFarlane** betrachtet, der selbst ein Mann weniger und wohlgewählter Worte ist und sich als Schriftsteller und Bühnenautor hervorgetan hat.

McFarlane

Viele berühmte irische Schriftsteller haben ihrer Heimatstadt den Rücken gekehrt und sind nach London gegangen – sie pflegen eine Haßliebe zu Dublin, die der in England geborene und in Irland aufgewachsene Journalist **Charles Hunter** nur zu gut nachempfinden und in seinem Essay über die Dubliner Schriftsteller meisterlich vermitteln konnte.

Die umstrittene Rolle der Religion – die in der Abtreibungsdiskussion wieder aktuell geworden ist – sowie die herrlichen Dubliner Originale hat **Deirdre Purcell,** eine Tochter der Du-

Purcell

bliner Northside und Redakteurin der irischen *Sunday Tribune,* als qualifizierte Kennerin der irischen Hauptstadt beschrieben.

Einige der berühmtesten Dubliner Originale gehören der Rock'n Roll-Generation an, und der seit seiner frühen Jugend in Dublin lebende Journalist **Michael Cunningham** hat sich mit viel Liebe der Dubliner Musikszene gewidmet. Ein Thema, das die Besucher Dublins immer wieder beschäftigt, ist die irische Wirtschaft. **Brendan Keenan,** der für Radio RTE und als irischer Korrespondent der Londoner *Financial Times* arbeitete, hat versucht, einige wichtige Daten zusammenzutragen.

Cunningham

Unter den Fotografen, die die Arbeit von Thomas Kelly ergänzten, ist in erster Linie **Guglielmo Galvin** zu nennen, der im italienischen Viertel von Dublin aufgewachsen ist und heute von London aus fotografische Beiträge für führende britische Zeitschriften leistet.

Die Produktion der Erstausgabe dieses frühen Titels der Serie lag noch in den Händen des Redaktionsteams in der Apa-Zentrale in Singapur. **Vivien Kim** übernahm die Kordination und widmete sich der Aufgabe, die verschiedenen Kapitel unter Mithilfe von **Ng Swee San, Gloria J. Maschmeyer, Audrey Simon** und **Karen Goh** durch die Computer zu schleusen.

Für den Text der deutschen Erstausgabe von 1993 zeichnete die Übersetzerin **Christine Wirth** verantwortlich. Die Aktualisierung des Buches von 1996, bei der uns die Irische Fremdenverkehrszentrale in Frankfurt hervorragend unterstützte, besorgte **Herbert Becker,** Publizist in München, der 1995 ein eigenes Irland-Buch herausgegeben hat und auf der grünen Insel ein Haus besitzt.

INHALT

Geschichte und Kultur

Was ist Dublin?
Liam McAuley 23

Zeittafel
Liam McAuley 28

Die Anfänge
Peter Somerville-Large 30

Unter der Herrschaft Londons
Peter Somerville-Large 33

Der Freiheitskampf
Peter Somerville-Large 37

Die Anglo-Iren
Peter Somerville-Large 40

Ein freier Staat
Peter Somerville-Large 45

Die irische Wirtschaft
Brendan Keenan 52

Dublins Schriftsteller
Hilary Cunningham 57

Das Gespräch als Kunstform
Noel McFarlane 60

Dubliner Originale
Deirdre Purcell 66

Lebendige Musikszene
Michael Cunningham 69

Straßenleben
Mary Morissy 75

Volkssport
Liam McAuley 83

Pubs
Mary Maher 87

Orte und Plätze

Einleitung 99

Southeast Dublin
Lorna Siggins 103

Studenten am Trinity
Charles Hunter 109

Bewley's Cafés
Lorna Siggins 112

Dubliner Buchhandlungen
Lorna Siggins 118

Die Rolle der Religion
Deirdre Purcell 123

Die Altstadt
Seamus Martin **129**

Die Guinness-Saga
Lorna Siggins **138**

Die Northside
Lorna Siggins &
Liam McAuley **145**

Nachtleben in Dublin
Michael Cunningham **150**

Die Westside
Lorna Siggins **159**

Pferde
Liam McAuley **163**

Südliche Vororte
Lorna Siggins **169**

Nördliche Vororte
Lorna Siggins **177**

Ausflüge in den Süden
Lorna Siggins &
Liam McAuley **185**

Ausflüge in den Norden
Liam McAuley **193**

Ausflüge in den Westen
Lorna Siggins **203**

Karten

Dublin und Umgebung **98**
Southeast Dublin **104**
Altstadt **130**
Northside **146**
Westside **160**
Südliche Vororte **170**
Nördliche Vororte **179**

REISETIPS

Landeskunde

Geographie 210
Verfassung & Verwaltung 210
Bevölkerung & Sprache 210
Klima 210

Reiseplanung

Anreise 210
Einreisebestimmungen 211
Zoll 211
Geldfragen 211
Kleidung 211

Wissenswertes

Ortszeit 211
Einheiten & Gewichte 211
Trinkgeld 211
Geschäftszeiten 212
Gesetzliche Feiertage 212
Öffentliche Toiletten 212
Strom 212
Kommunikation 212
Gesundheit & Notdienste 212
Nützliche Adressen 213

Unterwegs

Busse & Züge 213
Taxis 213
Mit dem Rad 213
Leihwagen 213

Unterkunft

Hotels 214
Guesthouses 215
Jugendherbergen 216
Camping 216

Essen & Trinken

Restaurants 217
Pubs 219

Unternehmungen

Stadtrundgänge 219
Veranstaltungen 220
Musik 220
Theater 220
Museen & Bibliotheken 221
Galerien 221
Einkaufen 222
Nachtclubs 223
Kinos 223
Sport 223

Literaturhinweise

Deutsch 224
Englisch 224

Visuelle Beiträge 225
Register 226

21

Es gibt diese wunderbar komische Stelle in Sean O'Caseys Stück *Juno and the Peacock*, wo Kapitän Boyle – ehemaliger Kahnführer auf dem Kanal, der gern vorgibt, Kapitän eines Hochseeschiffes gewesen zu sein – erzählt, wie er irgendwo auf einem der Weltmeere auf dem Deck seines (imaginären) Schiffes sitzt und voller Ehrfurcht und Staunen den Himmel betrachtet: „Was sind Sterne?", sinniert er, „Was *sind* Sterne?" Mit ungefähr dem gleichen Staunen denken die Dubliner über ihre Stadt nach. Denn was *ist* Dublin?

Natürlich, Dublin ist die Hauptstadt Irlands, eine Stadt mit etwa einer Million Einwohnern, ein Seehafen an der Mündung des Flusses Liffey, ein Zentrum von Politik, Handel und Industrie, ein Ort von großem kulturellem und historischem Interesse. Die Reiseführer rühmen seine herrliche Lage in einer weiten, von Hügeln und Landspitzen dominierten Ebene an einer breiten Bucht. Man liest von ihrer schönen georgianischen Architektur, ihren redseligen Menschen, die nichts aus der Ruhe bringt.

Aber sind Sie dann viel schlauer? Könnte man nicht ähnliches über jede Stadt der Welt sagen. Das Schlimme an Dublin ist, daß man sein ganzes Leben hier verbringen könnte und dennoch nicht zufriedenstellend zu sagen vermöchte, was Dublin eigentlich ist.

Viele große Männer haben es versucht. Dublin ist die Geburtsstadt von Jonathan Swift, Oscar Wilde, W. B. Yeats, James Joyce, George Bernard Shaw, Samuel Beckett und anderen bekannten Autoren. Über Dublin wurde mehr geschrieben als über jede andere Stadt vergleichbarer Größe. Oft äußerten sich die Schriftsteller jedoch nicht gerade freundlich über ihre Heimatstadt. „Meine sentimentale Achtung für Irland schließt die Hauptstadt nicht mit ein", meinte Shaw mit dem ihm eigenen Hochmut.

Vorherige Seiten: Antiquitätenhändler. Dubliner Popgruppe. Fischfabrik in Howth. Georgianische Türen. O'Connell Bridge. **Links:** Freiflug in Kilbarrack. **Oben:** Pudel mit Frauchen.

Auch Joyce zeigte sich wenig angetan von Dublin. Dennoch spielen hier alle seine Bücher, und das, obwohl er als Erwachsener fast ausschließlich im Ausland lebte. Er behauptete einmal, daß man die Stadt, sollte sie zerstört werden, Stein für Stein nach der Beschreibung im *Ulysses* wiederaufbauen könnte. In seinem letzten Buch, *Finnegans Wake*, fand er, daß die englische Sprache der Stadt nicht gerecht würde, und erfand eine eigene Sprache, in der er Dublin mit über

200 verschiedenen Namen belegte: *Dobbelin, Dambaling, Doubtlynn, Drooplin, Annapolis, riverpool, bubblin, Durblana, Hurdleberry Fenn, Publin...* (Zumindest der letzte dürfte sich selbst erklären.)

Die Besucher kommen mit sehr unterschiedlichen Erwartungen nach Dublin, und die meisten finden sich bestätigt. Amerikaner genießen lustvoll das Geplauder und die Schmeicheleien der Dubliner. Die Deutschen erwarten eine Stadt der Nonkonformisten, einen angenehmen Gegensatz zur Ordnung und dem disziplinierten Leben zu Hause, und auch sie werden nicht enttäuscht. Manche Engländer stellen gelegentlich verwirrt fest, daß sie nicht mehr das Sagen haben, doch sind sie schon zufrieden, wenn sie Zeichen der Schwäche vorfinden und amüsieren sich über die britischen Briefkästen aus der Zeit vor dem Ersten Weltkrieg (auch wenn diese inzwischen grün gestrichen sind).

Man mag die Stadt als Tempel des irischen Nationalismus sehen, als Welthauptstadt des Gesprächs, als Tor zur lieblichen irischen Landschaft, als Stadt voller Kirchen, als (etwas geplündertes) Monument der Architektur des 18. Jahrhunderts, als Schauplatz der großen Werke von Joyce, als

Heimat des Abbey Theatre oder als herrlichen Ort für eine Sauftour. Der Schriftsteller Ulick O'Connor meinte: „Für einen Alkoholiker ist Dublin, was für einen Sexbesessenen eine Mädchenschule ist. Die Atmosphäre regt zum Trinken an."

Dies und vieles mehr ist Dublin, und jeder Besucher sollte sein eigenes Dublin entdekken. Doch es ist kein Ort, den man zu ernst nehmen sollte, da auch Dublin selbst sich nicht allzu ernst nimmt. Ein Beispiel war die Entscheidung, das „1000jährige" Bestehen der Stadt 1988 zu feiern, obwohl *dubh linn*, die Siedlung der Wikinger, nicht 988, son-

dern bereits 841 gegründet wurde. Zur Erklärung gab man an, daß der irische König Mael Sechnaill II. die Wikingerstadt den verläßlichen Angaben eines mittelalterlichen Chronisten zufolge 988 eroberte und den Einwohnern Steuern abverlangte. Der Geschichtsschreiber formulierte es so: „Er nahm die Stadt ein und machte sie irisch." So weit, so gut – oder zumindest nicht ganz schlecht. Doch dann stellte ein Chronist unserer Tage fest, daß sein mittelalterlicher Kollege die Daten bis 1014 um ein Jahr falsch angegeben hatte und die Ereignisse von 988 demnach 989 stattfanden. Die Antwort auf all das war allgemein ein schlichtes: „Na und? Okay, vielleicht feiern wir das 1000jährige Bestehen der Stadt mit 147 Jahren Verspätung, aber warum sollten wir die Party denn nicht jetzt steigen lassen?"

Geschmähte Hauptstadt: Nicht, daß die Zustimmung einhellig gewesen wäre. Ein Kritiker tat die Feier als einen ad hoc-Jahrestag ab, zu dem Zweck erfunden, um den Dubs ein großes Ereignis zu bieten, einen Jahrestag, der eher auf die Rivalität mit Cork, das kürzlich sein 800jähriges Bestehen feierte, zurückzuführen ist, als auf historische Fakten; eine Feier, die die Stimmung der Bewohner einer geschmähten Hauptstadt heben sollte. Hätte man diese Bemerkung in bissigem Ton in einer der Kneipen der Stadt vorgetragen, hätte ihr Verfasser bei Gleichgesinnten bestimmt Jubel geerntet. Von seinen Gegnern hätte er sich dagegen den Vorwurf der „begrudgery" (kleinliches Genörgel, Mißgunst) gefallen lassen müssen. Ein Wort, das Sie in Dublin oft hören werden, wenn Sie lange genug bleiben; Mißgunst hat hier ebenso Tradition wie das fröhliche Lärmen in den Pubs.

In diesem Buch werden Sie noch viele andere Aspekte Dublins kennenlernen: seine Geschichte, die Schriftsteller, exzentrische Menschen, das Straßenleben, die Pubs, Kirche und Religion, die Musik, herausragende Bauwerke und andere Sehenswürdigkeiten. Ihr eigenes Dublin werden Sie darin jedoch nicht finden, dieses Dublin müssen Sie selbst entdecken.

<u>Links</u>: Dubliner Familienvater mit seinen Kindern. <u>Rechts</u>: Beim Pferderennen in Curragh.

250 v.Chr.: Kelten, die in den vorangegangenen Jahrhunderten nach Irland gekommen waren, lassen sich an der Mündung des Liffey nieder. Ihre Siedlung heißt später Baile atha Cliath („Stadt der befestigten Furt").

um 450 n.Chr.: St. Patrick, der seit 432 die Iren zum Christentum bekehrt, besucht Dublin. Der Legende nach tauft er die Menschen im Brunnen der heutigen St. Patrick's Cathedral.

837: Wikinger segeln den Liffey hinauf. Vier Jahre später gründen sie einen Stützpunkt, der sich zur Hafenstadt entwickelt. Fast elf Jahrhunderte bleibt Dublin nun unter Fremdherrschaft.

1014: Brian Ború, der Hochkönig von Irland, besiegt die Wikinger in der Schlacht von Clontarf und beendet deren Vormarsch in Irland. Er selbst fällt im Kampf.

1170: Anglo-normannische Truppen nehmen Dublin ein.

1172: Der anglo-normannische König Heinrich II. kommt nach Dublin. Der Großteil der Bewohner schwört ihm den Treueeid. Über einer älteren wikingischen Kirche entsteht die Christ Church Cathedral.

1191: Gründung der St. Patrick's Cathedral.

1204: Bau des Dublin Castle. Bis zur Unabhängigkeit des Landes bleibt die Burg Machtzentrale der zahlreichen englischen Herrscher in Irland.

1347: An die 4000 Dubliner, rund ein Drittel der Bewohner, fallen der Pest zum Opfer.

1537: Heinrich VIII. nennt sich „König von Irland" und wird zum Oberhaupt der neu entstandenen protestantischen *Church of Ireland*. Katholiken werden unterdrückt, Klöster und Kirchen zerstört.

1592: Elisabeth I. gründet das Trinity College auf dem Gelände des Münsters All Hallows.

1607: Die Stammesfürsten Red Hugh O'Donell und Hugh O'Neill aus Ulster verlassen nach ihrem Aufstand gegen die Engländer Irland. Nach der „Flucht der Grafen" *(Flight of the Earls)* beschlagnhmt die englische Regierung deren Land und siedelt protestantische Siedler aus England und Schottland an *(Ulster Plantations)*.

1649-1652: Der Lordprotektor Oliver Cromwell führt einen Irlandfeldzug durch. Die Bevölkerung wird um fast die Hälfte dezimiert, Teile des Landes werden an die Soldaten verteilt.

1685: Der katholische König Jakob II. besteigt den englischen Thron, wird aber nach drei Jahren wieder abgesetzt.

1690: Jakob, der versucht, mit Hilfe der irischen Katholiken erneut an die Macht zu kommen, unterliegt jedoch in der Schlacht an der Boyne dem Protestanten Wilhelm von Oranien. Die irischen Freiheitskämpfe finden ein vorläufiges Ende. Dublin erlebt einen Aufschwung.

1692: Das irische Parlament schließt Katholiken aus und verabschiedet die „Penal Laws" (Strafgesetze), strenge antikatholische Maßnahmen.

1710: Bau des Mansion House, heute die offizielle Residenz des Oberbürgermeisters.

1713: Jonathan Swift wird Dekan in der St. Patrick's Cathedral.

1742: Händels *Messias* wird in der Music Hall in der Fishamble Street uraufgeführt.

1759: Arthur Guinness eröffnet seine Brauerei.

1781: Bau des Custom House durch den englischen Architekten James Gandon; die georgianischen Wohnhäuser entstehen.

1782: Irland erhält sein eigenes Parlament, in dem jedoch nur Protestanten vertreten sind. Sprecher Henry Grattan kämpft gegen die englische Bevormundung. Die Strafgesetze werden weitgehend aufgehoben.

1798: Der Aufstand der United Irishmen wird in Dublin mit der Verhaftung von Lord Edward FitzGerald, der seinen Verletzungen erliegt, unterdrückt. Der Rebellenführer Wolfe Tone wird verhaftet und nach Dublin gebracht, wo er sich durch Selbstmord der Hinrichtung entzieht.

1800: Das irische Parlament löst sich auf; mit dem *Act of Union* wird Irland in das Vereinigte Königreich eingegliedert. Das öffentliche politische Leben in Dublin kommt zum Erliegen.

1829: Der Anwalt Daniel O'Connell zieht als erster gewählter Katholik ins britische Unterhaus ein. Er setzt die vollständige Aufhebung der Strafgesetze und die – theoretische – Gleichstellung der Katholiken durch.

1841: O'Connell wird Bürgermeister von Dublin.

1845-1849: Verlust der Kartoffelernten durch Mehltau. Es kommt zu einer Hungersnot; über eine Million Menschen verlassen Irland.

1858: Gründung der Irisch Republikanischen Bruderschaft (IRB), der ersten Organisation, die Irland als eine vom Feind besetzte Republik betrachtet und den Umsturz mit militärischen Mitteln anstrebt.

1867: Ein Aufstand der IRB scheitert.

1870: Gründung der *Home Rule League,* die die Selbstverwaltung im Rahmen eines föderalistischen Vereinigten Königreiches anstrebt.

1875: Charles Stewart Parnell, erfolgreichster Vertreter der *League,* wird ins Parlament gewählt.

1886: Erster Gesetzentwurf zur Selbstbestimmung Irlands scheitert im britischen Parlament.

1893: Scheitern des Zweiten Gesetzentwurfs zum Home Rule.

1904: Gründung des Abbey Theatre.

1905: Gründung von *Sinn Féin* (="Wir selbst") als Interessenvertretung des katholischen Bürgertums. Die Protestanten in Ulster drohen mit bewaffnetem Widerstand gegen eine Regierung in Dublin.

1916: Am Ostersonntag besetzen Aufständische, angeführt von Patrick Pearse und James Connolly das Hauptpostamt in Dublin. Pearse verliest eine Unabhängigkeitserklärung und ruft die Republik aus. Nach einer Woche ist die Rebellion niedergeschlagen, das Stadtzentrum durch Artilleriefeuer stark beschädigt.

1919: Das erste *Dáil Eireann* (Irisches Parlament) tritt im Mansion House zusammen, verabschiedet eine vorläufige Verfassung und wählt Eamon de Valera zum Präsidenten.

1919-1921: Die Irish Volunteers, die sich nun Irish Republican Army nennen, beginnen ihren Befreiungskampf gegen die Briten.

1920: Das Government of Ireland Act sieht für den Norden und den Süden Irlands ein eigenes Parlament vor.

1921: In London wird der Anglo-Irische Vertrag unterzeichnet. 26 Grafschaften werden als Freistaat Irland selbständiges Mitglied im britischen Commonwealth, sechs Grafschaften im Norden verbleiben im Vereinigten Königreich.

1922: Der *Dáil* ratifiziert den Vertrag. De Valera und seine Republikaner verweigern ihre Zustimmung. Zwischen Vertragsbefürwortern und -gegnern entbrennt ein Bürgerkrieg, in dessen Verlauf u.a. das Custom House und die Four Courts Schaden nehmen.

1925: G. B. Shaw erhält den Nobelpreis für Literatur.

1927: Eamon de Valera zieht als Vorsitzender der neuen Partei Fianna Fáil („Soldaten des Schicksals") ins Dáil ein.

1932: Die Fianna Fáil gewinnt die Parlamentswahlen, und de Valera wird Taoiseach (Premierminister), was er 16 Jahre lang bleibt.

1937: Aus dem Freistaat wird „Eire".

1939-1945 Eire bleibt im Krieg neutral.

1949: Gründung der Republik Irland.

1955: Beitritt zu den Vereinten Nationen.

1969: Unruhen in Nordirland führen zur Intervention britischer Truppen und zur Wiederbelebung der IRA.

1973: Irland wird Mitglied der EWG (EU).

1990: Mary Robinson wird als erste Frau Staatspräsidentin der Republik Irland.

1991: Dublin ist europäische Kulturhauptstadt.

1994: Die IRA proklamiert eine Waffenruhe, eine entsprechende Erklärung der protestantischen Milizen folgt.

1995: In einem Referendum mit äußerst knappem Ausgang entscheiden sich die Iren für den Vorschlag, die Scheidung zu legalisieren.

1996: Bombenanschläge der IRA in London gefährden vereinbarten Waffenstillstand. ■

Vorherige Seiten: Wandbild im Setanta Centre. Links: Christusbild im Book of Kells. Oben: Dolchgriff.

Die Gegend um die Dubliner Bucht war bereits während der Mittel- und der Jungsteinzeit bewohnt. Auch aus der Bronze- und der Eisenzeit finden sich Besiedlungsspuren, und in der frühchristlichen Periode entstehen Kirchen und Klöster. Die Geschichte der Stadt Dublin allerdings beginnt erst mit der Ankunft der Wikinger.

Im Jahr 841 zog eine Gruppe norwegischer Seefahrer in einem der wenigen geschützten Häfen der Ostküste ihre Boote auf den Sandstrand. Damals wie heute umschlossen die Halbinsel Howth im Norden und die Wicklow Mountains im Süden ein Gebiet, in dem der seichte Tidefluß Liffey mit seinen Nebenflüssen ein Sumpfland entstehen ließ.

Blonde Dämonen: Nahe der Mündung des Flusses Poddle befand sich eine Wehrsiedlung mit Namen *Ath Cliath* („befestigte Furt") aus der Zeit vor den Wikingern. Am Zusammenfluß von Poddle und Liffey bildete sich ein schwarzer Teich (*dubh-linn*). Genau hier erbauten die Neuankömmlinge neben den schon vorhandenen keltischen Kirchen und Klostersiedlungen entlang einem von Haselbüschen überzogenen Kamm eine Einfriedung. Sie wurden wieder vertrieben, doch kamen andere Wikingerstämme ins Land, bis mit dem Sieg in der Schlacht von Dublin an einem kalten Mittwoch im Dezember 919 feststand, daß die „blonden Dämonen" auf Dauer in Ostirland bleiben würden. Auch der Widerstand der Iren und die Niederlage in der Schlacht von Clontarf 1014 konnte sie nicht dazu bewegen, das Land zu verlassen.

Sobald die Wikinger Fuß gefaßt hatten, gründeten sie, ganz ihrem üblichen Expansionskonzept folgend, eine Handelsniederlassung. Das fruchtbare Land rundum wurde ausgebeutet, und man unterhielt Kontakte zu anderen Wikingerkolonien. Die Dubliner wurden Händler und Handwerker, unternahmen aber auch weiterhin ihre Eroberungszüge.

Ausgrabungen belegen ihr großes Können im Schiffsbau, Gerben, Weben, Kammachen und Bronzegießßen. Da sie nur wenige Frauen aus Skandinavien mitgebracht hatten, heirateten sie immer öfter auch Keltinnen. Diese Mischehen führten zur Verschmelzung der gälischen und der wikingischen Kultur – die Sprache der Skandinavier erhielt eine weitgehend irische Syntax, und auch ihre alten nordischen Götter gaben die Wikinger in den Jahren nach der Taufe von König Sitric 925 auf und traten zum Christentum über.

1170 fielen angriffslustige normannische Krieger unter Strongbow, der auf Einladung von Dermot MacMurrough, dem König von Leinster, ins Land gekommen war, in die prosperierende kleine Stadt ein. Die Eroberung wurde im folgenden Jahr durch eine Charta von Heinrich II. von England legitimiert. Damit war der Weg für neue Einwanderer aus Wales und dem Südwesten Englands frei.

Die Neuankömmlinge waren große Baumeister: Innerhalb weniger Jahre entstanden neben zahlreichen Pfarrkirchen kleiner Gemeinden wie St. Audeon aufgrund von

Reibereien und Rivalitäten auch die beiden Kathedralen Christ Church und St. Patrick. Dublin Castle – Garnison, Verwaltungssitz und Gefängnis in einem – dominierte das Stadtbild und gemahnte die Iren mit seinen Mauern ständig an die Präsenz der Eroberer.

Geschützt wurde Dublin von Mauern und an der Südseite vom Liffey, der die Verbindung nach England und zum Kontinent herstellte. Den Reichtum der Stadt kontrollierten die mächtige Zunft der Kaufleute und die Kirche.

Zur Blütezeit der anglo-normannischen Siedlung lebten hier rund 8000 Menschen. Knochen und Abfall, die bei Ausgrabungen

gefunden wurden, lassen den Schluß zu, daß sie ein gutes Leben führten. Sie aßen Meeresfrüchte, gepökeltes Rindfleisch, Lamm und viel Schweinefleisch. Außerdem importierten sie Kostbarkeiten wie Gewürze, Feigen, Rosinen, Walnüsse und Wein.

Die Stadt war zwar bestrebt, die gälischen Iren aus dem Leben der Gemeinde auszugrenzen, sie aus den Zünften zu verbannen und ihnen öffentliche und kirchliche Ämter

Links: Die Tara-Fibel aus dem 8. Jahrhundert.
Oben: Grabmal von Strongbow in der Christ Church Cathedral.

zu verwehren, doch strömten immer mehr Menschen in die Stadt, um Hunger, Krieg und Knechtschaft zu entfliehen. Die Folge war, daß sich die Bevölkerung, vor allem die Unterschicht, immer mehr vermischte.

Der Feldzug des Schotten Edward Bruce von 1315 bis 1318, während dessen auch Dublin in Mitleidenschaft gezogen wurde, hatte eine Schwächung der normannischen Macht zur Folge. Dies machten sich irische Rebellen zunutze: Die Engländer wurden immer weiter zurückgedrängt – und zum Ende des 14. Jahrhunderts beschränkte sich ihr Einflußbereich auf „The Pale", einen kleinen, befestigten Bezirk um Dublin. Während sich die Normannen im übrigen Irland fast völlig assimiliert hatten, verstärkte sich bei den hier Ansässigen das Gefühl der Isolation, da die Herrschenden eisern an ihren englischen Lebensgewohnheiten und am Gebrauch der englischen Sprache festhielten.

Weitere Unterjochung: Die Unruhen im späten Mittelalter fanden 1534 im Aufstand von Silken Thomas ihren Höhepunkt. Die brutale Niederschlagung dieses Aufstands leitete eine neue Ära der Eroberung ein. Nach der Selbsternennung Heinrichs VIII. zum König von England und Irland im Jahre 1536 hielt die Reformation in Dublin Einzug, die mit der Auflösung der Klöster bald Folgen zeitigte. Die Ländereien der Klöster wurden verkauft oder von Anhängern der englischen Krone erworben.

In der Folgezeit gewann Dublin vor allem als Ausgangsbasis der englischen Eroberung des katholischen Irland Bedeutung. Eine neue Welle von Einwanderern strömte in die Stadt – Soldaten, Abenteurer, Verwaltungsbeamte, Rechtsanwälte und gelehrte Männer wie Edmund Spenser, der in Dublin ein kulturelles Bewußtsein für die Renaissance schuf.

Die Gründung des Trinity College auf dem Gelände des Klosters All Hallows, das Heinrich den Dublinern zum Dank für ihre Loyalität geschenkt hatte, bildete den Höhepunkt der Maßnahmen, die im Rahmen der Reformation durchgeführt wurden. Das aussichtslose Bestreben dieses „Schlags gegen das Pfaffentum" war es, die Iren zum Protestantismus zu bekehren.

Die Unzufriedenheit verschiedener Teile der Gesellschaft führte in der ersten Hälfte des 17. Jahrhunderts zu Uneinigkeit und Aufruhr. Die Niederlage, die die aufständischen Iren 1601 in der Schlacht von Kinsale gegen die Truppen Elisabeths I. hinnehmen mußten, war nicht nur für die alten irischen Familien ein harter Schlag, sondern auch für jene Engländer, die bereits seit Generationen in Irland ansässig und ins gesellschaftliche Leben integriert waren. Viele von ihnen waren zum Katholizismus übergetreten und zeigten sich nicht bereit, die Willkürmaßnahmen der englischen Krone hinzunehmen. London reagierte mit der erneuten Ansiedlung loyaler englischer und schottischer Protestanten.

Die Intoleranz war überall spürbar: König Karl I. weigerte sich, die „Graces" (Zugeständnisse) in Kraft zu setzen, die die Strafe für Nichtteilnahme am anglikanischen Gottesdienst abschaffen und Beschränkungen hinsichtlich des Erbrechtes lockern sollten und die ferner die Zulassung von Katholiken zu öffentlichen Ämtern vorsahen. Dies hatte zur Folge, daß sich Anglo-Iren und gebürtige Iren zusammentaten. Die Zeit war reif für einen Aufstand.

Aufstand von Iren und Anglo-Iren: 1633 wurde Thomas Wentworth, der spätere Graf von Strafford, Lord Deputy. Er verwandte einen Großteil seiner siebenjährigen autokratischen Amtsperiode darauf, Reformen einzuleiten und Dublin zu einer eleganten Hauptstadt werden zu lassen – die Stadt erhielt damals ihr erstes Theater. Doch die Herrschaft Straffords fiel in eine Zeit der Krisen. Seine Bemühungen wurden durch den Krieg zunichte gemacht, er selbst endete auf dem Schafott.

Während des Konflikts zwischen König Karl und seinem Parlament war Irland das Pfand. Wie in ganz Irland, verbanden sich auch in Dublin Anglo-Iren und gebürtige

Iren, um gemeinsam gegen Ungerechtigkeit, Konfiszierungen, die Begünstigung der Neuankömmlinge und die Verweigerung der Bürgerrechte aufzubegehren.

1641 kam es zu einem neuerlichen Aufstand, bei dem zahlreiche Protestanten den Tod fanden. Viele weitere flohen daraufhin nach Dublin, dessen Einwohnerzahl zunächst stark anwuchs, bald darauf aber wieder durch die Pest reduziert wurde. 1300 Opfer soll sie wöchentlich gefordert haben.

Sowohl die Aufstände erschütterten die Stadt als auch der folgende Rachefeldzug des Lordprotektors Oliver Cromwell, dessen Ausgangspunkt Dublin war. Zwar wurde es nicht so sehr in Mitleidenschaft gezogen wie andere Städte, doch wurden die Stadtmauern zerstört, die Burg stark beschädigt und die Kathedralen dem Verfall preisgegeben. Erst mit der Wiederherstellung der Monarchie erlebte die Stadt eine neue Blütezeit.

Im Juli 1662 traf der Herzog von Ormonde – er hatte seine militärische Karriere damals bereits hinter sich – in Dublin ein,

Links: Modernes Kreuz nach dem Vorbild der irischen Hochkreuze. **Oben:** In der Krypta der Christ Church Cathedral.

wo er begeistert aufgenommen wurde. In seiner Amtszeit als Lord Deputy setzte er Straffords Ideen in die Tat um und brachte ein ehrgeiziges Bauprogramm auf den Weg. Während ein Großteil der alten Stadtmauern abgerissen wurde, schuf ein Netz neuer Straßen den Rahmen für stattliche öffentliche Bauten wie das Royal Hospital und die Blue Coat School.

Der Handel, vor allem mit Leinen und Wolle, wurde gefördert und bescherte der Stadt einen gewissen Wohlstand. Das literarische und kulturelle Leben erhielt neue Impulse: Buchhandlungen eröffneten, neue Zeitungen erschienen, die Dublin Philosophical Society wurde gegründet, und im Theater, das während des Krieges seine Aktivität eingestellt hatte und erst in die Smock Alley, später an andere Orte der Stadt zurückkehrte, wurden dem berüchtigten randalierenden Publikum von Dublin wieder Aufführungen geboten.

Als König Jakob II. 1685 seinem Bruder Karl II. auf den Thron folgte, wurde Ormonde vom katholischen Grafen von Tyrconnell abgelöst. Erneut wurde die Religionsfrage zum Auslöser für einen Krieg. Als William von Oranien nach England gerufen wurde, um dem „papistischen Tun" von König Jakob Einhalt zu gebieten, floh Jakob nach Dublin und wurde von der Bevölkerung mit Glockengeläute und Feuerwerk begrüßt. Doch ein langer Sommertag brachte die Wende. Am Abend des 12. Juli 1690 sahen die Dubliner immer mehr Soldaten, die sich vom Schlachtfeld am Boyne, auf dem William Jakob eine Niederlage beifügte, in die Stadt flüchteten.

Restriktionen im Vertrag von Limerick: Der Vertrag von Limerick setzte den toleranten Ideen von Ormonde ein Ende. Katholische Abgeordnete im Parlament waren verboten, und die „Penal Laws" – Strafgesetze – fanden rigorose Anwendung. In der Reiterstatue von König William III. im College Green, die immer wieder beschmiert, verunstaltet oder mit orangfarbenen Lilien geschmückt wurde, sahen die Katholiken das Symbol ihrer Unterdrückung.

Der Krieg und der anschließende Einbruch in der Wirtschaft zögerte die Entwicklung Dublins hinaus. Andererseits entstanden in dieser Zeit Bauwerke, die heute zu den Wahrzeichen der Stadt zählen. Beispiele sind das Mansion House, das Custom House an den Quays oder das Parlament am College Green.

Eines der prächtigsten Gebäude jener Epoche ist Marsh's Library, die William Robinson im Auftrag von Erzbischof Narcissus Marsh errichtete. Gegenüber dieser Bibliothek sind die Backsteinmauern der Dekanei zu sehen, wo Jonathan Swift, der Erzfeind des Bischofs, das „Elend Dublins im erbärmlichen Irland" ertrug.

Nur widerstrebend war Swift 1713 nach seiner Ernennung zum Dekan der St.

Patrick's Cathedral nach Dublin zurückgekehrt. Er söhnte sich jedoch mit seiner Geburtsstadt aus, in der ihm sein Einsatz für die Armen rund um die Kathedrale das Wohlwollen seiner Mitbürger einbrachte. Sein Verstand, sein sarkastischer Humor, seine literarischen Werke und die Tatsache, daß er die Übel Irlands beim Namen nannte, machten ihn zum angesehensten Bürger Dublins. Die Mittellosen schätzten ihn wegen seines persönlichen karitativen Engagements. Immer hatte der Autor von *Gullivers Reisen* und der *Drapier's Letters* einige Münzen für die Bedürftigen in der Tasche.

Im Jahre 1745 verstarb der „eifrige und hingebungsvolle Verfechter der Freiheit", wie er sich selbst nannte. Bereits drei Jahre vor Swifts Tod hatte die Uraufführung von Georg Friedrich Händels Messias stattgefunden – wahrscheinlich das größte Musikereignis, das Dublin jemals erlebte. Das melodiöse „Halleluja!", das in der weiß und goldfarben gestalteten Music Hall in der Fishamble Street erklang, läutete das goldene Zeitalter Dublins ein. Das Zeitalter der Aufklärung, in dem Ordnung und Rationalität an erster Stelle standen, fand in der irischen Hauptstadt in einer Epoche berauschender Architektur ihren Niederschlag.

Dublins goldenes Zeitalter: In diesen Jahren bereicherten begnadete Architekten – Richard Cassels, Thomas Ivory, und vor allem James Gandon – die Stadt mit großartigen Bauwerken wie dem Royal Exchange, den Four Courts und der Westfront des Trinity College. Hohe Adlige gaben Stadthäuser wie das Charlemont House, das Belvedere House, das Leinster House oder das Powerscourt House in Auftrag. Die Vornehmen

beteten in klassizistischen Kirchen, während für die Armen Hospitäler entstanden oder das Rotunda-Hospital, die erste Geburtsklinik Europas.

Das Handwerk erlebte eine Blüte und brachte Möbel, Silber und Glas von bester Qualität hervor. Es war auch ein Zeitalter der Gecken, Dandys, Duellanten, Schwerenöter, Lebemänner und Gelehrten.

Die Anglo-Iren, die dieses goldene Zeitalter eingeleitet hatten und von ihm profitierten, repräsentierten jedoch nur einen Teil der Gesellschaft. Zwar entwickelte sich eine katholische Mittelklasse, und viele Katholiken kamen zu Reichtum, da man ihnen aber ihre Rechte auch weiterhin verwehrte, wuchs die Gefahr, daß sie die Ungerechtigkeit mit Gewalt beantworten würden.

Im Vorfeld des sich anbahnenden Konflikts waren die Irish Volunteers („Irische Freiwillige") damit gescheitert, parlamentarische Reformen und das Wahlrecht für Katholiken durchzusetzen. Bei den United Irishmen („Vereinigten Iren") unter Wolfe Tone fanden sich Befürworter von Reformen wie auch Republikaner zusammen, die dieselben radikalen Freiheitsideale vertraten, die die französischen Revolutionäre in die Tat umsetzten. 1794 erklärte die Regierung die Bewegung für illegal und drängte sie in den Untergrund ab. 1797 war der Aufstand unausweichlich.

London regiert direkt: 1798 wurden lokale Erhebungen von den Regierungstruppen schnell niedergeschlagen. Doch die Angst der Protestanten vor der Gleichstellung der Katholiken wuchs. Sie forderten, Irland direkt der Herrschaft Londons zu unterstellen. Auch unter der katholischen Bevölkerung gab es Befürworter dieses Plans – solche, die sich davon ein Ende der Aufstände erhofften, solche, die dem Versprechen Glauben schenkten, daß die Katholiken die Gleichstellung erlangen würden, und solche, die bestochen worden waren.

Mit dem Beschluß des *Act of Union* – die Eingliederung Irlands ins englische Königreich –, der am 1. Januar 1801 in Kraft trat, löste sich das irische Parlament selbst auf. Über der Dubliner Burg wehte nun der Union Jack. Das öffentliche Leben kam zum Erliegen, die Oberschicht wanderte ab.

Mit der Union stieg Dublin fast über Nacht von einer dynamischen Hauptstadt zur tristen Provinzstadt ab. Die Auswirkungen des Massenexodus einer wohlhabenden Gesellschaft auf die Ökonomie waren nur zu offenkundig: Der Handel stagnierte, das Handwerk lag darnieder, die leeren Villen des Adels wurden in Schulen und Wohnhäuser umgewandelt.

Als der Niedergang Wirkung zeigte, wurde Dublin von einer Rebellion, angeführt von Robert Emmet, erschüttert, in deren Verlauf die Aufständischen im Juli 1803 versuchten, das Dublin Castle einzunehmen. Emmet, Sohn eines protestantischen Arztes, mag als Revolutionär unfähig gewesen sein, seine Rede vor dem Tribunal, das ihn zum Tode verurteilte, brachte ihm jedoch einen Platz im Pantheon der Patrioten ein: „Laßt niemanden meine Grabinschrift verfassen... Wenn mein Land seinen Platz unter den Nationen der Welt einnimmt, *erst dann, und keinen Moment früher,* laßt die Inschrift verfassen."

Auszug der Mittelklasse: 1820 hatte sich der wirtschaftliche Niedergang Dublins durch das Ende der Napoleonischen Kriege beschleunigt. Andererseits sah man auch Fortschritte: 1832 wurde die Gasbeleuchtung eingeführt, eine Bahnlinie zwischen Dublin und Kingstown stellte die Verbindung zu den Vororten her, die dadurch entstanden waren, daß die Mittelklasse das Stadtzentrum verlassen hatte.

1815 errichtete man St. Mary's Pro-Cathedral – auf Drängen der Protestanten in der Marlborough Street in einem schäbigen Viertel . 1829 – im Jahr der „Catholic Emancipation", die den Katholiken das Recht sicherte, Abgeordnete ins englische Unterhaus zu entsenden – stellten die Katholiken 70 Prozent der Bevölkerung. Einen wesentlichen Beitrag zur Gleichstellung der Katholiken leistete Daniel O'Connell, der erste

katholische Abgeordnete der Neuzeit. Nach dem Municipal Corporation Act 1840, der erstmals vorsah, daß städtische Amtsträger von den Steuerzahlern gewählt wurden, wurde er zehn Jahre später der erste katholische Oberbürgermeister von Dublin. Erfolglos blieb O'Connell in seinem Bemühen, die Union mit Großbritannien aufzulösen; überschattet wurde sein Wirken vor allem von der Hungerkatastrophe Ende der vierziger Jahre des 19. Jahrhunderts.

Slums boten lange Zeit einen vertrauten Anblick in Dublin. Im vorigen Jahrhundert verschlechterte sich die Situation noch mehr. Für die Opfer der vielen Typhusepidemien standen nicht genügend Hospitäler zur Verfügung. Es gab weder sanitäre Anlagen noch eine geregelte Wasserversorgung. Unzählige Brennereien und Brauereien leisteten der Trunksucht Vorschub; die Donnybrook Fair, ein jährliches Fest, das auf königlichen Erlaß 1204 eingeführt worden war, hatte sich zu einem ausschweifenden Gelage entwickelt. 1855 wurde es abgeschafft, doch lebt es in der englischen Spra-

Links: Die Sackville Street (heute O'Connell Street) mit der Nelsonsäule im 19. Jahrhundert.
Oben: Daniel O'Connell, der „Befreier".

che in Form des Wortes „donnybrook", das für Tumult oder Schlägerei steht, weiter. Überall sah man Bettler: Ein Besucher berichtete, daß er zwischen Baggot Street und Dorset Street 87mal aufgehalten worden sei. Ein weiterer Beobachter schrieb, daß Dublin ein Ort „beklagenswerter Kontraste" sei, wo die Wohlhabenden neben „einem Bild der Zerstörung, der Armut, des Schmutzes und des Elends" lebten.

Hilfe für die Armen: Im Rahmen des Irish Poor Relief Act wurden 1838 Armenhäuser eingeführt, in denen dankbare Bedürftige untergebracht werden sollten. Doch meist waren diese unbeliebten Einrichtungen

le wurde mit Lampen angestrahlt, und die Menschen jubelten, wo immer die Queen sich sehen ließ. Der Gegensatz zwischen Aufbegehren und Loyalität sowie die Präsenz britischer Soldaten war kennzeichnend für Dublin im 19. Jahrhundert. 1868 plante die Irish Republican Brotherhood („Irisch Republikanische Bruderschaft") gemeinsam mit den Feniern – sie waren zehn Jahre zuvor in Dublin und New York gegründet worden – eine weitere Revolte. Auch sie scheiterte, doch erregte sie die Aufmerksamkeit des britischen Premierministers Gladstone, der sich nun für das Selbstbestimmungsrecht Irlands einsetzte.

nicht ausgelastet. Erst nach der Kartoffelmißernte im Winter 1846 strömten Tausende von Menschen in die Stadt. Bald waren die Armenhäuser überfüllt, die Hungernden mußten nun in den berüchtigten Volksküchen und anderweitig eine Linderung ihrer Not suchen. Typhus, andere Fieberkrankheiten und eine Choleraepidemie stürzten die Stadt in noch größeres Elend.

Einem kurzen Aufstand der Bewegung „Junges Irland" 1848 – noch immer litt die Bevölkerung unter der Hungersnot – folgte der Besuch Königin Viktorias, der wider Erwarten ein Erfolg wurde. Die Nelsonsäu-

In der O'Connell Street erinnert ein Denkmal an Charles Stewart Parnell. Der Sohn eines protestantischen Landbesitzers zog im Alter von 29 Jahren als Abgeordneter für Meath ins Parlament ein. Bald war er außerdem Präsident der *Land League,* die zu einer starken oppositionellen Front gegen die Macht der Großgrundbesitzer wurde. Mit Slogans wie „Irischer Boden den irischen Menschen" kämpfte er für die Besitzrechte der irischen Bauern. Als etwa 1880 die Ernten schlecht ausgefallen waren und der Verwalter eines englischen Lords, Captain Charles Boycott, die Senkung der Pachtzinsen ablehnte, verweigerten die Landarbeiter die Mitarbeit bei der Einbringung der Ernte; Boycott mußte Irland nach dieser Aktion gewaltlosen Widerstandes verlassen.

Bei seinen Bemühungen, die Home Rule, die Selbstbestimmung für Irland durchzusetzen, konnte sich Parnell jedoch nicht nur auf die *Land League,* sondern auch auf die *Irish Home Rule League* stützen. Er war zum mächtigsten Mann in der irischen Politik geworden und fand breiten Anklang beim Volk. Ironischerweise endete seine poltitische Karriere, als seine Liaison mit Kitty O'Shea, der Ehefrau eines seiner Parteimitglieder, bekannt wurde. Die Mehrzahl

tur Irlands und den Aufruhr der Gedanken" ausgelöst habe, die den englisch-irischen Krieg vorbereiteten. Tatsächlich fiel die Malaise der Politik nach dem Scheitern des Home Rule Bill 1892 mit einer Renaissance der Literatur – mit Yeats und dem großen James Joyce an der Spitze und mit Talenten wie George Moore, George Russell, James Stephens und Lady Gregory im Gefolge – zusammen.

Das Nationalbewußtsein lebte wieder auf, wozu das 1904 gegründete Abbey Theatre dadurch beitrug, daß es alte Legenden neu dramatisierte und das bäuerliche Leben zum Gegenstand seiner Stücke machte.

seiner Anhänger kündigte ihm die Gefolgschaft, er wurde als Vorsitzender abgelöst. Kurz darauf starb er 1891 im Alter von 45 Jahren. Rund 200 000 Menschen gaben ihm bei seiner Beerdigung in Dublin das letzte Geleit.

Der Dichter W. B. Yeats meinte, daß die Desillusionierung in der irischen Politik nach dem Fall Parnells die „moderne Litera-

Links: Das *Custom House*, Gemälde von James Malton. Oben: Charles Stewart Parnell (links) und eine Karikatur von William B. Yeats (rechts).

Interessenverbände: Nach dem Vorbild der 1885 von Michael Cusack – er diente Joyce als Vorbild für den chauvinistischen Bürger im *Ulysses* – gegründeten Gaelic Athletic Association rief Douglas Hyde die Gaelic League ins Leben, mit dem Ziel, Irisch als gesprochene Sprache zu erhalten. 1908 besaß die Liga bereits 600 Filialen.

Der kulturelle Nationalismus, dessen oberstes Anliegen ein „irisches Irland" war, förderte den Kampf der verschiedenen, nach politischer Unabhängigkeit strebenden Gruppen. Arthur Griffith, der gewaltsame Revolutionen ablehnte, gründete die Be-

DIE ANGLO-IREN

Der Begriff „anglo-irisch" ist verwirrend. Er bezeichnet die irische Literatur in englischer Sprache oder die Beziehung zwischen England und Irland. Er steht aber auch für die Menschen, die einst die Dubliner Gesellschaft dominierten und der Stadt viele imposante Bauwerke hinterließen.

Sie sind die Nachkommen von Einwanderern, die in Wellen ins Land kamen – elisabethanische Abenteurer, Soldaten Cromwells, hugenottische Flüchtlinge, Siedler oder Händler wie Jervis Yeats aus Yorkshire, der Vorfahre des größten Dichters Irlands. Nicht-Iren sind oft überrascht, daß nicht alle dem Landadel angehörten, daß auch Kleinbauern, Ladenbesitzer und Geschäftsleute unter ihnen waren. An der Bemerkung von Brendan Behan, daß ein Anglo-Ire „ein Protestant auf einem Pferd" sei, ist durchaus etwas Wahres.

Die Idee eines unabhängigen Irland faßte zuerst unter den Anglo-Iren Fuß. Ihre Macht beruhte auf der Enteignung der „Old English". Dies waren die Nachkommen der ersten normannischen Invasoren, die sich dem gälischen Leben angepaßt hatten und „irischer als die Iren" geworden waren.

Alle, die sich ihre Eigenheiten bewahrten, gingen während der Reformation unter – es war ihnen unmöglich, am katholischen Glauben festzuhalten und zugleich loyaler Untertan zu sein. Als die Zugehörigkeit zum Protestantismus ausschlaggebend für Macht und Wohlstand war, wurden sie enteignet. Die Landenteignungen unter Königin Elisabeth I., König Jakob I. und Oliver Cromwell sicherten den Protestanten die Macht.

Der Sieg des protestantischen Königs William über den katholischen Jakob II. in der Schlacht am Boyne 1690 festigte ihre Position. Als neue Anbaumethoden die Erträge ihrer Güter im folgenden Jahrhundert steigerten, brachten es die „New English" zu Reichtum. Auf den britischen Inseln nahm Dublin nun nach London den zweiten Platz ein.

Im „goldenen Zeitalter" im 18. Jahrhundert genossen die Protestanten ein herrliches Leben und waren sich der Schattenseiten, der Slums und der Not der Armen nicht bewußt. Es entstanden großartige Bauten und Privathäuser; Theater, Konzertsäle und Spielhöllen hatten großen Zulauf; die Menschen putzten sich heraus, Gelage wurden gefeiert, Duelle ausgetragen.

Seit der Reformation sahen sich die „New English" als Iren. Als ihr Stern am höchsten stand, setzten sich Henry Grattan und seine Zeitgenossen im irischen Parlament (1782-1800), das in der Gesetzgebung unabhängig, aber der englischen Krone untergeordnet war, für die Schaffung eines irischen, jedoch protestantischen Staates ein.

Ein weiterer protestantischer Patriot, Wolfe Tone, hatte andere Vorstellungen: Von den Idealen der Französischen Revolution inspiriert, gründete er die United Irishmen und kämpfte für Unabhängigkeit und Gleichheit, unabhängig von Klasse und Religion. Seine Rebellion scheiterte, und die Engländer lösten das irische Parlament auf.

Im 19. Jahrhundert stand die Frage der Landverteilung im Mittelpunkt. Wie überall in Europa, war das Land im Besitz einer privilegierten Minderheit. Doch in Irland war die Kluft zwischen reichen anglo-irischen Großgrundbesitzern und ihren bettelarmen Pächtern besonders tief. Die Bauern arbeiteten hart und versuchten verzweifelt und oft vergeblich, die Wuchermieten zu bezahlen.

Auch als die Landeigner allmählich an Macht verloren, behandelten einige ihre Pächter noch immer wie Leibeigene; Sir Charles Domville etwa war stolz darauf, „ein strenges Regiment" über sein Gut zu führen: „Ich verlange von jedem Arbeiter, daß er seine Kleidung in Ordnung hält und Schnürstiefel und Gamaschen bis zum Knie trägt. Seine Zeit gehört ausschließlich mir, er darf das Haus nicht ohne Erlaubnis verlassen." So war es unausweichlich, daß der Kampf gegen die Grundherren mit dem Streben nach einem unabhängigen Staat Hand in Hand ging. Und es war ein Anglo-Ire, Charles Stewart Parnell, der diese Kampagne anführte.

Das negative Landbesitzer-Image, das die Anglo-Iren einst bei der katholischen Bevölkerung hatten, ist weitgehend vergessen Doch der Verdienste, die sich manche von ihnen erwarben, erinnert man sich wohl: Der Philosoph Berkeley, die Schriftsteller Swift und Goldsmith, die Parlamentarier Grattan und Burke.

Die Anglo-Iren werden immer stärker assimiliert, doch noch gibt es so viele, daß sie der Regierung als Beweis für die Toleranz der Gesellschaft dienen können. Sie haben im Geschäftsleben, in der Justiz und der Medizin eine Nische gefunden. Ihre letzte Großtat, die literarische Renaissance unter W. B. Yeats und Lady Gregory um die Jahrhundertwende, liegt weit zurück. Außer Samuel Beckett, der in Paris lebte, haben die Anglo-Iren seit Yeats' Tod wenig zur Literatur beigetragen.

„Wir sind kein bedeutungsloses Volk", schrieb Yeats. Es scheint aber, als ändere sich das allmählich. ∎

wegung Sinn Féin („Wir selbst"), die sich für ein unabhängiges irisches Parlament einsetzte und die politische und wirtschaftliche Eigenständigkeit Irlands propagierte. Als sich protestantische paramilitärische Gruppierungen zur *Ulster Volunteer Force* (UVF) zusammenschlossen, reagierte die Sinn Féin mit einer Korrektur ihrer Grundideen: Zusammen mit den Nationalisten von der IRB und der Gaelic League bildete sie die *Irish Volunteers,* eine Gruppierung, aus der wenige Jahre später die IRA, die *Irish Republican Army,* hervorgehen sollte.

In der Zwischenzeit organisierte James Larkin die Arbeiterschaft neu und gründete

Irish Volunteers, in die IRB ein. Pearse, im Grunde ein Revolutionsromantiker, war der festen Überzeugung, daß nur ein Blutopfer die historische Schuld tilgen konnte, die die vergangenen Generationen auf sich geladen hatten.

Osteraufstand von 1916: 1914 konnte John Redmond, Vorsitzender der Irish Parliamentary Party in Westminster, das Selbstbestimmungsrecht für Irland als Gegenleistung für die Unterstützung im Krieg gegen Deutschland durchsetzen. Doch die militanten Republikaner hatten andere Pläne. Ein Geheimer Militärrat der Irisch-Republikanischen Bruderschaft hatte für den Oster-

die Irish Transport and General Worker's Union. Sein Widerstand gegen die Ausbeutung der Arbeiter resultierte 1913 in einer großen Aussperrung; diese wiederum zog Aufstände und Massenkundgebungen und schließlich die Gründung der *Irish Citizen's Army* durch James Larkin und James Connolly nach sich.

Bald darauf trat der Lehrer und Dichter Patrick Pearse, ein Gründungsmitglied der

Soldaten verteidigen während des Osteraufstandes im Jahr 1916 eine Straße in Dublin gegen die Rebellen.

sonntag 1916 einen Aufstand geplant, wegen einer Reihe von Zwischenfällen wurde er um einen Tag verschoben. Am Ostermontag, den 24. April, besetzten schließlich 1558 Freiwillige unter Pearse und 224 Männer aus Connollys Citizen's Army 14 wichtige Gebäude in Dublin, darunter die Four Courts, eine Mühle und eine Keksfabrik. Das Hauptpostamt diente den Rebellen als Hauptquartier. Auf seinen Stufen verlas Pearse die historische Erklärung: „Iren und Irinnen. Im Namen Gottes und der vorangegangenen Generationen, von denen Irland seine alte Tradition als Nation ableitet, ruft es durch uns seine Kinder an die Fahne und zum Kampf für seine Freiheit."

20 000 britische Soldaten, starker Artilleriebeschuß und sechs Tage erbitterter Kämpfe zwangen die Rebellen zum Aufgeben. 64 Aufständische, 134 Polizisten und Soldaten, sowie mehr als 220 Zivilisten kamen ums Leben. Wegen der Zerstörungen war die öffentliche Meinung zu diesem Zeitpunkt gegen die Rebellen eingestellt. Doch als die Briten unangemessen hart reagierten und 15 Anführer des Aufstandes, darunter Pearse und Connolly, hinrichteten, hatte die irische Unabhängigkeitsbewegung ihre Märtyrer, die Stimmung schlug um.

Die Exekutionen, aber auch die Befürchtung, Irland könnte in den Ersten Weltkrieg verwickelt werden, führten 1917 zum Wiedererstarken der Sinn Féin. Ein Jahr später errang sie einen überwältigenden Wahlsieg, obwohl über die Hälfte ihrer Kandidaten im Gefängnis saßen. Das Parlament der Dáil Eireann trat im Januar 1919 zum erstenmal zusammen. Zur gleichen Zeit kam es mit der Ermordung zweier Polizeibeamter in Tipperary durch Irish Volunteers zu gewaltsamen Auseinandersetzungen. Die von England betriebene Politik der Vergeltungsmaßnahmen entfachte einen Guerilla-

krieg, der den Republikanern die Unterstützung der Bevölkerung sicherte. Einige Vorkommnisse in Dublin trugen stark zur Zuspitzung der Situation bei, etwa diejenigen des 21. November 1921. Die Engländer reagierten an diesem „Bloody Sunday" auf die Ermordung von elf britischen Geheimagenten mit einem Racheakt:. Bei einem Footballspiel im Croke Park feuerten Soldaten wahllos in die Menge und töteten zwölf Menschen.

Waffenstillstand: Auf Druck Englands und der Weltöffentlichkeit kam es am 1. Juli 1921 zu einem Waffenstillstand. Eamon de Valera, der während des Osteraufstandes Boland's Mill verteidigt hatte und inzwischen Präsident des Dáil Eireann geworden war, wies Lloyd Georges Vorschläge zurück, beauftragte jedoch fünf Mitglieder seiner Regierung unter Leitung von Arthur Griffith und Michael Collins, in London einen Vertrag auszuhandeln. Man einigte sich auf die Schaffung eines Freistaates Irland, dem – ähnlich wie Kanada – ein Dominion-Status innerhalb des British Empire zukommen sollte.

Nach einer erbitterten Debatte im Dáil wurde der Vertrag mit 64 zu 57 Stimmen angenommen. Unnachgiebige Republikaner unter de Valera lehnten den Kompromiß ab und forderten die Unabhängigkeit für ganz Irland. Im Juni 1922, noch bevor die Macht offiziell auf den neuen Staat übergegangen war, kam es zum Bürgerkrieg, der elf Monate dauerte und das Zentrum Dublins einem weiteren Bombardement auslieferte. Die Regierung ließ in den ersten sechs Monaten 77 Republikaner hinrichten. Vom Kampf erschöpft, brach Irlands erster Premierminister, Arthur Griffith, zusammen und starb. Michael Collins, der Anführer der Truppen, die für den Vertrag eintraten, wurde am letzten Tag der Auseinandersetzungen aus dem Hinterhalt erschossen. Die Truppen des Freistaates gewannen schließlich, doch hinterließen die Kämpfe und Hinrichtungen ein Gefühl von bitterer Enttäuschung, das noch lange andauerte.

Oben: Rebellenführer James Connolly. Rechts: Guter Ausblick vom O'Connell-Denkmal in der gleichnamigen Straße.

Während des Bürgerkriegs erhielt die Royal Dublin Society 68 000 Pfund Entschädigung für die Räumung des Leinster House, damit das Dáil einziehen konnte. Es heißt, daß das Leinster House dem ehemaligen Parlament (Bank of Ireland) am College Green deshalb vorgezogen wurde, weil es im Notfall durch seine hohen Geländer besser zu verteidigen war. Die Gegner des Vertrages, die damals nicht im Dáil vertreten waren, behielten ihren Namen Sinn Féin bis 1926 bei, als de Valera die Fianna Fáil, die „Soldaten des Schicksals", gründete. Nach dem Tod von Collins und Griffith wurde die regierende Cumann na nGael, die 1933 mit anderen Parteien zur Fine Gael, dem „Stamm der Gälen", verschmolz, von W. T. Cosgrave geführt.

Folgen des Bürgerkriegs: Es galt zunächst, die politischen und wirtschaftlichen Probleme in den Griff zu bekommen. Im Bürgerkrieg waren mehr Iren ums Leben gekommen als im Kampf gegen die Vorherrschaft der Briten. Die Sachschäden, darunter jene, die auf die systematische Zerstörung der Eisenbahn durch die Vertragsgegner zurückgeführt werden konnten, waren beträchtlich. Die Armee, die mit weiteren Aktionen drohte, falls keine Schritte in Richtung einer Unabhängigkeit der gesamten Insel erfolgen sollten, konnte nur mittels Demobilisierung und Gehaltskürzungen unter Kontrolle gehalten werden.

Weite Teile Dublins mußten wiederaufgebaut werden. Am General Post Office, dessen Säulen dank mangelnder Treffsicherheit der Briten weitgehend unzerstört blieben, am Custom House und an den Four Courts wurde mit kostspieligen Renovierungsarbeiten begonnen. Auch die Fassaden an der O'Connell Street wurden neu gestaltet, die Mietshäuser rundum jedoch ließ man verfallen. Eine Kugel in der Brust der geflügelten Figur am Fuße der Statue

Daniel O'Connells legt heute noch Zeugnis von den Kämpfen des Jahres 1916 ab.

Während die republikanischen Ideen nach und nach in Vergessenheit gerieten, behielt die Religion ihren Stellenwert: die orthodoxen Grundlagen des Glaubens waren gut mit den Idealen des Nationalismus vereinbar. Zur Zeit der Fremdbestimmung hatten sich die Bischöfe nicht eindeutig hinter die Herrschenden gestellt, jetzt aber konnten sie sich uneingeschränkt mit einer

Regierung verbünden, die sowohl katholisch als auch irisch war. Begeistert bildete sich eine Koalition der Frömmigkeit. Sie stellte sicher, daß die Kirche in Fragen des Gesundheitswesens, der Bildung und der Familie Mitspracherecht erhielt. Die Scheidung wurde unter ihrem Einfluß verboten. Erst 1995 entschied sich die Bevölkerung Irlands in einem Referendum mit hauchdünner Mehrheit für die Aufhebung des Abtreibungsverbots.

1923 verfügte der Censorship of Films Act, daß dem Publikum nichts Unanständiges oder Unchristliches gezeigt werden dür-

Links: Die Fahne des Freistaates Irland auf dem GPO (General Post Office). **Oben:** Die Religion spielt in Irland nach wie vor eine wichtige Rolle.

fe. Dem folgte die Zensur der Literatur: Der Eifer, mit dem der 1930 gebildete Censorship Board in den Werken anerkannter Autoren nach schandbaren Stellen suchte, löste Hohn und Spott aus. Das Bildungswesen wurde zur Machtbasis der Kirche.

Wie die Religion, war auch die irische Sprache ein einigender Faktor in der durch den Bürgerkrieg entzweiten Gesellschaft und spielte mit Zustimmung der Kirche eine wesentliche Rolle im Lehrplan der staatlichen Schulen. Das Jahr 1927 – in dem Verteidigungsminister Kevin O'Higgins ermordet wurde und sich de Valera Verfassungsfragen zuwandte – markiert den Nie-

1937 abgeschafft, die Verfassung sah nun einen Präsidenten vor. Ernstere Folgen hatte 1932 die Weigerung, den Briten Pachtzinsen zurückzuzahlen, wofür sich diese mit einem Zoll von 20 Prozent auf irische Importe revanchierten. Die Zollschranken begünstigten zwar die von de Valera angestrebte Autarkie, doch erlitt der Handel dramatische Einbußen. 1937 stellte de Valera eine Verfassung vor, die den Höhepunkt seiner Kampagne zum Abbruch der Verbindungen mit England bedeutete. Kirche und Staat bildeten ein Gespann. Diese Situation wurde mit Hinweis auf die „Sonderstellung" des Katholizismus als Religion der

dergang der ersten Regierung Irlands. Die Wirtschaftsprobleme, die durch die weltweite Depression verstärkt wurden, die Kürzung der Staatsausgaben und die antisubversiven Gesetze kosteten die Cumann na nGael die Unterstützung der Bevölkerung. 1932 kam die Fianna Fáil an die Macht.

Loslösung von England: Fest entschlossen, die Verbindungen zu England mit verfassungsmäßigen Mitteln zu lösen, schaffte de Valera per Gesetz den Treueeid auf die britische Krone ab und griff das Amt des Generalgouverneurs scharf an. Es wurde

„großen Mehrheit der Bürger" festgeschrieben – eine Klausel, die erst im Jahre 1972 als Ergebnis eines Referendums gestrichen wurde.

Die Unabhängigkeit hatte die Armut der Bevölkerung nicht gelindert. An den vornehmen georgianischen Plätzen von Dublin wühlten die Ärmsten der Armen in den Mülltonnen nach Eßbarem. Trotz der besseren ärztlichen Versorgung blieb die Tuberkulose – die „weiße Pest" – die Todesursache Nummer eins. In einer übervölkerten Stadt ohne jede Industrie war die Arbeitslosenrate sehr hoch.

Im Zweiten Weltkrieg verfolgte de Valera eine Politik der Neutralität, die sich 1938 als brauchbar erwies, als der britische Premierminister Neville Chamberlain drei von England gehaltene Häfen Irland überließ. Am Tag nach dem Einmarsch deutscher Truppen in Polen wurde im Dáil einstimmig Irlands Neutralität erklärt, die auch von der Bevölkerung befürwortet wurde. Allerdings kämpften 50 000 Iren freiwillig auf seiten der Britischen Armee gegen Deutschland. Obwohl die Alliierten beständigen Druck ausübten, wurde die Politik der Neutralität strikt eingehalten. Als der Tod Hitlers bekannt wurde, suchte de Valera den

scher oder irischer Staatsmann in einer Generation zustande gebracht hatte." Als sich England im selben Jahr weigerte, auch weiterhin Nahrungsmittel nach Irland zu liefern, fanden sich einige Handelsschiffe bereit, sich trotz der Gefahr durch U-Boote über die See zu wagen, um der Lebensmittelknappheit abzuhelfen.

Als der Automobilverkehr in Dublin wegen Benzinmangels praktisch zum Erliegen gekommen war, fuhren nur noch einige mit Gas oder Kohle betriebene Wagen. Da es keine Kohlevorräte gab, wurden im Phoenix Park Torfsoden gestapelt. „Glimmer men" kontrollierten, ob die Menschen ihre mage-

deutschen Botschafter auf und trug sich in das Kondolenzbuch ein.

Eine bemerkenswerte Ausnahme von dieser Regel wurde 1941 gemacht, als die Dubliner Feuerwehr nach einem deutschen Bombenangriff ihren Kollegen in Belfast zu Hilfe eilte. Wie der Londoner *Daily Telegraph* berichtete, hatte diese Aktion „ein Band der Sympathie zwischen Nord- und Südirland (geschaffen), wie es kein briti-

ren Gasrationen überschritten hatten. Wer es sich leisten konnte, kaufte Fleisch, das reichlich zur Verfügung stand, weil das Schlachtvieh nicht exportiert werden konnte. 1943 wurden Kleidung und Brot rationiert. In der schlimmsten Phase standen den Menschen pro Woche 230 g Zucker, 170 g Butter und – was sie am härtesten traf – nur 14 g Tee zu. Die Löhne wurden eingefroren, die Haltung von Brieftauben – potentielle Nachrichtenüberbringer – verboten und eine zweite Art von Zensur eingeführt, so daß kaum mehr Informationen in die Zeitungen gelangten. In der trostlos wirkenden

Links: Viele Dubliner konnten sich nur die einfache Reihenhauswohnung leisten. **Oben:** Hoffen auf einen Penny auf der Ha'penny Bridge.

Stadt kursierten Gerüchte über ausländische Spione. Ab und zu fielen verirrte Sprengbomben der Deutschen auf die Stadt: In der Nacht des 30. Mai 1941 kamen 28 Menschen ums Leben, als eine 230 kg schwere Bombe am North Strand einschlug.

Es wird immer wieder behauptet, daß die Neutralität Irlands, die nur dank der Lage der Insel am äußersten Rand Europas möglich war, das Land davor bewahrte, an einem moralisch zweifelhaften Krieg teilzunehmen. Diese Argumentation setzt die Zerstörung Hamburgs und die Bombardierung Dresdens mit den Exzessen des Dritten Reiches gleich und ignoriert, daß die Deut-

Fáil, sondern durch eine Koalitionsregierung. Die neue Regierung kam ins Wanken, als sich die Kirche, die eine Schmälerung ihrer Macht befürchtete, einem Sozialprogramm widersetzte, das angeblich für Frauen eine „gynäkologische Versorgung, die nicht im Einklang mit katholischen Prinzipien" stand, vorsah. Der Urheber des Projektes „Mutter und Kind" war Gesundheitsminister Dr. Noel Browne, der zuvor mit Erfolg eine Kampagne zur Ausrottung der Tuberkulose geführt hatte. Den Kampf mit der Kirche jedoch verlor er und trat zurück.

In den fünfziger Jahren fanden mehrere Regierungswechsel statt. Es war ein Jahr-

schen, wäre die „Operation Seelöwe" erfolgreich verlaufen, Irland besetzt hätten. Die Unabhängigkeit hatte sich jedoch bewährt und sollte auch in den folgenden Jahrzehnten ein Hauptziel der irischen Politik bleiben. Die lange Weigerung des Landes, der NATO beizutreten, ist als eine Geste zu verstehen, mit der man gegen die Teilung Irlands protestierte.

Kirche und Staat: Nachdem 1949 die letzten, nur noch auf dem Papier bestehenden Verbindungen zu England abgebrochen waren, wurde die Republik Irland gegründet – ironischerweise nicht durch die Fianna

zehnt der wirtschaftlichen Stagnation und der Massenauswanderung. Dennoch erinnert man sich mit Wehmut an diese Jahre, in denen Dublin noch die Atmosphäre eines großen, etwas heruntergekommenen Dorfes besaß, in dem kaum Verkehr herrschte, zwar Trambahnen fuhren, aber gleichzeitig Schafe und Kühe durch die Straßen zum Markt getrieben wurden. Auf den gescheiterten Versuch 1953, die Menschen mit einem Volksfest namens An Tostal („Historienspiel") aufzumuntern, geht das Dublin Theatre Festival zurück, das seitdem gute wie schlechte Zeiten überdauert hat.

Die katholische Kirche hielt das Verbot aufrecht, das Katholiken den Besuch des Trinity College untersagte; die Denunzierung der Universität durch den erzkonservativen Erzbischof von Dublin, Dr. McQuaid, entwickelte sich zu einem regelrechten Ritual. Und in den Pubs waren die letzten großen Literaten Dublins, Brian O'Nolan („Flann O'Brien"), Brendan Behan und Patrick Kavanagh anzutreffen.

1959 trat de Valera als *Taoiseach* (Premierminister) zurück. Für einige Jahre sorgte sein Nachfolger Sean Lemass für wirtschaftliche Stabilität und Wachstum, was zur Steigerung des Lebensstandards führte.

1967 lockerten sich die Zensurbestimmungen. 1970 hob die katholische Kirche endlich das Verbot für Katholiken auf, am Trinity College zu studieren. Die grundlegenden Änderungen, die sich aus dem Zweiten Vatikanischen Konzil ergaben, führten zur Verbreitung des ökumenischen Gedankens. Mit einem überwältigenden „Ja" in einer Volksabstimmung trat Irland 1972 voller Optimismus der EWG bei. Die Auswanderungswelle schien gestoppt. Der Wohlstand brachte entscheidende Veränderungen für Dublin, die Bevölkerung nahm um 30 Prozent zu. Die Stadt dehnte sich weit über ihre bisherigen Grenzen aus; überall entstanden

Man hob die Schutzzölle mit England auf, warb um Investitionen ausländischer Firmen und weitete im Vorgriff auf den Beitritt Irlands zur EWG die Landwirtschaft aus.

Mit der Verbesserung der Lebensbedingungen setzten sich liberalere Ansichten durch. Fernsehsendungen aus Großbritannien und der neuen staatlichen Fernsehanstalt Telefís Eireann, die 1962 ihren Betrieb aufnahm, übten kulturellen Einfluß aus.

Links: Die Gründerväter des Staates, Eamon de Valera und sein Nachfolger Sean Lemass.
Oben: Hochhaussiedlung in Ballymun.

Supermärkte und Einkaufszentren. Mit dem Bau von trostlosen Hochhäusern im Arbeiterviertel Ballymun wiederholte man die Fehler, die bereits in England und anderswo im öffentlichen Wohnungsbau gemacht worden waren.

Zerstörung alter Bausubstanz: Inzwischen fielen weite Teile des georgianischen Dublin den Spekulanten zum Opfer. Nicht nur, daß die Behörden die Zerstörung dieser Gebäude nicht verhinderten, sie unterstützten sie sogar. Anfang der sechziger Jahre wurden 26 Häuser in der Fitzwilliam Street, der längsten und am besten erhaltenen georgianischen Straße, abgerissen, um für die neue Zentrale der Energieversorgungsbehörde Platz zu schaffen. Der Protest der Bürger war vergebens. Ebenso erfolglos war eine Bürgerinitiative, die zehn Jahre lang zu verhindern versuchte, daß die Überreste einer wikingischen Siedlung, der am besten erhaltenen Europas, überbaut wurden. Die Siedlung war bei Vorarbeiten für den Bau des neuen Stadtratsgebäudes am Wood Quay nahe der Christ Church Cathedral zutage gefördert worden. Heute steht an der Stelle der unwiederbringlich verlorenen Wikingersiedlung ein seelenloser Bürokomplex.

neue Existenzberechtigung. Sie sollte bald zu neuem Leben erwachen.

Spirale der Gewalt: Angesichts der Diskriminierung der Katholiken in Nordirland begannen Ende der sechziger Jahre Demonstrationen, die Gleichberechtigung forderten. Die englandtreuen Loyalisten reagierten mit Gewalt, der Staat versuchte die Bürgerrechtsbewegung zu unterdrücken. Als es zu gewalttätigen Auseinandersetzungen kam, wurde die britische Armee herbeigerufen, um den Frieden zu sichern, doch war sie schon bald in einen grausamen Partisanenkrieg mit der wiedererstandenen IRA verwickelt.

Von der Dubliner Bevölkerung stark applaudiert wurde bei einem anderen Akt der Zerstörung: 1966 hatte eine Bombenexplosion – rechtzeitig zum fünfzigsten Jahrestag der Osterrevolution – die Nelson-Säule in der O'Connell Street so stark beschädigt, daß die Behörden sie sprengen lassen mußten. Die IRA galt nach ihren Bombenangriffen vor dem Krieg in England, ihrer konsequenten Unterdrückung durch de Valera in den vierziger Jahren und ihrer unpopulären „Grenzkampagne" in den fünfziger Jahren als politisch tot. Doch die Unnachgiebigkeit der Unionisten in Nordirland gab ihr eine

1970 mußten sich zwei Minister der Republik Irland dem Vorwurf stellen, Waffen nach Nordirland geschmuggelt zu haben, wurden aber am Ende des aufsehenerregenden Verfahrens freigesprochen. Es war wohl der letzte Versuch Dublins gewesen, in die Probleme des Nordens mit militärischen Mitteln einzugreifen. Seitdem setzt die Republik auf Diplomatie. Höhepunkt dieser Bemühungen war das Anglo-Irische Abkommen, das im November 1985 vom damaligen Taoiseach Garret FitzGerald und der britischen Premierministerin Margaret Thatcher unterzeichnet wurde. Das Abkommen billigte der Republik Irland ein begrenztes Mitspracherecht in Nordirland zu, um die Rechte der dortigen Katholiken zu sichern, und es stärkte die Zusammenarbeit beider Regierungen bei der Bekämpfung des Terrorismus. Sowohl bei den Loyalisten in Ulster als auch bei der IRA stieß das Abkommen auf strikte Ablehnung.

Die Dubliner haben abwechselnd mit Wut, Verständnis, Schrecken und Abscheu auf die ewige Spirale der Gewalt in den sechs Grafschaften im Norden reagiert – Gewalt, die gelegentlich auch über die Grenze nach Süden übergriff. Nachdem 1969 ein protestantischer Mob in die katho-

rion Square vor der britischen Botschaft und bewarfen sie mit Brandsätzen.

1974 kam es in Dublin zu einem tödlichen Zwischenfall: bei der Explosion dreier von protestantischen Extremisten aus Belfast gelegten Autobomben starben 25 Menschen. Als 13 Jahre später bei einem Gedenkgottesdienst im nordirischen Eniskillen neun Menschen bei einem Bombenattentat der IRA ums Leben kamen, standen die Dubliner Schlange, um sich ins Kondolenzbuch einzutragen. Trotz der Verbundenheit mit ihren Glaubensbrüdern im Norden Irlands ist die große Mehrheit der Dubliner der Ansicht, daß die Vereinigung des

lischen Gettos in Belfast eingedrungen war, Brände gelegt hatte und es die ersten Toten gegeben hatte, versammelte sich eine wütende Menschenmenge vor der britischen Botschaft. Nach dem „Bloody Sunday" im Januar 1972, als britische Fallschirmjäger in Derry 13 Menschen erschossen, rief der damalige Taoiseach Jack Lynch einen nationalen Trauertag aus. An diesem Tag versammelten sich 20 000 Menschen am Mer-

Links: Die O'Connell Street nach dem Anschlag auf die Nelson-Säule. **Oben:** Ihr Spielplatz ist das Autowrack in der Wohnsiedlung.

Landes nicht um jeden Preis erreicht werden sollte.

Der wirtschaftliche Aufschwung der sechziger und frühen siebziger Jahre kam zum Erliegen, als die Regierungen mit großen Haushaltsdefiziten arbeiteten und riesige Schuldenberge anhäuften, die großzügigen Zahlungen der EG an die Bauern flossen spärlicher. Besonders hart von diesen Entwicklungen war die Jugend betroffen. Neue Technologien brachten nur wenige Arbeitsplätze, und viele hochqualifizierte junge Leute waren gezwungen, im Ausland Arbeit zu suchen. Gleichzeitig verjüngte sich die

Die irische Wirtschaft

Der Zustand der irischen Wirtschaft ist desolat, was aber von den Iren scheinbar nicht immer ernstgenommen wird. Besucher, die mit den Zahlen der Staatsverschuldung vertraut sind, wundern sich oft darüber, daß in den Läden, Restaurants und Pubs das Geld mit vollen Händen ausgegeben wird. Bei einem größeren Rennen belaufen sich die Wetteinsätze innerhalb nur weniger Tage auf zwei Millionen Pfund und mehr.

Woher kommt das Geld? Das ist die Frage, die sich die Dubliner oft stellen. Eine Antwort ist, daß die Iren meist klare Vorstellungen darüber

haben, wofür sie es ausgeben wollen; viele sparen lieber anderweitig, als daß sie auf ihren Besuch im Pub oder den Einsatz beim Rennen verzichten würden.

Die Mittelschicht muß zwar hohe Steuern zahlen, doch der Höchstsatz von 58 Prozent schneidet im Vergleich mit anderen europäischen Ländern gut ab. Das erklärt auch, warum es in Dublin genügend teure Läden gibt, die offenbar ganz gut leben können. Doch die Reichen, die eine verschwindend kleine Minderheit stellen, sind nur ein Teil der Antwort, so daß des Rätsels Lösung noch offen bleibt.

Doch wie immer trügt der Schein. In Dublins Pubs mögen sich zur Sperrstunde noch Menschen drängen und darüber streiten, wer die letzte Runde spendieren darf – bei Preisen, bei denen Ausländer blaß werden. Doch die Barkeeper berichten, daß die Gäste nun später kommen als früher. Statistiken belegen, daß der Alkoholkonsum seit Anfang der achtziger Jahre um fast ein Drittel zurückgegangen ist. Selbst der Verkauf von Starkbier geht zurück. Es werden weniger Neuwagen verkauft – hier trügt der Schein nicht, jedes Jahr sieht man mehr alte Klapperkisten.

Ein deutlicher Beweis für die wirtschaftlichen Schwierigkeiten des Landes ist die Auswanderung. Jedes Jahr kehren etwa 30 000 junge Menschen Irland den Rücken und verdingen sich im Ausland. Firmen vom Kontinent werben an den Universitäten – und stellen mitunter ganze Jahrgänge von Ingenieuren oder Computerfachleuten ein. Und britische Universitäten werben in irischen Schulen, um auf ihre Studentenzahlen zu kommen.

Wer bleibt, hat die Folgen der zwischen 1972 und 1982 von der Regierung praktizierten Verschwendung zu tragen, die aus der Nation mit dem solventesten Staatshaushalt Europas das Land mit der höchsten Pro-Kopf-Verschuldung gemacht hat.

Ein in Irland so häufiger Fall von Ironie des Schicksals ist es, daß der Mann, der Maßnahmen gegen die wirtschaftliche Mißlage einführte, selbst viel zu ihrer Entstehung beitrug. Premier Charles Haughey war 1980 bis 1982 für die enorm hohen Staatsausgaben verantwortlich. Damals versuchte man vergeblich, die Arbeitslosenrate zu senken, indem man Tausende von Menschen in den Staatsdienst übernahm. Nach seiner Wiederwahl 1987 machte sich Haughey daran, das Ruder herumzureißen, das Budget für Gesundheitswesen und Bildung zu kürzen und im öffentlichen Bereich 10 000 Stellen zu streichen.

Ein Schwerpunkt ist es, die direkten wie die indirekten Steuern wieder zu senken, die in dem Bemühen, das Haushaltsdefizit zu reduzieren, auf nie dagewesene Prozentsätze erhöht worden waren.

Am besten, man macht es wie die Dubliner und konzentriert sich auf das, was billig ist oder nichts kostet. Gute Gespräche, Lachen, die Straßen der Stadt und die Landschaft sind umsonst, auch Golfspielen, Fischen, Segeln und Reiten, nur ein paar Minuten außerhalb der Stadt, kostet nicht viel.

Wenn die Zeiten hart werden, was in dieser relativ jungen Republik häufig der Fall ist, meinen die, die nicht ausgewandert sind, immer, daß ihre „Lebensqualität" ebenso gut sei wie die der Iren, die in anderen Teilen der Welt leben und dort zu Reichtum gelangt sind. Vielleicht haben sie recht. ∎

Bevölkerungsstruktur dank der hohen Geburtenrate beträchtlich. Dublin wurde zur europäischen Hauptstadt mit dem niedrigsten Durchschnittsalter. Weder die achtziger noch die neunziger Jahre brachten in dieser Hinsicht eine Umkehr. Nach wie vor ist die Jugendarbeitslosigkeit hoch, mehr als ein Drittel der Bewohner Dublins lebt unterhalb der Armutsgrenze. Die Folgen davon: Alkohol- und Drogenmißbrauch, steigende Kriminalität.

Brain-Drain: Die Kürzungen der öffentlichen Ausgaben, mit denen die Staatsverschuldung reduziert werden soll, haben zunehmend Auswirkungen auf den sozialen

bemühen; Tausende wandern in die USA aus, um dort zu arbeiten, andere versuchen ihr Glück in Australien oder auf dem Kontinent. Manche der Auswanderer früherer Jahre haben es zu Wohlstand gebracht, viele weniger Glückliche fristen mit schlecht bezahlten Jobs ihr Dasein.

Die Phase der Rückwanderung, die es in den sechziger und siebziger Jahren gegeben hatte, endete in den achtzigern jäh – ja, sie wurde von einer neuen Emigrationswelle abgelöst. Die ohnehin hohe Geburtenrate, die sich durch ein sinkendes Heiratsalter noch erhöht hat, verstärkt den Strom der Auswanderer.

Bereich. Man schätzt, daß trotz des Sekundarschulsystems nur zwei Prozent der Arbeiterkinder eine Universität besuchen. In dieser Klassengesellschaft hat selbst die Jugend der Mittelklasse Probleme, da auch qualifizierte Kräfte kaum Arbeit finden. Sichtbar wird der „Brain-Drain", die Abwanderung der Akademiker, in den Schlangen vor der Botschaft der Vereinigten Staaten, in der sich Jugendliche um ein Visum

Die zurückbleibenden jungen Iren ringen mit ihrer Identität. In einer Zeit der sich global ausbreitenden Massenkultur gewinnen Symbolfiguren wie Bob Geldof, Bono, der Sänger von U2, oder die Commitments – aber auch Fußballstars oder Persönlickeiten aus der Literaturszene wie der Nobelpreisträger Seamus Heaney – an Bedeutung. Mit dem schwindenden Einfluß der Kirche und dem damit einhergehenden verstärkten Gebrauch von Verhütungsmitteln ist unter anderem ein Rückgang der Geburtenrate zu erwarten – und damit eine erneute Veränderung der Bevölkerungsstruktur.

Links: Ein Buchmacher rechnet die Quoten aus.
Oben: Kinderreiche Familien: Bald ein Phänomen der Vergangenheit?

Keiner Stadt haben mehr Literaten den Rükken gekehrt, keine Stadt wurde schonungsloser von ihren Schriftstellern kritisiert als Dublin. Jonathan Swift fühlte sich unwohl „im erbärmlichen Dublin". George Bernard Shaw beklagte sich über „eine gewisse, für Dublin bezeichnende Verhöhnung und Herabwürdigung". W. B. Yeats bezeichnete es als „blinde und ignorante Stadt". James Joyce schien seine Meinung zu teilen: „Wie satt, satt, satt ich Dublin habe!", schrieb er einem Freund. „Es ist die Stadt des Scheiterns, der Boshaftigkeit und der Unzufriedenheit. Ich sehne mich danach, weg zu sein."

Dennoch hat die Stadt viele weitere Schriftsteller hervorgebracht. Seinen Anfang mag dieses Phänomen mit den ersten satirischen Schriften genommen haben, die der Dekan Jonathan Swift im 18. Jahrhundert in seinem Haus in den Liberties verfaßte; sein vollkommenster Ausdruck begann jedoch an einem Sommertag zwei Jahrhunderte später, als ein stolzer und leicht arroganter junger Dubliner zum ersten Mal mit seiner Freundin ausging. Besagter Tag war der 16. Juni 1904, der Dubliner hieß James Joyce, und der Ausdruck von Dublin (und so vielem mehr) sollte der *Ulysses* werden.

Dieser Roman ist seit seinem Erscheinen 1922 nicht nur ein Grundstein der Literatur des 20. Jahrhunderts, er zieht jedes Jahr auch Tausende von Pilgern nach Dublin. Im *Ulysses* ersteht der Geist vom Dublin jenes Junitages, an dem bis ins kleinste Detail, oft ironisch, aber immer meisterlich, beschrieben wird, wie sich die Wege zweier Männer in dieser Stadt kreuzen. Joyce erholte sich von seinem Überdruß an Dublin so weit, daß er die Stadt als Schauplatz seiner Werke wählte und sich für die meisten seiner Charaktere Anregungen aus dieser Stadt holte. Die Kurzgeschichten in *Dubliners*, der frühe Roman *Jugendbildnis*, *Ulysses* und der

Vorherige Seiten: Auslage der Buchhandlung Greene. Links: James Joyce. Oben: Statue von G. B. Shaw vor der National Gallery.

orchestrierte Traum von *Finnegans Wake* stellen sie intimer und ehrlicher dar als alle Worte, mit denen Dickens, Balzac oder Tolstoi je eine Stadt beschrieben.

„Ich versuche", so sagte Joyce einst, „Farbe und Ton von Dublin in meinen Worten wiederzugeben; die triste aber glitzernde Atmosphäre Dublins, seine Dünste, sein heruntergekommenes Wirrwarr, die Atmosphäre seiner Bars, seine soziale Immobilität." Sein Erfolg läßt jedes Jahr am Blooms-

day (dem 16. Juni, dem Tag, an dem *Ulysses* spielt) noch mehr Besucher den Spuren des Romans folgen. Er hat viele andere irische Autoren beeinflußt, darunter Samuel Bekkett, Sean O'Casey und Flann O'Brien.

Wie kein anderer vertritt Joyce die Paradoxie Dublins. Es ist diese Paradoxie, diese „triste aber glitzernde Atmosphäre", dieses „heruntergekommene Wirrwarr", welche dem Status Dublins als literarischer Hauptstadt zugrunde liegt. Dublin hat ohne Frage seine geographischen Schönheiten und seine baulichen Höhepunkte, und seine Schriftsteller haben sie gebührend gepriesen. Doch es sind in erster Linie die Schwierigkeiten und Widersprüche der Stadt, die die meisten von ihnen zu Schriftstellern werden ließen.

Mit den Invasionen der Briten entwickelte sich Dublin zu einer der bedeutendsten Städte des Britischen Empire. Ebenso verwandelte sich Dublin in eine Stadt, die mit dem übrigen Irland oder dem übrigen Empire nie recht in Einklang stand. Ein Schriftsteller, der in Dublin blieb, fühlte sich ebenso fehl am Platze, wie einer, der Dublin verließ, z. B. um nach London zu gehen. Fast alle großen Werke der irischen Literatur – von *Gullivers Reisen* über *Ernst sein!*,

gab England ein Projekt auf, das Irland eine schwache Währung beschert hätte.

Allein diese Kampagne machte Swift in Dublin zum Helden, wo er als der „Hibernische Patriot" und Jahre später als „Dane" (die Dubliner Aussprache von „Dean", Dekan) bekannt war. Es war die auf seiner Gedenktafel in der St. Patrick's Cathedral erwähnte „wilde Empörung", die ihm den Anblick der Menschenmassen in Dublin, die er jeden Tag sah, schier unerträglich machte. Darauf spielt er im Abschnitt Balnibarbi in *Gullivers Reisen* an: „die Menschen auf der Straße gingen schnell, mit wildem Blick, die Augen starr, und trugen Lum-

Pygmalion, Der Pflug und die Sterne bis hin zu *Warten auf Godot* – entstanden aus jenem für Dublin typischen Gefühl der Distanz heraus.

Niemand spürte dies mehr als Jonathan Swift, der 1677 in Dublin geboren wurde und von 1713 bis zu seinem Tod 1745 Dekan der St. Patrick's Cathedral war. Swift wetterte sein ganzes Leben lang gegen die Stadt. Dennoch bewirkten seine Schriften für Dublin und Irland mehr als alle, die später verfaßt wurden. Aufgund des Buches *The Drapier's Letters*, einer Reihe von Briefen eines angeblichen Dubliner Schneiders,

pen..." In der sarkastischen Schrift *Ein bescheidener Vorschlag* regte Swift an, daß die Iren ihre Kinder essen sollten, um den Hunger zu lindern.

Die meisten seiner Angriffe richtete der Satiriker gegen das britische Establishment. Sein Wunsch nach Gerechtigkeit hätte sich überall manifestiert, doch seine Spaziergänge durch Dublin, sein Interesse für die Händler und die kreativen Ideen hinter der Satire geben ihn als wahren Sohn dieser Stadt zu erkennen. Er wußte dies selbst. „Ich bin nur ein Liebling meines alten Freundes, des Pöbels", erzählte er einem Freund, „und ich erwidere seine Liebe, weil ich niemanden sonst kenne, der sie verdient."

Swift hatte am Trinity College studiert, das damals die einzige Universität Irlands war und in einer Stadt mit einer ganzen Reihe guter Theater die literarischen Talente der anglo-irischen, protestantischen Schicht vereinte. Die meisten bekannten Dramatiker der Zeit der späten Restauration und des 18. Jahrhunderts kamen nach Dublin. William Congreve, George Farquhar und Oliver Goldsmith verbrachten mehr Zeit im Theater als in den Vorlesungen.

Das Theater an der Smock Alley (heute Exchange Street) wurde mehrere Jahre von

einen Großteil seines Lebens in Dublin verbrachte, und der Staatsmann Edmund Burke hervor, der wie viele bedeutende Schriftsteller des 18. Jahrhunderts nach England auswanderte. Auch Thomas Moore, 1779 als Sohn eines Ladenbesitzers geboren, schloß sich ihnen an. Die Popularität seiner sentimentalen Lieder mag heute ebenso unglaublich erscheinen wie seine Freundschaft mit Byron und dem „United Irishman" Robert Emmet, der später hingerichtet wurde. Doch Moore spürte die Niedergeschlagenheit der Stadt nach der gescheiterten Rebellion von 1798. Während eines Besuchs beschrieb er Dublin als „fröhlich...

Richard Brinsley Sheridans Vater Thomas geleitet, bis ein Aufruhr im Parkett ihn und seine Familie zwang, nach England zu gehen. Stücke wie *Die Rivalen* und *Die Lästerschule* machten sich in einer Weise über die unteren Schichten der englischen High-Society lustig, die an Congreve erinnerte und in vielem Oscar Wilde vorwegnahm. Aus dem Trinity College gingen ferner der Philosoph und Bischof George Berkeley, der

Links: Alte Bücher in der Marsh's Library. **Oben:** Zwei literarische Genies: Oscar Wilde (links) und Oliver Goldsmith (rechts).

aber es ist irgendwie eine aufgezwungene Fröhlichkeit".

Der Standort der Statue Moores über dem, was Samuel Beckett „die unterirdische Bedürfnisanstalt im Schlund der College Street" nannte, macht ihn den meisten Dublinern liebenswerter als die Statue selbst. Joyce' Stephen Daedalus war nicht der erste, der sich über die inhaltliche Nähe zwischen diesen Toiletten und dem Titel eines Gedichts von Moore, *The Meeting of the Waters,* amüsierte.

Obwohl die meisten bekannten Schriftsteller das Exil wählten, gab es zwischen

MONOLOG AUF DUBLINERISCH

Worte sind ein Wert für sich, und bei einem Volk, das so viel Leid, Mangel und Not erfahren hat, entwickelt sich das gesprochene Wort zu einer für jedermann zugänglichen Form der Kunst.

Die Verstädterung Dublins, die zwar erst vor relativ kurzer Zeit, dafür aber sehr rasch eintrat (Joyce' ländliche Stadt ist noch nicht tot, liegt aber im Sterben), die erbarmungslos erzwungene Flucht der Menschen aus dem Zentrum in die Satellitenstädte, zu Fernsehen und Video, sowie der urbane Imperativ „Trau keinem Fremden" haben es nicht geschafft, der Stadt ihre Freude am gesprochenen Wort zu nehmen. Und worüber reden die Leute? Dazu Flann O'Brien in seinem Roman *Zwei Vögel beim Schwimmen*: „Wir füllten die Einsamkeit unserer Seelen mit der Musik unserer beider Stimmen, wobei Hunderennen, Wetten und Verstöße gegen die Keuschheit Gegenstand unseres Diskurses waren."

Daraus folgt natürlich nicht, daß eine Wagenladung Worte unbedingt etwas Gutes ist; es hängt immer vom Pferd ab, das sie zieht. Die irische Seele tendiert leicht zu einer zynischen und unterhaltsamen Sicht der Welt; doch die Originale sind nicht in der Überzahl.

Die Zerstörung der Dubliner Innenstadt durch Stadtplaner und Spekulanten hat zur Verbreitung einer neuen Spezies von Nostalgikern geführt, die im „Dublin der guten alten Zeit" schwelgt. Sie zeigt sich meist im Mief eines überfüllten Pubs und beginnt ihre Lobrede auf die Vergangenheit nach fünf Pints Guinness mit der verhängnisvollen Behauptung: „Ich bin ein echter *Dub*. Ich erinnere mich…"

Wenn sie am Tresen auftauchen, werden sie, was ein weiser Dubliner „sentifuckinmental" nannte: Dann wird das Bild der großen, glücklichen Familie beschworen, die auf engstem Raum im ach so heimeligen, von Tbc und Rachitis heimgesuchten Slum im Zentrum des Dublin der „guten alten Zeit" lebte, die nun leider der Vergangenheit angehört. Ein ewig Gestriger dieser Art wird in Dublin „Bungalow" genannt (oben ist nichts).

Wie immer bestimmt die Standeszugehörigkeit auch, wie die Menschen miteinander kommunizieren. Die vielen Arbeiter entwerfen meist verwegenere Bilder mit stumpferen Werkzeugen, mit mehr Mimik oder anderen physischen Behelfsmitteln. Die Mittelschicht mit ihrem dank besserer und längerer Bildung größeren Wortschatz ist verbindlicher, weniger typisch „Dublin" und weniger hektisch. Die Oberschicht dehnt ihre Vokale wie schmerzende Muskeln und erinnert an piekfeine Engländer: „My woife and I …"

Um die Sprache Dublins genießen zu können, muß man sie einfach auf sich wirken lassen. Der daraus resultierende Gesamteindruck zählt mehr als das Verstehen jedes einzelnen Satzes. Nehmen wir folgenden Monolog, wie ihn ein gebürtiger Ballyfermoter (altes Arbeiterviertel) transkribieren würde. Es ist kurz vor Weihnachten – eine tückische Zeit für alle, die eine kleine Schwäche für den Alkohol besitzen. Der Sprechende, das ist offensichtlich, hatte am Abend zuvor eindeutig etwas zu tief ins Glas geschaut.

Er erzählt (mit Erklärungen in Klammern): „Ah, how's the man? Listen, I can't stop. (Bleibt stehen.) She's (seine Frau, wird nie als solche bezeichnet) at war with me over yesterday. She sent me into town yesterday to buy the turkey with the mickey money (Kindergeld). So. I gets off the bus and who do I meet the first thing only the Hogger. You know the Hogger, Paddy Whatseesname's cousin, course you do, the fellah with the leg (jemand, der hinkt). Anyway, we said we'd go in for the one (nur auf einen kurzen Drink ins Pub gehen), you know yourself, with Christmas and all. So, I needn't tell yeh, you know yourself, we ended up doing the Holy Hour and all. (Ein Bier folgte natürlich dem anderen.)

The next thing I remember, the barman is calling time, the Hogger is up throwing shapes (aggressive Haltung einnehmen) looking for a digging match (Handgreiflichkeiten) off all comers and roaring out of him about the Black and Tans, and night outside is as black as your boot. Well, I went home by rail – I held on to every shaggin' railings between the pub and home. I remember thinkin', if she's in the scratcher (Bett) asleep, she won't see the cut of me (meinen Zustand).

Well, I wakes up this morning and the first thing I hear is her sayin' to me that I was at it again last night obviously, drinkin' what me children should be eatin'. How dare you, says I, I'd a quiet drink with an old mate. Oh yes? she says, real smarmy, and with that I opened me eyes and there I was, talkin' to her feet, after gettin' into the wrong end of the bed in the horrors of drink! (Er hatte sich im Suff verkehrt herum ins Bett gelegt.) Guilty as charged. Listen, where would I get a cheap turkey? Where? Sure that's miles away. Will we go in for the one anyway?"

Einfach köstlich, aber ist das Englisch? Nie im Leben: es ist Dublinerisch. ∎

ihnen häufig Verbindungen. Es war Oscar Wildes Vater, der Arzt William Wilde, der erstmals den Beweis erbrachte, daß Jonathan Swift nicht an einer Geisteskrankheit, sondern an einem physischen Leiden gestorben war.

Ein Vorfahre von Oscar Wildes Mutter Speranza war Reverend Charles Maturin, dessen Großvater Swifts Nachfolger im Amt des Dekans in der St. Patrick's Cathedral gewesen war. Mit seinem Schauerroman *Melmoth der Wanderer* fing Maturin den Geist des 19. Jahrhunderts ein. Seine Phantasie regte der Dubliner Vikar, ein Kalvinist, der sich wie ein Dandy kleidete, an,

ten Erfahrung heraus in Dublin durchgeführt werden konnten".

Der 1865 in Sandymount geborene William Butler Yeats assoziierte sich mit dem Ort Sligo und einer von der irischen Mythologie beeinflußten Literatur. Dublin diente ihm als Zielscheibe der Kritik am modernen kommerzialisierten Leben. Seine „Irisch Literarische Bewegung" entwickelte sich dennoch in den 1890er Jahren in Dublin, wo sie in den folgenden schwierigen 50 Jahren florierte. George Moore, ein weiterer Exilant, kehrte in die Stadt zurück, die er einst als voll von „schreiender Ignoranz und wehleidiger Dekadenz" beschrieben hatte. In

indem er in seiner Heimatstadt blieb, wo, wie er meinte, „stündlich die wildesten und unglaublichsten Szenen romantischer Geschichten ablaufen..."

Doch auch die Schriftsteller des 19. Jahrhunderts verließen die Stadt. Bram Stoker, der Autor von *Dracula*, folgte seinem Kommilitonen Oscar Wilde zur selben Zeit nach England wie George Bernard Shaw. Shaw schrieb später, daß „meine Geschäfte im Leben nicht aus einer auf Irland beschränkten

Die Dubliner gehören zu den eifrigsten Zeitungslesern.

den Antient Concert Rooms in der heutigen Pearse Street wurde der Keim des Abbey Theatre gelegt.

In den Anfangstagen wurden Stücke von Yeats, Moore, Lady Gregory, Douglas Hyde und Edward Martyn aufgeführt. Das Abbey selbst wurde 1904 gegründet. Drei Jahre später sorgte das Stück eines Dubliners, ebenfalls ein Rückkehrer, über den Westen Irlands für Aufruhr im Publikum; doch John Millington Synges *The Playboy of the Western World* war ein weiterer wichtiger Beitrag zur Renaissance der irischen Literatur und verlieh Dublin für alle Welt erkennbar den Status einer literarisch produktiven Stadt.

Die Dubliner hatten ihren Spaß daran, einen der größten Dichter des 20. Jahrhunderts „Willy das Gespenst" zu nennen, und Yeats liebte es, die Stadt wegen ihrer Vorurteile und ihrer Selbstsüchtigkeit zu schelten. „Ihr habt euch wieder selbst Schande bereitet!", rief er der Menge zu, die 1926 gegen Sean O'Caseys *Der Pflug und die Sterne* demonstrierte.

Einige Jahre emigrierte O'Casey, verärgert über die Theaterpolitik wie über das Publikum. Wie Joyce, hatte er Dublin in einer Art porträtiert, wie die Stadt noch nie

zuvor gezeigt worden war, und hatte seine Stücke im Chaos des Osteraufstands 1916, in der „Black and Tans"-Kampagne 1920 und im Bürgerkrieg 1922 angesiedelt.

Joyce war mit Yeats vertraut, obwohl er in den Jahren, als die irische Literaturbewegung ihren Höhepunkt erreicht hatte, noch sehr jung war und im Ausland lebte. Samuel Beckett, der neben Yeats und Shaw dritte gebürtige Dubliner, der den Nobelpreis für Literatur erhielt, freundete sich 1929 in Paris mit Joyce an. Obwohl er seine Werke in Französisch abfaßte, durchsetzte er sie doch mit Anspielungen auf Dublin und den Vor-

ort Foxrock, in dem seine Familie lebte. Auch seine Werke weisen mit ihrer Verbindung von Verzweiflung und Humor diesen Dubliner Aspekt auf, der bei Joyce, O'Casey und später bei Dublins Lieblingsbühnenautor Brendan Behan noch klarer wird. Ein Beleg hierfür ist die Dubliner Produktion von Becketts *Warten auf Godot*.

Behan zählt zur Dubliner Literaturszene der Nachkriegszeit. Eine graue Trägheit hing über der Stadt, die, wie es schien, durch die Jahre des Kriegs und die Jahrzehnte der wirtschaftlichen Stagnation und Zensur der Künstler von Europa und dem Rest der Welt abgetrennt war. Doch in ihr bildete sich eine weitere große literarische Strömung heraus.

In den späten vierziger und den fünfziger Jahren waren Autoren wie Brendan Behan, Patrick Kavanagh und der geistreiche Flann O'Brien Stammgäste in den Pubs der Stadt und ab und an in den Gerichten (auch sie führten, der Tradition der Literaten folgend, Prozesse gegeneinander). J. P. Donleavys Roman *The Gingerman* gibt einen kleinen Einblick in diese Welt. Es entstanden Behans Stücke über das Gefängnis Mountjoy und die IRA, *The Quare Fellow* und *Die Geisel*, Kavanaghs wundervolle Lyrik und O'Briens Meisterwerke in der *Irish Times* und in Büchern wie *Zwei Vögel beim Schwimmen* und *Der dritte Polizist*.

Viele der besten irischen Schriftsteller dieses Jahrhunderts lebten und arbeiteten in Dublin: Frank O'Connor, James Stephens, Liam O'Flaherty, Seamus Heaney, der Literatur-Nobelpreisträger von 1995 und Louis MacNeice. MacNeices wundervolles Gedicht über die Stadt erklärt die eigene Magie, mit der Dublin die Phantasie beflügelt:

...she holds my mind
With her seedy elegance,
With her gentle veils of rain
And all her ghosts that walk
And all that hide behind
Her georgian facades –
The catcalls and the pain,
The glamour of her squalor,
The bravado of her talk.

Zwei weltberühmte irische Bühnenautoren: Sean O'Casey, der Patriot (<u>oben</u>) und der ungestüme Brendan Behan (<u>rechts</u>).

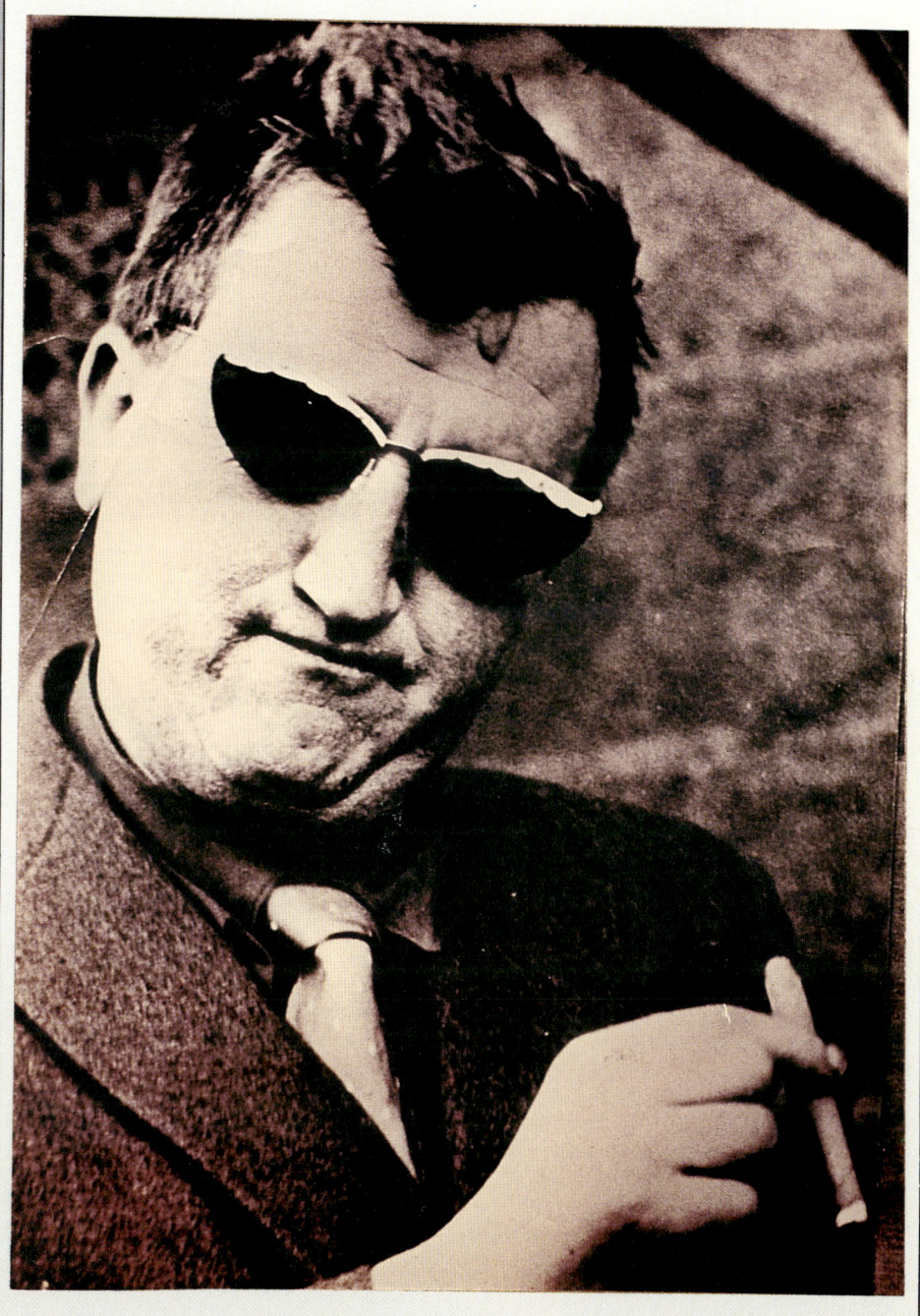

DUBLINER ORIGINALE

In Dubliner Theaterkreisen erzählt man sich folgende Geschichte über Micheál Mac-Liammóir und Hilton Edwards, deren Beziehung in einer tiefen Krise steckte. Micheál und Hilton hatten zusammen das Gate Theatre gegründet, gehörten zu den ganz Großen des irischen und des internationalen Theaters und waren Partner im Leben wie in der Kunst.

Micheál, der nicht nur als brillanter Schauspieler, Autor, Regisseur und Anekdotenerzähler stadtbekannt war, sondern auch dafür, daß er zu jeder Gelegenheit Perücke und Make-up trug, saß eines Abends schweigsam in Neary's Pub in der Chatham Street. Etwas weiter an der Theke saß ein Dubliner bei seinem Pint Starkbier und warf dem Schauspieler Blicke größter Verachtung zu. MacLiammóir nahm keine Notiz davon und widmete sich ganz seinem Drink. Der Dubliner dachte angestrengt über eine passende Bemerkung nach. Und da er Dubliner war, mußte es etwas Markiges sein, der Klientel eines Pubs angemessen, eine Bemerkung, an die sich die Männer noch nach Jahren erinnern würden.

Schließlich platzte er heraus: „He, warum laßt ihr euch nicht scheiden?" Darauf MacLiammóir wie aus der Pistole geschossen: „Das geht nicht, wir sind katholisch!"

Charakterrolle: Die Pointe der Geschichte ist, daß jener unbekannte Dubliner ebenso Anspruch darauf hat, als Dubliner Original zu gelten wie MacLiammóir. Ein Original wird man nicht nur aufgrund von Stellung, durch extravagante oder exzentrische Auftritte, sondern dadurch, daß man von anderen Dublinern als ein solches anerkannt ist. Man kann das Original auf der Straße oder im Pub leicht erkennen: ihm begegnen die anderen mit Sympathie, Aufmerksamkeit und Toleranz.

Er oder sie „is a Dublin character" – das ist ein Kompliment, ja, eine Auszeichnung, die, einmal verliehen, nicht mehr aberkannt

Vorherige Seiten: Schauspieler und Autor: Micheál MacLiommóir. **Rechts**: Die Schalter der Buchmacher sind ein beliebter Treffpunkt der Dubliner.

werden kann. Es sei denn, der Betreffende ändert sein Verhalten grundlegend – wenn etwa der Fanatiker plötzlich gemäßigt wird oder sich der Spaßvogel zu wichtig nimmt. Es gibt keine festen Kriterien, und die Palette der Dubliner Originale ist breit gefächert. Trotzdem ist es nicht einfach damit getan, sich wie ein Dubliner Original zu geben.

So blieb einem jungen Mann namens Jonathan Philbin Bowman die Ehre verwehrt, obwohl er sich größte Mühe gab. Er war aufgeweckt, verstand sich auszudrücken und hatte unorthodoxe Ansichten über das Bildungswesen und das Leben im allgemeinen. Häufig äußerte er sich in den Medien, trug eine Fliege und langes Haar und war in den In-Cafés wie Bewley's anzutreffen. Doch Dublin blieb zurückhaltend.

Wer sich den Titel dagegen ganz mühelos erwarb, ist Pat Ingoldsby, gut vierzig, ebenfalls langes Haar, aber so grau wie ein Dachs. Sein Haar bindet er zu einem Pferdeschwanz zusammen und bändigt es, indem er wie ein Indianer ein breites Halstuch um die Stirn trägt. Seine Kleidung sind die sechziger Jahre in Reinkultur: Jeansstoff, geblümt und mit Perlen. Er trägt sie nicht, um aufzufallen, sondern weil sie ihm gefällt; an tristen, grauen Dubliner Wintertagen sticht er überall heraus. Auf der Straße kennt man ihn von seinen irrsinnig komischen Gedichten und den phantastischen Geschichten für Kinder, die er im Fernsehen zum besten gibt. „Es gefällt mir immer wieder, ich gehe irgendeine Straße in Dublin entlang und jeder ruft: ,Hiya Pat!' Die Autofahrer hupen, und selbst Busfahrer halten an, um mit mir zu plaudern..."

Er glaubt, daß es in Dublin nicht mehr so viele Originale gibt wie früher. Alle Dubliner über 40 erinnern sich zum Beispiel noch an Bang-Bang. Damals, als die Doppeldeckerbusse hinten noch offene Platformen hatten, fuhr Bang-Bang kreuz und quer durch Dublin, von Schaffnern und Fahrgästen toleriert und sogar willkommen geheißen. Er trug einen riesigen, mehr als 30 Zentimeter langen Schlüssel bei sich, den er auf die Passanten richtete und „BANG! BANG!" rief. Seine Opfer mußten sich daraufhin an die Brust fassen und so tun, als ob sie getroffen wären.

Auch der Yupper gehört der Vergangenheit an. Er näherte sich den Leuten, die die O'Connell Bridge überquerten, von hinten und erschreckte sie mit einem „YUP!". Pat Ingoldsby bedauert, daß es ihn nicht mehr gibt. „Er yuppte alle an. Egal welcher Schicht oder welcher Hautfarbe."

Robbie, der in der Grafton Street Akkordeon spielte und sich von seinen Kollegen Joe und Bonk begleiten ließ, ist nach Galway ausgewandert. Rosie, die Königin der Moore Street, die sich an ihrem Blumenstand mit Guinness bei Laune hielt, starb 1987, kurz bevor man sie vielleicht zur Königin der Jahrtausendfeier gekürt hätte.

Natürlich gibt es auch Überlebende. Etwa den Mann in Schottenkaro, mit Bommelhut und feuerrotem Bart, der als einziger den Beruf des Parkuhrenreinigers ausübt. Und da ist Brian O'Brien, der singt, Akkordeon spielt und seine Hühner in einem alten Kinderwagen durch die Straßen schiebt. Er kaufte ein ausgemergeltes Pony für die Kinder der Nachbarschaft, das er im Hinterzimmer seines Hauses hielt. Das Pony starb und mußte von Arbeitern der Stadtverwaltung

Oben: Pat Ingoldsby – der Autor phantastischer Geschichten, ist ein echtes Dubliner Original.

LEBENDIGE MUSIKSZENE

Die Lage Irlands als Insel hinter einer anderen Insel bringt es mit sich, daß kulturelle Veränderungen in Britannien nach und nach in Dublin Fuß fassen und sich dann allmählich in ganz Irland ausbreiten. Doch während der britische Babyboom der Nachkriegsjahre in London und Liverpool zu den „Swinging Sixties" führte, mußte Dublin weitere 15 Jahre auf eine Explosion im Pop und Rock warten, bis sich der Teenagermarkt mit dem frischen Do-it-yourself-Enthusiasmus des Punkrock verband. Bis dahin konnte Irland einige wenige erfolgreiche Rockmusiker wie Van Morrison, Phil Lynott und Rory Gallagher aufweisen, doch besaß die in Dublin ansässige Musikindustrie keine Infrastruktur. Der Erfolg wurde daran gemessen, ob man nach London ging, wo es Plattenverträge, Marketing und technische Sachkenntnis gab.

Nach Jahrzehnten der Emigration und sinkenden Geburtenraten erlebte Irland seinen eigenen Aufschwung und Babyboom. 1976/1977 war fast die Hälfte der Bevölkerung unter 25 Jahre alt, und die Punk-Revolution bot den Brennpunkt und den Anstoß zu einer eigenen Rockszene. In Dubliner Pubs und Clubs drängten sich Fans, die begierig waren, Bands wie die Boomtown Rats (mit Geldof) und die Radiators zu hören, die Lieder über ihr Leben und ihre Stadt machten.

In den Wohnsiedlungen entstanden „Piratensender", die ein bis dahin vernachlässigtes Publikum ansprachen. Die erste Rockzeitschrift, *Hot Press*, brachte Bands wie U2 die nötige Publicity. Diese Gruppe hatte zu Beginn ihrer Karriere die Entscheidung getroffen, von Dublin aus zu agieren, und trug somit dazu bei, daß sich die ersten großen Aufnahmestudios des Landes in der Windmill Lane, im heruntergekommenen Hafenviertel von Dublin, einen Namen machten.

Zeitgleich mit der wachsenden Bedeutung der Rockindustrie erlebte die Dubliner Kultur mit dynamischen jungen Autoren, neuen Theaterregisseuren, Filmemachern wie Neil Jordan sowie einer Renaissance der traditionellen Musik eine neue Blüte. Die Arbeit von Christy Moore und Donal Lunny mit Planxty und später mit Moving Hearts zeigte, daß die Folkmusik viel von der Dynamik und der mitreißenden Live-Darbietung integrieren, traditionelle mit elektrischen Instrumenten verbinden und so zeitgenössische – oft politische – Themen, die die Iren bewegen, aufgreifen konnte.

Andere Künstler mit Wurzeln in der traditionellen Musik, Paul Brady oder Clannad, begannen, mit Synthesizern und Rockballaden zu experimentieren; umgekehrt arbeiteten U2 und andere Rockgruppen mit führenden Folkmusikern und führten so die Experimente fort, mit denen Van Morrison, Horslips und Thin Lizzy in den siebziger Jahren begonnen hatten – Phil Lynotts Band hatte ihren ersten Hit 1973 mit einer Rockversion der Ballade *Whiskey in the Jar*.

Ein weiteres besonderes Merkmal der Szene ist ihre Aufgeschlossenheit gegenüber anderen Formen der Folkmusik. Andy Irvine von der Gruppe Patrick Street greift zum Beispiel bulgarische Busukiklänge auf, und auf den neueren Alben von De Dannan finden sich jüdische Reels in der Klezmertradition (einer Synthese von

Tanzmusik der Länder, in denen sich Juden niedergelassen haben).

Die berüchtigte Gruppe The Pogues mit ihren schnell gespielten Punkversionen von Balladen und ihren respektlosen Beobachtungen des Stadtlebens war für Puristen ein ziemlicher Schock, fand aber über Irland hinaus eine immer größerwerdende Fangemeinde. Ihr unbekümmertes Auftreten erinnerte an die Dubliners in ihrer besten Zeit, und ein gemeinsames Projekt beider Gruppen, *The Irish Rover*, 1987, wurde ein Hit. Mit seiner lebendigen Rockszene und dem internationalen Erfolg von Künstlern wie Bob Geldof, The Pogues oder U2 hat sich Dublin als ein Zentrum der Rockmusik etabliert. ■

mit Seilen aus dem Haus gezogen werden. Sogar in den Nachrichten im Fernsehen wurde darüber berichtet, und jeder war überzeugt, daß Mr. O'Brien, den der Tod des Ponys sehr mitnahm, es nicht böse gemeint hatte. Am nächsten Tag sah man ihn wieder in der Grafton Street mit seinem Kinderwagen voller Hühner – in einem grünen Nikolauskostüm.

Politische Akteure: Auch auf der politischen Ebene lassen sich Dubliner Originale ausmachen. Allen voran darf Charles Haughey als solches gelten. Als er das Amt des Taoiseach, also des Premierministers, antrat, war er nicht sehr vermögend; als er

am Rand der Prozession die Arme nach ihm aus: „Alles Gute, Charlie! Wie geht's Junge?" Immer wieder wird über ein politisches Comeback Charleys spekuliert.

Selbst außerhalb der Stadt und des Landes werden Bob Geldof, der eine Hilfskampagne für Äthiopien organisierte, und zu einem gewissen Grad auch Bono, Sänger der Rockgruppe U2, als Dubliner Originale anerkannt. Viele meinen, daß Bono noch nicht ganz trocken hinter den Ohren ist, während sich Geldofs Individualität schon sehr früh in seiner Zeit am Blackrock College zeigte.

Dekan Swift, Sheridan, Wilde, Shaw und Oliver St. John Gogarty kennen wir nur aus

es – unfreiwillig – wieder verließ, war er reich. Und obwohl seine Finanzpolitik alles andere als erfolgreich war, gilt er vielen heute noch als bewundernswert, als schlauer Fuchs, als ein Kumpel, dem sie gern auf die Schulter klopfen würden. Beim Begräbnis von Monsignore James Horan – dem legendären Pfarrer der Gemeinde Knock in Westirland, der für die Pilger, die in seine Kirche strömten, in einem Sumpf einen internationalen Flughafen bauen ließ – scharte sich sofort eine Menschenmenge um ihn. Als er, umringt von Bischöfen und Priestern, dem Sarg folgte, streckten die Leute

ihren eigenen Büchern und den Büchern, die über sie geschrieben wurden. Doch es gibt unzählige Menschen, die sich noch an die Mätzchen des Dramatikers Brendan Behan erinnern, besonders an jene, die mit seinem Erzrivalen Patrick Kavanagh, dem Dichter aus Monaghan, der von Dublin adoptiert worden war, in Zusammenhang stehen. Ihre langjährige Fehde, die sie in Pubs und Anwaltskanzleien austrugen, bot ein köstliches Spektakel und brachte ihnen einen Platz in der Liste der Dubliner Originale ein.

Die literarischen Persönlichkeiten des frühen 20. Jahrhunderts – James Joyce, Samuel Beckett und Sean O'Casey – kehrten Dublin den Rücken, vielleicht, weil die Stadt ihrer Meinung nach einfach zu klein war. Es kann schon sein, daß das Premierenpublikum des Abbey Theatre, Irlands Nationaltheater, ein geschwätziger und auch mal bissiger Haufen ist. Dramatiker lassen kein gutes Haar an ihren Kollegen, und gleiches gilt für Dichter. Das alles ist recht amüsant. Maeve Binchy, erfolgreiche Romanautorin, Journalistin und selbst Dubliner Original, findet es jedenfalls hinreißend, wenn sie wieder einmal aufeinander losgehen.

Herausragende Persönlichkeiten: Dublin ist eine Stadt, in der der künstlerische Leiter

des Abbey, Vincent Dowling, jedesmal, wenn er den Mund aufmacht, als „Christy" gefeiert wird, weil er einst die gleichnamige Rolle in einer Seifenoper spielte; in der der Chefnachrichtensprecher des staatlichen Fernsehens mit dem Rad herumfährt und mit: „Gibt's was Neues, Don?" gegrüßt wird, wenn er vorbeisaust.

Inzwischen gibt es fast schon so etwas wie eine Industrie zum Schutz und zur Bewah-

Zwei, die sich in Szene setzen können: Premierminister Charles Haughey (links) und Popstar Bob Geldof (oben).

rung Dublins. Sie steht unter der Leitung einer Koalition herausragender Persönlichkeiten, die fast alle Dubliner Originale sind. Da ist zum Beispiel David Norris, ein geistreicher Akademiker, der sich für die Rechte der Homosexuellen einsetzt, was sich jedoch als sehr mühevoll erweist. Auftritte in Rundfunk und Fernsehen brachten ihm zwar die Sympathie der Menschen für seine Person, nicht aber für sein Anliegen ein.

In die gleiche Sparte fallen der Jesuitenpater F. X. Martin, der vergeblich die Bebauung einer alten Wikingersiedlung verhindern wollte, der unabhängige Parlamentsabgeordnete Tony Gregory, der sich weigerte, bei Sitzungen eine Krawatte zu tragen, sowie die Künstler und Autoren Eamonn MacThomáis, Vincent Caprani und Pat Liddy, die in Nostalgie schwelgen und die Chroniken des Verfalls und der Erneuerung führen.

Trotz des Wachstums in jüngster Vergangenheit und der für eine Großstadt typischen Probleme ist Dublin nach wie vor ein gemütlicher Ort. Jeder Dubliner kann am Freitagabend zum König seines Pubs gewählt werden und seinen Ruhm per Mundpropaganda verbreitet wissen. Ein Dubliner Original zu sein, hat nichts mit Geld zu tun. Lord Henry Mountcharles war für seine kuriosen Socken und seine exzentrischen politischen Ansichten bekannt. Dem alten Straßenfotografen mit der lädierten Kamera in der O'Connell Street begegnete man mit Achtung, weil er Generationen von Dublinern abgelichtet hatte. Der Journalist B. P. Fallon wurde nicht wegen seiner Verbindungen zu den Beatles oder den Eigenheiten seiner Sprechweise geschätzt, sondern weil er einfach er selbst war.

Andere Städte mögen es zulassen, daß ihre Bewohner in einer einheitlichen Konformität aufgehen. Nicht Dublin. Die Zeiten ändern sich. Die großen Namen des alten Varietés gehören der Vergangenheit an: Noel Purcell, Jimmy O'Dea, Mickser Reid, Cecil Sheridan, Danny Cummins, Jack Cruise... Doch es gibt moderne Äquivalente wie den witzigen, stichelnden Rock'n'-Roller Brush Shiels. Dublin hat noch immer seine Originale, selbst wenn es, wie Pat Ingoldsby sagt, „keine Yupper mehr gibt".

Dublin can be heaven
with coffee at eleven
and a stroll down Stephen's Green.
No need to hurry, no need to worry,
you're a king and the lady's a queen.

Hier zeigt sich die Einstellung, der man in den Straßen Dublins begegnet. Diese Zeilen aus dem *Dublin Saunter*, einem beliebten Tribut an die Stadt, den der Entertainer Noel Purcell berühmt machte, haben 30 Jahre nach ihrem Entstehen noch ihre Gültigkeit.

Dublin als eine Großstadt zu bezeichnen, ist jedoch nicht so ganz richtig. Obwohl es über eine Million Einwohner zählt, gibt sich Dublin noch immer als eine große freundliche Kleinstadt mit lebendigem Treiben. Unterstrichen wird dies durch die Tatsache, daß die gebürtigen Dubliner ihre Stadt kaum je als Großstadt sehen – sie sagen, sie „gehen in den Ort". Vielleicht lebt hier noch die Erinnerung an die einstige Marktgemeinde fort, in der man Tiere durch die Straßen trieb und auf dem Markt einen Handel mit einem Handschlag abschloß.

Was auch der Grund sein mag, die Stadt hat sich jedenfalls ihre intime Atmosphäre bewahrt. Es ist vielleicht ihre schönste – gebürtige Dubliner halten sie oft für ihre frustrierendste – Eigenschaft, daß man so gut wie nie durch die Straßen gehen kann, ohne nicht irgendeinen Bekannten zu treffen und ein Pläuschchen zu halten, das nicht selten im nächsten Pub oder in Bewley's, dem beliebtesten Café und Treffpunkt Dublins, fortgesetzt wird.

Doch lassen Sie sich von diesen recht harmlosen Plaudereien nicht täuschen. Denn nicht selten geht es dabei auch ums Geschäft. Die Moore Street beispielsweise ist die wichtigste Geschäftsstraße der Stadt. Die Frauen in der Moore Street mit ihren Gemüseständen und alten Kinderwägen, in denen sie Äpfel, Birnen und Bananen zu Pyramiden aufstapeln, sind schon seit Ge-

Vorherige Seiten: Zuschauerränge bei einem Football-Spiel im Croke Park. **Links**: Blumenverkäuferin in der Moore Street.

nerationen als Händlerinnen tätig und könnten so manchen Marketingexperten noch etwas über Hardselling beibringen.

Ein Kunde, der sich nicht zwischen zwei Bananenbündeln entscheiden kann, muß sich vielleicht sagen lassen: „Hören Sie, mein Lieber, und wenn Sie noch so lange überlegen, davon werden die auch nicht größer."

Seien Sie aber gewarnt, daß Sie als Kunde auch Gegenstand von bissigen Bemerkungen wie „Paß auf, die ist was Besseres!" – der Marktfrauen untereinander werden können. Es gibt da die Geschichte von dem Yank (der irische Ausdruck für alle Nord-

amerikaner), der in der Moore Street ein Dutzend Orangen kaufte. Als er weiterging, sah er in seine Tasche und stellte fest, daß er nur elf bekommen hatte. Er ging an den Stand zurück und sagte: „Entschuldigen Sie, Ma'am, aber ich vermute, daß man auch in Irland unter einem Dutzend zwölf Stück versteht, und hier sind nur elf Orangen." Darauf die scharfe Antwort: „Eine davon war schlecht und deshalb habe ich sie weggeworfen." Ein herrliches Beispiel für Dubliner Logik und Schlagfertigkeit.

Um Weihnachten sind neben den Marktfrauen in der Moore Street auch Straßen-

händler zu finden, deren Angebot von Sportsocken bis hin zu Spielwaren reicht. Unermüdlich beschwatzen sie die Passanten mit Sprüchen, die den Dublinern seit jeher vertraut sind: „Kaufen Sie Ihr letztes Geschenkpapier, letztes Geschenkpapier jetzt..." Die Händler der Moore Street sind so untrennbar mit Dublin verbunden, daß Tony Gregory, Stadtratsmitglied und Parlamentsabgeordneter, sogar wegen seines Engagement für die Händler ins Gefängnis ging, als die Behörden 1986 die Vergabe von Lizenzen einführen wollten. Er war der Ansicht, daß sie die Erben der Straßentradition Dublins seien und es nicht anginge, daß sie für ein Recht, das ihnen seit alters her zustand, zahlen sollten. Sie folgten, wie einer der Händler es formulierte, „dem Vorbild von Molly Malone und versuchten, uns auf der Straße auf harte, aber ehrliche Weise unseren Lebensunterhalt zu verdienen."

Mit dem Lizenzsystem ist auch eine neue Art von Händlern in die Stadt gekommen. Sie verkaufen an genehmigten Plätzen, wie in der Nähe der O'Connell Bridge oder beim Gebäude der Bank of Ireland am College Green Schmuck, Tücher und Poster.

Musikanten braucht man in Dublin nie lange zu suchen. In Durchgängen, in den Einkaufspassagen und an Straßenecken trifft man auf talentierte Straßenmusiker, die meist traditionelle irische Musik spielen, die weithin zu hören ist. Und die lebendigen Jigs und Reels, bei denen man gut den Takt mitklopfen kann, passen zur munteren, unbeschwerten Stimmung der Stadt.

Auch die Religion ist in den Straßen vertreten, allerdings nicht in Form von unheilverkündenden Predigern an Straßenecken. Dublin hat seine eigene Art, die Menschen zum Evangelium zu bekehren. Da ist zum Beispiel jene Dame mit weißem Haar und mädchenhaft hoher Stimme, die auf einer Verkehrsinsel in der O'Connell Street neben einem selbstgefertigten Schrein Hymnen singt, oder jene schwarz gekleidete Frau, die mit einem Kruzifix durch die Straßen zieht.

Oben: Die Verkäuferinnen auf den Straßenmärkten sind nicht auf den Mund gefallen. **Rechts**: Straßenkünstler.

Dem Besucher fällt diese eigenartige Zusammenstellung sofort ins Auge. Einerseits ist Dublin eine moderne europäische Stadt mit schicken Läden, noblen Restaurants, Museen, Galerien und schöner georgianischer Architektur, andererseits eine heruntergekommene Hauptstadt, die in ihrem Durcheinander und leider auch in ihrer Armut an eine Stadt der Dritten Welt erinnert.

Viele Touristen sind über die zahllosen Bettler schockiert, die oft der rund 16 000 Mitglieder zählenden, nicht seßhaften Gemeinde Irlands – den sogenannten Tinkers oder „Fahrenden" – angehören. Vor der Entdeckung des Aluminiums waren viele dieser Jahren in Dublin entwickelt hat. Dies ist die Schattenseite Dublins. Obdachlosigkeit ist zu einem der drängendsten Probleme der Stadt geworden. Statistiken ergeben, daß an die 400 Kinder unter 18 Jahren auf der Straße leben. Einige gehören dem „fahrenden Volk" an, doch die meisten sind Ausreißer, die ihrem Elternhaus entflohen sind.

Der Handel bringt Farbe in das Straßenbild von Dublin, doch auch er hat eine andere, eine dunkle Seite. Das Heroinproblem läßt sich mit demjenigen von New York vergleichen. Es gibt keine verläßlichen Angaben über die Zahl der Abhängigen in der Stadt, Schätzungen des Gesundheitsmini-

Menschen als Blechschmiede tätig, zogen durch das Land, fragten an jeder Tür, ob es Töpfe und Pfannen zu reparieren gäbe. Ihr Handwerk war hoch angesehen. Heute haben sie jedoch keine Möglichkeit mehr, mit ihrem Beruf Geld zu verdienen und sind auf die Sozialhilfe und das Betteln angewiesen.

Kleine, verwahrloste Jungen, die zusammengekauert in Durchgängen oder auf einer der Brücken der Stadt sitzen, singen mit heiserer Stimme für ein warmes Essen; andere zeichnen mit Kreide Bilder auf die Wege und ahmen so die Kolonie der jungen Straßenkünstler nach, die sich in den letzten steriums gehen davon aus, daß in der Republik Irland mindestens 5000 Menschen auf harte Drogen angewiesen sind. Die meisten von ihnen leben in der Hauptstadt.

Dublin kann mit einer ganzen Subkultur schrulliger, persönlicher Dienstleistungen aufwarten. Stundenlang stehen Jugendliche und Männer mit Holztafeln in den Straßen, um für Restaurants, Friseursalons und Discountläden zu werben. Andere sind selbsternannte Parkwächter. Unerwartet treten sie mit ihren spitzen Mützen und viel zu großen Überziehern aus dem Schatten heraus und weisen Sie wild gestikulierend in eine freie

Parklücke ein. Für ein kleines Entgelt passen sie zudem auf Ihren Wagen auf, während Sie nicht da sind – was man angesichts der Tatsache, daß jedes Jahr an die 1000 Autos gestohlen werden, nicht von vorneherein ablehnen sollte. Im Preis inbegriffen sind auch spitze Bemerkungen über Ihre Fahrkünste, während Sie versuchen, sich in die Parklücke zu quetschen, in der laut „Parkwächter" ein Panzer Platz fände.

Dublin ist übrigens ein Paradies für alle, die gerne spazieren gehen. Sie können beispielsweise im Stephen's Green die Enten füttern, den Zoo besuchen oder ein paar Schritte im Phoenix Park oder an den Kanä-

und hat die wichtigsten Einkaufsstraßen in Fußgängerzonen umgewandelt. In der autofreien Grafton Street etwa kann der Besucher die entspannte und doch lebendige Atmosphäre nun viel besser genießen. Zum Unmut vieler hat der Stadtrat Anfang 1988 allerdings den Plan gebilligt, eine breite Straße durch das alte Stadtviertel The Liberties zu bauen.

Wenn die Stadt so etwas wie einen intimen, individuellen Charme besitzt, dann hat sie zu gegebener Zeit auch ein großes kollektives Herz. Als der Radprofi Stephen Roche nach seinem Sieg bei der Tour de France 1987 in seine Heimatstadt zurück-

len machen – alles nur wenige Gehminuten vom Zentrum entfernt.

Sonntags ist es sehr beliebt, am Pier von Dun Laoghaire, rund elf Kilometer südlich von Dublin, zu promenieren. Selbst bei schlechtestem Wetter kann man hier Dubliner mit ihren Kindern, der Oma oder dem Hund beobachten.

Der Stadtrat von Dublin hat erkannt, welchen Reiz Dublin in dieser Hinsicht besitzt

Links: Ballspiel in der Mittagspause im Zentrum. **Oben:** Luftschappen im St. Stephen's Green.

kehrte, gingen Hunderttausende Menschen auf die Straße, um ihn zu feiern. Die Straßen schienen aus allen Nähten zu platzen, als sich die Dubliner in der O'Connell Street versammelten, um ihn willkommen zu heißen. Sie hingen aus den Fenstern der Bürogebäude, kletterten auf Statuen, nur um einen Blick auf Roche zu erhaschen, der für seine Leistung die Auszeichnung „Freedom of the City" verliehen bekam. Dies war natürlich ein besonderes Ereignis. Doch auch an gewöhnlichen Tagen gibt es in den Straßen Dublins viel zu sehen und zu hören, das es rechtfertigt, „in den Ort" zu gehen.

Nach dem Triumph des Gaelic Football-Teams der Grafschaft Dublin in der irischen Meisterschaft vor einigen Jahren wurde ein alter Mann in den Liberties – dem historischen Arbeiterviertel der Stadt – gefragt, was er vom Wiedererstarken der „Dubs" halte. Er sagte: „Dubs how-are-yeh! Sure they're a crowd of culchies from Fairview and Marino!"

„How are yeh!" ist ein Dubliner Ausdruck der Verachtung und „culchies" eine geringschätzige Bezeichnung für die Landbevölkerung. Marino und Fairview sind nördliche Stadtteile von Dublin. Der alte Mann brachte in seiner Antwort den örtlichen Chauvinismus zum Ausdruck, demzufolge nur die Bewohner der Liberties die Bezeichnung „Dubs" verdienten. Gleichzeitig drückte er damit aber auch die in Dublin gängige Ansicht aus, daß Gaelic Football ein Spiel für „culchies" und Fußball das einzig wahre Footballspiel sei.

Wie in allen anderen Bereichen, unterscheidet sich Dublin auch im Sport vom Rest Irlands. In den Provinzen sind die von der Gaelic Athletic Association organisierten „national games", und hier vor allem Gaelic Football, der dem Uneingeweihten als eine Mischung aus Fußball und Rugby erscheint, die beliebtesten Sportarten. In den meisten Teilen Dublins spielen „gälische" Sportarten nur die zweite Geige hinter anderen Footballvarianten: Rugby vorwiegend im Süden und Fußball in den Arbeitervierteln.

Die Stars wandern ab: Hinzu kommt, daß sich die Dubliner Fußballfans nicht nur für irischen Fußball interessieren. Spätestens seit der Fußball-Weltmeisterschaft 1994 gelten die Iren als vollwertige Fußball-Nation. Der damalige Trainer, Jack Charlton, ein Engländer, war ein regelrechter Nationalheld. Zu den gebürtigen Dublinern, die als Spieler internationalen Ruhm erlang-

ten, zählen John Giles, Liam Brady und Frank Stapleton. Das staatliche irische Fernsehen trägt der Fußballbegeisterung Rechnung, indem es zahlreiche Spiele nationaler und internationaler Mannschaften ausstrahlt.

Ein Nachteil dieser Begeisterung: Sie hat dazu geführt, daß mittlerweile so gut wie alle Pubs des Landes mit Fernsehgeräten ausgestattet sind. Da sie nicht nur für Sportsendungen eingeschaltet werden, tra-

gen sie zu einem gewissen Verfall der Gesprächskultur bei.

Hauptaustragungsort der irischen Rugbyspiele ist das Stadion in Ballsbridge, das im Frühjahr während der jährlichen Five Nations Championship in den Mittelpunkt des Interesses rückt. (Im Gegensatz zum Fußball gibt es im Rugby keine Grenzen: In der irischen Mannschaft sind sowohl Spieler aus Nordirland als auch aus der Republik Irland.) Das Stadion wird auch für internationale Fußballspiele „ausgeliehen".

Die zweite große „Kathedrale" des Football ist Croke Park auf der anderen Seite des

Vorherige Seiten: Gaelic Football. **Links:** Gespannt beobachten alle das Geschehen auf dem Platz. **Oben:** Hurling.

Liffey in den schäbigeren Straßen der Northside. Dies ist das Mekka der Anhänger der gälischen Spiele und im September Austragungsort der Endspiele der gesamtirischen Meisterschaft der „national games": Hurling und Gaelic Football. Beides sind schnelle, wilde Spiele mit ständig wechselndem Ballbesitz; beide kann man nicht gut aus der Defensive heraus mit Gegenangriffen spielen, ob man dies nun als Stärke oder Schwäche ansieht. Hurling ist alteingeführt und leitet sich von einem Spiel ab, mit dem sich bereits der legendäre Held Cuchulainn in prähistorischer Zeit vergnügte. Es erinnert entfernt an Hockey, mit dem Unterschied, daß der Ball außer am Boden auch in der Luft mit dem flachen Ende des Schlägers (des *hurley*) geschlagen oder angenommen werden kann.

Anders als in den Grafschaften Cork und Kilkenny hat Hurling in Dublin keine große Tradition. Die Grafschaft Dublin hat sich vielmehr dem Gaelic Football verschrieben, der mehr Zuschauer anlockt als jede andere Sportart. Er wird mit einem runden Ball gespielt, der wie im Fußball am Boden getreten, in der Luft gefangen und per Hand oder Fuß von einem Spieler zum nächsten weitergegeben werden kann. Gute Matches sind ein spannendes, mitreißendes Erlebnis.

Andere Sportarten: Pferderennen sind in Dublin, wie in ganz Irland (vgl. S.163), ausgesprochen populär. In Dublin gibt es zwei Rennbahnen, in Leopardstown und im Phoenix Park, ferner einige im Umland. Auch Golf wird auf Plätzen in der Umgebung Dublins gespielt; wichtigstes Ereignis sind die Carroll's Irish Open, zu dem sich jedes Jahr im Juni Profis aus aller Welt ansagen. Großer Beliebtheit erfreuen sich Ringen, Boxen und Billard. Auch beim Windhundrennen im Shelbourne Park und am Harold's Cross versuchen viele ihr Glück. Und sogar Kricket hat in Irland seine Anhänger, trotz der verächtlichen Bemerkung des jungen Oscar Wilde bei seiner Ankunft im Trinity College: „Ich weigere mich, Kricket zu spielen. Die Stellungen sind unanständig."

Das Hurlingteam des Viertels hat eine große Zukunft vor sich.

84

Wo immer man sich in Dublin aufhält, ein Pub ist nie weit entfernt. Der Hauptgrund dafür ist nicht, daß die Dubliner in der Mehrheit zügellos leben, sondern daß sie heitere, unbeschwerte Menschen sind. Schon Richard Barnaby, Chronist des 16. Jahrhunderts, klagte über die „Straßen voller Tavernen". 1682 stellte Sir William Petty fest, daß von den 6025 Gebäuden der Stadt 1200 Gasthäuser waren, in denen berauschende Getränke verkauft wurden. Nicht minder groß war die Begeisterung ein Jahrhundert später: von den 190 Häusern, die 1798 in der Thomas Street in den Liberties standen, besaßen 52 die Lizenz, Alkohol auszuschenken.

Adlige Schluckspechte: Das Ausmaß, in dem man sich in georgianischer Zeit dem Trinken hingab, macht John Edward Walshe deutlich, der Mitte des 19. Jahrhunderts Generalstaatsanwalt von Irland war. Er wollte zeigen, wie anständig die Dubliner geworden waren, seit sie von den Engländern „Zucht und Ordnung" erlernt hatten und veröffentlichte einen Bericht über das Dublin des ausgehenden 18. Jahrhunderts. Darin heißt es: „Die Gewohnheit, übermäßig zu trinken, war in Irland so verbreitet, daß man allen Ernstes behauptete, daß es etwas in der Konstitution der Menschen gebe, das der Aufgewühltheit leidenschaftlicher Geister ähnele."

Der Gerechtigkeit halber sei gesagt, daß die einfallsreichsten Schluckspechte dem Landadel angehörten, der sich so raffinierte Dinge wie Karaffen mit abgerundetem Boden ausdachte, damit sie nach dem Eingießen gleich weitergereicht würden. Eine Variation dieses Brauchs bestand darin, daß die Gäste mit einem Messer den Stiel ihres Glases abschlugen, damit sie es ebenso schnell austrinken wie nachfüllen konnten.

Warum die Dubliner derartige Gewohnheiten entwickelten, bleibt im Dunkeln. Einige erklären es mit dem Umzug des Parla-

ments von Dublin nach London im Jahre 1800. So gab es keine ernsthafte Beschäftigung mehr, außer der, in guter Gesellschaft Gespräche zu führen. Andere weisen darauf hin, daß man in Irland viel früher darauf gekommen sei, wie man guten, weichen Whiskey herstellt: Man brennt ihn dreimal statt nur zweimal wie den Scotch.

Wenn der so gebrannte Whiskey bewirkte, daß man dieses Getränk als Trankopfer an das Leben schätzte (das Wort „Whiskey"

leitet sich vom gälischen *uisge beath* ab, was soviel wie „Wasser des Lebens" bedeutet), dann zeigten sich die Dubliner auch anderen Methoden, den Gerstensaft zu veredeln, gegenüber aufgeschlossen. Sie übernahmen ein besonders starkes, dunkles Bier aus England und machten daraus etwas Eigenes. Das aus gerösteter Gerste gebraute Bier fand vor allem bei den Lastenträgern (*porters*) des Marktes im Londoner Covent Garden großen Zuspruch und entwickelte sich schnell auch zum wichtigsten Getränk Dublins, nachdem es die Familie Guinness 1759 in Irland eingeführt hatte. In Dublin

Links: Noch ein Pint bitte! **Oben:** Einfallsreich gestalteter Eingang eines Pubs.

heißt es schlicht „a pint", und wenn Sie selbiges verlangen, wird es so eingeschenkt, wie es sich für ein Guinness Porter gehört: bis fast ganz oben hin schwarz und mit einer makellosen, beigefarbenen Schaumkrone, die knapp über den Rand ragt. Das Einschenken ist fast schon ein Ritual. Das Glas muß im richtigen Winkel gehalten, der Fluß an der richtigen Stelle gestoppt und das Glas nach einer angemessenen Zeit ganz gefüllt werden. Auch für das Trinken gibt es eine Verfahrensweise: ein langer Zug, eine Grimasse und dann ein langes „Aaahhhhhh".

Doch das Bier ist nur ein Vorwand für den eigentlichen Zweck des Pubbesuchs: das gibt es in der Grafton Street, der schicksten Straße Dublins, kein einziges Pub, aber in ihren Nebenstraßen finden Sie einige herrliche Kneipen.

Wenn Sie sich vom Anfang der Straße aus vorarbeiten, sollten Sie **O'Neill's** in der Suffolk Street besuchen, seit Generationen die Stammkneipe der Studenten des Trinity College. Das **Old Stand** in der Exchequer Street wird von Rennbegeisterten aufgesucht; **McDaid's** in der Harry Street war einst das „local" von Autoren wie Patrick Kavanagh und Brendan Behan, in **Neary's** in der Chatham Street geben sich Showgrößen ein Stelldichein. Auf der anderen Seite

Gespräch. Für die Dubliner ist dies einfach ein Grundbedürfnis. Außer zu Weihnachten haben die Dubliner nicht einmal Getränke zu Hause; sie gehen in ihr „local", ihr zweites Zuhause, um Freunde zu treffen, Klatsch auszutauschen, über ihre Sorgen und Nöte zu sprechen und Spaß zu haben.

Familienbetriebe: Die meisten Dubliner Pubs sind Familienbetriebe oder tragen noch den Namen der früheren Besitzer. Und auch wenn heute nicht mehr jedes dritte Haus ein Gasthaus ist, werden Sie dennoch keine Schwierigkeiten haben, ein Pub zu finden, das Ihnen zusagt. Seltsamerweise

der Grafton Street finden Sie in der Duke Street das vor allem von Yuppies besuchte **Bailey's** und gegenüber **Davy Byrne's,** das zwar nicht mehr das in Joyces *Ulysses* erwähnte bescheidene Pub, aber wegen seiner Einrichtung im Stil der dreißiger Jahre eine Kuriosität ist.

Am anderen Ende der Grafton Street geht es nun in die Merrion Row zu **O'Donoghue's,** das noch immer ein Zentrum der traditionellen irischen Musik ist. Alte Fotos erinnern daran, daß hier in den sechziger Jahren die Folkgruppe „The Dubliners"ihre Karriere begann. Etwas weiter sind in der

Lower Baggot Street **Toner's**, das seit fast 200 Jahren unverändert blieb, und gegenüber **Doheny and Nesbitt's**, ein weiteres großes altes Pub, wo gern über Tagespolitik gesprochen wird. Es ist ein Treffpunkt der Politiker, Juristen und Journalisten.

Politik und das Tagesgeschehen sind auch die Hauptthemen in **Mulligan's** in der Poolbeg Street, nahe der Redaktionen der wichtigsten Tageszeitungen. Auch in Mulligan's hat sich seit seiner Eröffnung 1782 kaum etwas verändert, weshalb man hier auch nichts von Neuerungen wie „pub grubs" (kleine Gerichte, die im Pub serviert werden) hält. Sie können ein Päckchen Erdnüs-

se bekommen, wenn es sein muß. Das **Brazen Head** in der Lower Bridge Street (unterhalb der Christ Church Cathedral), das älteste Pub Dublins (1688), wurde vor einiger Zeit erweitert und erhielt eine neue Bar, die sehr schön mit der Bar harmonisiert, die schon die United Irishmen kannten.

Wenn Sie es bis hierher geschafft haben, müssen Sie nun den Fluß überqueren, um zu **Ryan's** in der Parkgate Street zu gelangen, einem viktorianischen Pub mit schöner Ma-

Links: Im Mulligan. **Oben:** Die neue Generation von Pubschildern.

hagonibar in der Mitte und einigen kleinen Nebenzimmern für private Trinkgelage. Auf dem Rückweg durch The Liberties sollten Sie Ihre Schritte zu einem kleinen Pub in der Meath Street lenken, das von der Familie Ryan geleitet wird. Im **Ryan's** sind die Aquarelle von Flora Mitchell zu bewundern, die das Bild Dublins von vor einem halben Jahrhundert heraufbeschwören. Danach können Sie einen Blick ins **Stag's Head** am Dame Court werfen. Dieses Pub hat Spiegel bis zur Decke, Kronleuchter und Hirschköpfe an den Wänden, die vorwurfsvoll auf die Gäste herunterblicken.

Nördlich der Brücke in der O'Connell Street lohnt sich ein Besuch in **Madigan's** in der North Earl Street, wo eine kunstvolle Uhr daran erinnert, daß „Tempus Fugit", die Zeit verfliegt. Wenn Sie in der Nähe der Four Courts sind, schauen Sie ins **Tilted Wig**, in dem gerne Juristen verkehren. In der Nähe des Abbey Theatre ist ein Abstecher in **The Plough** angesagt, wo sich die Schauspieler nach der Vorstellung treffen. Wenn es Sie nach Norden bis zu Doyle's Corner in Phibsboro verschlägt, sollten Sie nach einem winzigen Pub namens **The Hut** Ausschau halten, für das nichts weiter spricht, als daß es klein und perfekt ist, ein edwardianisches Pub, das von Einheimischen besucht wird.

Und wenn Sie tatsächlich allen lohnenden Pubs ihren Tribut zollen möchten und das Außergewöhnliche lieben, sollten Sie sich zu **Kavanagh's** in Glasnevin aufmachen, das die Dubliner schlicht „Die Totengräber" nennen. Das Pub liegt nicht weit vom Haupteingang des Dubliner Hauptfriedhofs entfernt, der 1832 eröffnet wurde und damit nur ein Jahr älter ist als das Pub. Im gedämpften Licht lassen sich die Trauernden von ihren Freunden trösten, denn in Irland ist es üblich, der Toten zu gedenken, indem man das Leben feiert.

Sollte keines der genannten Pubs in Ihrer Nähe sein, ist das kein Grund zur Besorgnis. Halten Sie nach dem nächsten Pub Ausschau, in dem sich die Gäste wie zu Hause fühlen, die Gläser erheben und in dem beim Eintreten einladendes Stimmengemurmel an Ihr Ohr dringt. Das ist die Kneipe, die Sie suchen.

Dublin und Umgebung

10 miles/16 km

In Dublin's fair city
Where the girls are so pretty,
I first set my eyes on sweet Molly Malone.
She wheeled her wheel-barrow
Through streets broad and narrow,
Crying, „Cockles and mussels, alive, alive, oh!"

Auch heute, zwei Jahrhunderte nachdem Molly von einem unbekannten Verseschmied verewigt wurde, halten ihre Nachkommen die Tradition des Straßenmarktes lebendig. In unserer Zeit schieben sie jedoch ausrangierte Kinderwagen vor sich her, in denen sich in verwirrender Vielfalt die verschiedensten Dinge türmen.

Dublin ist eine Stadt, deren Bewohner ebenso sehenswert sind wie ihre Bauwerke. Einigen Besuchern mag sie vielleicht etwas schmuddelig vorkommen, all jene, die auf Reinlichkeit achten, wird Dublin nicht sonderlich ansprechen. Dublin besitzt eine unordentliche, irgendwie abstrakte Eleganz, so als hätte die Stadt Wichtigeres im Sinn als auf ihr Äußeres zu achten.

Dublin ist eine geteilte Stadt: geteilt durch den Liffey, der mitten durch die Stadt fließt, und die sozialen Unterschiede, die durch den Fluß voneinander getrennt werden. Die Teilung begann Anfang des 18. Jahrhunderts, als die Reichen von der mittelalterlichen Stadt mit ihren Elendsvierteln auf die Seite nördlich des Flusses in herrliche Straßen und Plätze wie die Henrietta Street und den Mountjoy Square abwanderten, die damals gerade entstanden. Doch dann kehrten die Trendsetter wieder zurück auf die Southside, um am Merrion Square und am Fitzwilliam Square neue Enklaven zu bilden. Als nächstes zog es sie in die Vororte Ballsbridge und hinaus an die Küste, an landschaftlich reizvolle Fleckchen wie Dun Laoghaire und Dalkey.

Noch immer gibt es auf der Northside Enklaven der Mittelklasse. Doch im großen und ganzen sind es die „Southsider", die besser gestellt sind und (ihrer Meinung nach) die gepflegtere Sprache sprechen. Wie jede Art von Snobismus, wirkt natürlich auch dieser Chauvinismus auf beiden Seiten. Während viele Southsider „auf der Northside nicht einmal begraben sein" möchten, betrachten die Northsider die Southside als eine Gegend der Angeber.

North- oder Southsider, beide haben sie Zeit für den Besucher. Lernen Sie sie kennen, betrachten Sie ihre großartigen Bauwerke, ihre georgianischen Plätze und ihre zierlichen Laternenpfähle, ziehen Sie durch ihre Galerien, ihre Parks und Gärten, streifen Sie durch ihre Buchläden und ihre Pubs, unternehmen Sie Ausflüge in die nahen Berge, und schon bald wird Ihnen Dublin als der herrlichste Platz auf Erden erscheinen. Welche Stadt kann schließlich ein Hauptpostamt vorweisen, das ein Nationalheiligtum ist?

Vorherige Seiten: Detail des O'Connell-Denkmals / Frachtschiff am Leuchtturm Poolbeg Tower / Auf der Suche nach schönen alten Stücken / Blick durch die Balustrade auf den Liffey.

SOUTHEAST DUBLIN

Der Fluß **Liffey**, der Dublin geographisch und gesellschaftlich in zwei Teile teilt, bietet sich als Ausgangsort für einen Rundgang durch die Stadt geradezu an. Der Liffey, den James Joyce „Anna Livia Plurabelle" nannte, entspringt nur 21 Kilometer Luftlinie vom Stadtzentrum entfernt in den Wicklow Mountains, legt auf seiner kurvenreichen Strecke bis zur Mündung in die Bucht von Dublin aber 134 Kilometer zurück.

Die ersten Siedlungen Dublins entstanden am Fluß, dem die Stadt auch ihre beiden Namen verdankt. Der erste, Baile Atha Cliath („Stadt der befestigten Furt"), bezeichnete eine Siedlung in der Nähe eines Damms; der zweite, Dubh Linn („schwarzer Teich"), geht auf eine wikingische Siedlung in der Nähe der jetzigen St. Patrick's Cathedral zurück.

Zwischen der Heuston Station, nicht weit von der **Guinness-Brauerei,** und der neuen East Link Bridge in Ringsend überspannen viele Brücken den Liffey. Der Fluß hat als wichtigster Wasserlieferant und Abwasserkanal Dublins ausgedient. Besuchern erzählt man oft, daß erst das Wasser aus dem Liffey dem Starkbier von Arthur Guinness seine überragende Qualität verleiht, natürlich ist dem nicht so.

Die frühere Mautbrücke: Wenn Sie von der Parkgate Street aus zu Fuß oder mit dem Bus dem Fluß folgen, sehen Sie unterwegs die berühmte Brauerei, die Four Courts (vgl. S.154), die Christ Church Cathedral und die umstrittenen neuen Civic Offices der Dublin Corporation am Wood Quay, wo sich einst das Zentrum einer Siedlung der Wikinger und der mittelalterlichen Stadt befand. Vielleicht gönnen Sie sich im **Brazen Head** in der Bridge Street, das 1688 eröffnet wurde und das älteste Pub Dublins ist, ein Gläschen. Ende des 18. Jahrhunderts fungierte es als

Hauptquartier der United Irishmen, der gescheiterten Revolutionäre.

Jetzt sind es nur noch ein paar Schritte bis zur **Ha'penny Bridge.** Seit die Nelsonsäule in der O'Connell Street 1966 als Relikt des britischen Imperialismus von Unbekannten in die Luft gesprengt wurde, ist nun diese Brücke „quasi das Symbol der Stadt", wie Pat Liddy, Autor des Buches *Dublin Be Proud,* es ausdrückt. Die Brücke, 1816 unter dem Namen Wellington Bridge aus Gußeisen errichtet, wurde vor einiger Zeit mit Laternenpfählen ausgestattet und heißt nun Liffey Bridge. Die Dubliner nennen sie jedoch weiterhin „Ha'penny Bridge" – eine Anspielung auf die Maut, die man einst für das Überqueren der Brücke zahlen mußte.

Die nächste Brücke ist die **O'Connell Bridge,** die 1790 als Carlisle Bridge entstand und im 19. Jahrhundert nach Daniel O'Connell, dem irischen Patrioten, der die Gleichstellung der Katholiken erwirkte und auf die Aufhebung der Union mit Großbritannien

Vorherige Seiten: Parade am St. Patricks's Day vor der Bank of Ireland. **Links:** Das Hafenviertel. **Rechts:** Die Ha'penny Bridge.

hinarbeitete, benannt wurde. Die O'Connell Bridge ist die wichtigste Brücke, die den Süden und den Norden Dublins verbindet. Beide Teile der Stadt sind derart unterschiedlich, daß man meint, in einem völlig anderen Teil des Landes zu sein, wenn man die Brücke überquert.

Wenn Sie sich hier lange genug aufhalten, lernen Sie, einen eher sachlichen Northsider von seinem „hochmütigen" Vetter von der Southside zu unterscheiden. Allerdings ist die Bevölkerung von Dublin derart angewachsen, daß die meisten Einwohner ohnehin nur „Zugezogene" sind, egal auf welcher Seite des Flusses sie leben.

In der Bank of Ireland: Vom Fluß kommend, gehen Sie nun nach Süden in die **Westmoreland Street** (die Betonung liegt auf *more*), in der eine Vielzahl von Architekturstilen wenn nicht harmonisch, so doch friedlich nebeneinander existieren. Rechts sehen Sie eines von Bewley's berühmten „Oriental" Cafés. Ganz in der Nähe ist das **Beshoff,** das

wie ein viktorianisches Pub aussieht. In Wirklichkeit werden hier „fish and chips" verkauft. Mit seiner Einrichtung aus Mahagoni, Spiegeln und Palmen wurde es laut Besitzer Gerard Beshoff dem Vorbild einer edwardianischen Austernbar nachempfunden. Beshoff ist der Enkel von Ivan Beshoff, dem letzten Überlebenden der Meuterei auf dem russischen Panzerkreuzer „Potemkin", der 1986 im Alter von 104 Jahren starb.

Am Ende der Westmoreland Street führen die klassischen Säulen der **Bank of Ireland** in einem leichten Bogen zum College Green. Am Bau der Bank, die im 18. Jahrhundert als Parlamentsgebäude entstand, wirkten mindestens vier bedeutende Architekten mit: Edward Lovett Pearce (mittlerer Teil), James Gandon (östlicher Portikus), Robert Parke (Portikus zum Foster Place nach Originalplänen von Gandon) und Francis Johnston (geschwungene Fassade und das angebaute Arsenal). Nach dem Act of Union 1800, der die Selbst-

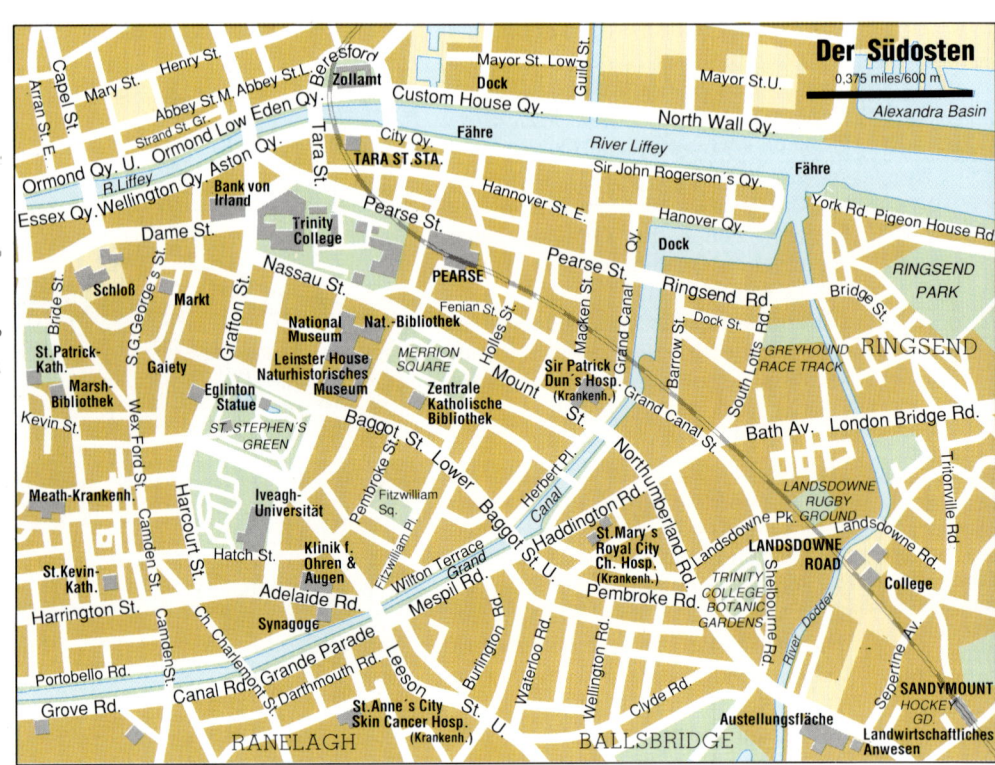

104

regierung Irlands beendete, baute Francis Johnston das Parlamentsgebäude für die Bank of Ireland um.

Das ehemalige House of Lords (Oberhaus) blieb praktisch im Originalzustand erhalten. Die beiden großen Wandteppiche, die hier seit 1735 hängen, zeigen zwei historische Ereignisse: die Schlacht am Boyne 1690, als der protestantische König Wilhelm von Oranien den katholischen König Jakob II. von England auf einem irischen Schlachtfeld besiegte, und die Belagerung von Derry 1689. Außerdem sind hier der Amtsstab des Speaker (Vorsitzenden) des House of Commons (Unterhaus), das wegen seiner Kuppel „Goose-pie" genannt wurde, wie auch „Maundy money" zu sehen – kleine Münzen, die am Donnerstag vor Ostern an die Armen verteilt wurden und nur an diesem Tag ausgegeben werden durften (auch Königin Elisabeth II. führt diese königliche Tradition fort).

Sitz der Gelehrsamkeit: Schräg gegenüber, auf der anderen Seite des College Green, sehen Sie die Westfront des berühmten **Trinity College,** das Königin Elisabeth I. von England 1592 auf dem Gelände eines konfiszierten Klosters gründete. Das College, das etwas weniger großartig als sein Nachbar gegenüber aussieht, ist das einzige eigenständige College der Dubliner Universität.

Am Tor stehen die Standbilder des Staatsmannes Edmund Burke und des Dichters und Dramatikers Oliver Goldsmith, die beide am Trinity College studierten. Goldsmith fehlt der Stift, den er einst hielt, doch heißt es, daß das College das Angebot eines bekannten Herstellers von Stiften ablehnte, diesen zu ersetzen.

Das College bedeckt eine Fläche von 16 Hektar im Zentrum Dublins – Land, das dem Mündungsgebiet des Liffey abgerungen wurde. Die meisten Gebäude wurden im 18. Jahrhundert errichtet.

Der Torbogen des Front Gate führt auf einen gepflasterten Hof, der rechts von der 1779 bis 1791 erbauten Examination Hall (früher das Public Theatre) begrenzt wird. Sie ist eines der interessanteren Bauten des Gebäudekomplexes des Trinity College, das nicht immer der Öffentlichkeit zugänglich ist. Zu ihnen zählen auch das alte **Printing House** (ein kleiner dorischer Tempel zwischen den beiden Hauptplätzen des College, der heute vom Fachbereich für Mikroelektronik und Elektrotechnik genutzt wird), die 1984 bei einem Brand zerstörte, nun aber wieder renovierte Dining Hall oder das Museumsgebäude, das üppig in Marmor und Keramik gestaltet wurde und die Überreste eines längst ausgestorbenen Irischen Riesenhirsches enthält.

In der Exam Hall, wie die Studenten sie kurz nennen, finden Sie einen vergoldeten Eichenkronleuchter aus dem ehemaligen House of Lords und eine prächtige Orgel, die angeblich 1702 bei Vigo von einem spanischen Schiff erbeutet wurde. Sie wird bei der Abschlußfeier zur feierlichen Diplomverleihung gespielt.

Die Bank of Ireland.

Der Exam Hall gegenüber steht auf der anderen Seite des Platzes die vor einigen Jahren wundervoll neu gestaltete **Kapelle** von Sir William Chambers, in der sich Angehörige sämtlicher christlichen Kirchen zum Gottesdienst versammeln. Links vom Portikus der Kapelle befindet sich ein kleines modernes Oratorium, das Andrew Devane für die Andacht einzelner oder kleiner Gruppen plante. Der 30 Meter hohe Campanile draußen auf dem Front Square wurde von Sir Charles Lanyon gestaltet und 1853 für Erzbischof Beresford an der Stelle errichtet, die man für das Zentrum der mittelalterlichen Klosterkirche hielt.

Alte Bücher: Die Bibliothek des Trinity College besitzt die größte Sammlung an Büchern und Manuskripten Irlands, darunter auch das weltberühmte **Book of Kells,** das Book of Durrow und das Book of Armagh. Das Book of Kells, das von irischen Mönchen – vermutlich auf der Insel Iona – geschrieben und äußerst kunstvoll illustriert wurde, ist eine Kopie der Evangelien aus dem 9. Jahrhundert. Es wurde dem College nach 1660 vermacht. 1953 wurden die Blätter aus Kalbsleder in vier Büchern neu gebunden. Jeweils zwei davon sind abwechselnd in einem eigens dafür eingerichteten Raum unter dem **Long Room** der Old Library ausgestellt.

Im Long Room sind zudem weitere Manuskripte von unschätzbarem Wert zu bewundern, darunter griechische und lateinische Schriften, Werke auf ägyptischem Papyrus, irische Texte aus dem 16. und dem 17. Jahrhundert und eine der allerersten Folianten Shakespeares. Von größter Bedeutung sind weiterhin: das **Book of Durrow** aus dem siebten Jahrhundert, das **Book of Dimma** aus dem achten Jahrhundert und das **Book of Armagh** aus dem neunten Jahrhundert, das Leben und Werk des hl. Patrick sowie das gesamte Neue Testament enthält.

Die Wachsamkeit in Person im Trinity College.

Nach dem Library Act von 1801 ist das Trinity College als eine von insgesamt vier Universitäten in Britannien und Irland berechtigt, von jedem Buch, das in diesen Ländern erscheint, ein Freiexemplar zu erhalten. Was für Studenten und Forscher ein Segen ist, gestaltet sich für die Bibliothekare des College zu einem Lagerproblem. In sieben Bibliotheken auf dem Universitätsgelände und darüber hinaus beherbergt man an die drei Millionen Bände, und jedes Jahr braucht man knapp einen Kilometer zusätzlicher Regalfläche, um sämtliche Neuerscheinungen unterzubringen.

Einen starken Kontrast zur Old Library bildet die benachbarte „neue" **Berkeley Library,** dem Schriftsteller Brendan Lehare zufolge „ein Anbau aus Beton, der den Anspruch erhebt, das beste moderne Bauwerk in Irland zu sein". Das von Paul Koralek geplante Gebäude wurde 1967 seiner Bestimmung als Zentrale der Bibliotheken des College übergeben. Benannt wurde es

nach dem „Stolz Irlands", Bischof George Berkeley, der 1685 in Kilkenny geboren wurde, im Jahr 1700, also im Alter von 15 Jahren, als Student ans Trinity College kam und im Laufe seiner Karriere auch als Bibliothekar und Hilfsdekan tätig war. Berkeley, der als großer und origineller Philosoph bekannt ist, war zudem ein anerkannter Wissenschaftler, Ökonom, Psychologe und Autor.

Vergeblich versuchte Berkeley, auf den Bermudas ein College zur „Erziehung der Söhne der englischen Pflanzer und der eingeborenen Indianer" zu gründen – 1000 km von Amerika entfernt eine nicht verwirklichbare Idee. Deshalb stiftete er einen Teil seiner Bibliothek den Universitäten Yale und Harvard. Zudem unterstützte er seinen Freund, den Philosophen Samuel Johnson, bei der Gründung der heutigen Columbia-Universität in New York, vermachte seine Residenz dem Newhaven College und beteiligte sich an der Gründung der University of Pennsylvania. Sowohl die Berkeley Divinity School in Newhaven als auch die University of Berkeley in Kalifornien sind nach ihm benannt.

Sehenswertes im Trinity: Neben der Berkeley Library und hinter der Old Library schließt sich der neue Block der Kunst- und der Sozialwissenschaften an der Nassau Street an. Der Bau, ebenfalls von Paul Koralek geplant, beherbergt die **Douglas Hyde Gallery of Modern Art,** die Ausstellungen zeitgenössischer Künstler organisiert und eine interessante Auswahl an Büchern und Zeitschriften bietet, die nicht überall erhältlich sind. Auf dem Gelände vor den beiden Neubauten, auf dem an Sommertagen die Studenten müßig in der Sonne liegen, verteilen sich Skulpturen von Calder, Henry Moore und Pomodoro.

Weitere Sehenswürdigkeiten des Trinity College sind der rote Backsteinbau der **Rubrica** aus dem 18. Jahrhundert – der älteste Teil des College, in dem Oliver Goldsmith einige Zimmer

Links: Madonna mit Kind im Book of Kells.

STUDENTEN AM TRINITY

Seit Jahrhunderten gelten die Studenten des Trinity als Rowdys, Privilegierte – oder beides. Noch immer darf die Polizei das Front Gate nur auf Einladung durchschreiten.

Längst rankt sich nichts Geheimnisvolles mehr um das College, vor allem seit der „Bann" über Angehörige des römisch-katholischen Glaubens 1970 aufgehoben wurde, doch an einem Abend jedes Jahr im Mai spricht ganz Dublin über die Fliegen der Herren und die Abendkleider der Damen, die gegen Mitternacht in langen Reihen zum Trinity Ball ins College strömen. Für gesalzene 40 Pfund pro Karte wird auf dem Campus Musik geboten. Auf dem Rasen spielen Kammerorchester, in der Examination Hall ist Rock angesagt, und vom Podium vor der Bibliothek sind Beatrhythmen zu hören. Erst gegen Morgen geht den Tänzern die Puste aus.

Der Ball bildet den Höhepunkt der „Trinity Week", die dadurch, daß die Prüfungen vom September auf den Juni verlegt wurden, viel verloren hat. Doch noch immer zeigen die College Races, die im College Park ausgetragen werden, wo im Winter Rugby und Hockey und im Sommer Kricket gespielt wird, welchen Stellenwert der Sport einnimmt.

Kenny's und das *Lincoln* sind die beliebtesten Kneipen in der Nähe des College, während *Stag's Head* und *O'Neill's* in der Suffolk Street neben dem schicken *Bailey* die Achse Grafton Street/Dame Street beherrschen.

Viele Studentenvereinigungen rekrutieren sich aus den auf dem Campus wohnenden Studenten. Wenn im Oktober das neue Studienjahr beginnt, bauen sie an der Straße vom Front Gate zum Front Square ihre Stände auf und werben um neue Mitglieder. Die Historical Society und die Philosophical Society brauchen vielleicht neue Redner, um alte Traditionen fortzuführen, und die Trinity Players suchen Akteure für ihr kleines Theater am Front Square.

Im Sommer führen die Studenten Besucher durch das College – für manche die einzige Zeit, in der sie dem berühmten Book of Kells nahekommen. ∎

Das Trinity College.

bewohnte – und das oben erwähnte Museum mit seinen verspielten Stuckarbeiten der Gebrüder O'Shea. William Ruskin war von dem Gebäude derart angetan, daß er den Architekten Benjamin Woodward mit dem Bau des Oxford-Museums beauftragte. Die Wände des Graduates Memorial Building (GMB), das die Botany Bay vom Platz trennt, hallen von den erregten Stimmen heißer Debatten wider, während im College Park Kricket-, Rugby- oder Hockeyspiele ausgetragen werden.

Das **Provost House** – der laut Maurice Craig, Autor von *Dublin 1660-1860*, „perfekteste Bau Dublins" – wird im Gegensatz zu den meisten anderen georgianischen Gebäuden noch immer seinem ursprünglichen Zweck entsprechend genutzt. Vor allem sind die Eingangshalle, die Treppe und der Salon zu bewundern – eine Adaption des Burlington House von General Wade in London, die John Smyth vornahm.

Obwohl Königin Elisabeth I. das Trinity gründete, um die Iren zu „zivilisie-ren" und dem Einfluß des Katholizismus zu entziehen, hat das College einiges, wenn nicht alles, von seinem protestantischen Flair eingebüßt, seit die katholische Kirche 1873 ihren Gläubigen den Besuch des College erlaubte. Bis vor 20 Jahren galt es als „gefährlicher Ort" für gläubige Katholiken. „Oxford, Cambridge und Trinity" werden noch immer in einem Atemzug genannt, und noch vor kurzem versuchten sich englische Studenten, die an einem der beiden anderen gescheitert waren, am „Trinners". Frauen wurden 1903 und damit früher als an den meisten britischen Unis zugelassen. Unter den berühmten Absolventen des Trinity finden sich unter anderem Literaten wie Oscar Wilde, Samuel Beckett, Thomas Moore, Sheridan Le Fanu, John Millington Synge, Oliver St. John Gogarty und Bram Stoker, ferner Politiker, Rebellen und Staatsmänner wie Edward Carson, Douglas Hyde (erster Präsident Irlands), Henry Grattan, Wolfe Tone und Robert Emmet.

Sammlung von Bram Stoker-Erstausgaben im Trinity College.

110

Im Einkaufszentrum: Verlassen Sie das Gelände wieder durch das Front Gate, wenden Sie sich nach links (werfen Sie einen Blick auf Henry Grattan, einen der größten Redner des alten irischen Parlaments, auf seinem Sockel im College Green), und gehen Sie in Richtung Provost House zur **Grafton Street,** der wichtigsten Einkaufsstraße der Southside.

In den achtziger Jahren wurde die Grafton Street, die nach einem Vizekönig des 18. Jahrhunderts benannt ist, in eine Fußgängerzone umgewandelt. Die bekanntesten Läden hier sind **Switzers,** das 1838 ein Einwanderer aus der Schweiz aufmachte, **Brown Thomas,** das 1848 von John Brown eröffnet und ein Jahr später um den Namen seines Partners James Thomas erweitert wurde, und **Weir,** ein Juwelierladen in viktorianischem Stil, der 1869 von Thomas Weir, einem Goldschmied aus Glasgow, gegründet wurde. Halten Sie auch nach der Filiale von Bewley's Oriental Café Ausschau, das bei der letzten Renovierung leider viele seiner gemütlichen Sitze eingebüßt hat.

Es lohnt sich, auch einen Blick in die kleinen Straßen und Gassen zu werfen, die von der Grafton Street abzweigen. Zu Ihrer Linken, vom Trinity kommend, verbindet der neue **Royal Hibernian Way** die Dawson Street über die Duke Lane mit der Grafton Street. Dort, wo in der Dawson Street einst das vornehme Royal Hibernian Hotel stand, das 1984 abgerissen wurde, ist heute eine Einkaufspassage mit Nobelboutiquen zu finden.

Zurück in der Grafton Street, gehen Sie an der Karmeliterkirche St. Teresa vorbei rechts zum Hintereingang des **Powerscourt Townhouse Centre** und ins Einkaufszentrum **Johnston's Court,** das sich schön in ein Gebäude aus dem 18. Jahrhundert einfügt. Das 1774 nach Plänen von Robert Mack errichtete Haus diente einst Lord Powerscourt als Stadtresidenz und weist einige der schönsten Stuckarbeiten Irlands auf. Es umschließt einen Hof mit

BEWLEY'S CAFÉS

Wie das Guinness, die Ha'penny Bridge oder der Liffey, sind auch die Bewley's Oriental Cafés – in der Westmoreland Street, Grafton Street und South Great George's Street – untrennbar mit Dublin verbunden. Seit vielen Generationen treffen sich die Dubliner hier gerne, um etwas zu essen, einen Tee oder Kaffee zu trinken und vor allem, um sich zu unterhalten.

Im Jahr 1700 kam die Quäker-Familie Bewley aus England, wo sie religiös verfolgt worden war, nach Irland, ließ sich im Landesinneren nieder und ging Ende des 18. Jahrhunderts nach Dublin. Etwa 1840 eröffnete Joshua Bewley in der Sycamore Alley an der Dame Street, nahe des heutigen Olympia Theatre, ein Teegeschäft, mit dem er später in die nahe South Great George's Street zog.

Auch seine beiden Söhne Charles und Ernest beteiligten sich am Geschäft. Ernest glaubte, daß die Firma für drei nicht genug abwerfen würde. Er begann eine Geflügelzucht und stieg erst wieder in die Firma ein, als sein Bruder nach Neuseeland ausgewandert war.

Um die Jahrhundertwende erwarb Ernest Grund in der Fleet Street 19/20, um ein Fahrradgeschäft zu eröffnen, doch es wurde ein Café daraus. Den Kaffee, der sich damals schlecht verkaufte, lieferte sein Vetter. Nach einem Streit beschloß Ernest, seine Geschäftsverbindung mit ihm zu beenden. Er kaufte einen Zentner Kaffee von einem Großhändler und hoffte inständig, daß er ihn auch an den Mann bringen würde.

Schon bald servierte er die Milch der Jersey-Kühe, die er auf seiner Farm in Rathgar hielt, sowie Gebäck und Kuchen aus eigener Bäckerei und machte 1916 in der Westmoreland Street eine Filiale auf. Es war das erste Café des Landes, in dem Rauchen verboten war. 1927 erfüllte sich Ernest Bewley einen lange gehegten Wunsch und eröffnete ein Café in der Grafton Street 78/79.

Die Buntglasfenster von Harry Clarke sind noch erhalten, doch die großen Holzstühle, die Schriftsteller wie James Joyce, Brendan Behan, Flann O'Brien und Mary Lavin so schätzten, sind verschwunden (sie können noch im Café in der Westmoreland Street bewundert werden). Auch in den Stadtteilen Stillorgan, Dundrum und Dun Laoghaire wurden inzwischen Filialen eingerichtet, doch fehlt ihnen die Atmosphäre der drei Cafés in der Innenstadt.

1971 bekamen die Angestellten die Möglichkeit, Aktien der Firma zu erwerben, die inzwischen „Bewley Community Ltd" hieß – das erste Beispiel von Gewinnbeteiligung des Personals in Irland und kennzeichnend für den Geist der Familie, den auch Victor Bewley hochhält. Victor, der die Firma seit dem Tod seines Vaters 1932 leitet, engagiert sich für das fahrende Volk Irlands, das er auf dem Grundstück in Brittas kampieren läßt.

Als die Firma Mitte der achtziger Jahre wegen der allgemeinen Veränderungen und der zunehmenden Konkurrenz kurz vor ihrer Schließung stand, veräußerten die Angestellten ihre Aktien an Campbell Catering. Die Filialen von Bewley's sind nun weitgehend Selbstbedienungscafés, aber man kann noch immer den für Dublin so typischen bitteren Milchkaffee trinken und einen Baiser, ein „cherry bun" oder den unnachahmlichen „Mary cake" essen. Die Bewley's Oriental Cafés erfreuen sich bei den Dublinern zu Recht einer großen Beliebtheit und sind aus dem Leben der Stadt gar nicht mehr wegzudenken. ∎

einem Balkon, der aus 200 Jahre alten Balken aus einer alten Mälzerei von Guinness gearbeitet wurde.

Weitere interessante Nebenstraßen der Grafton Street sind die **Wicklow Street** mit Leder-, Schaffell- und Schuhgeschäften sowie die **Duke Street** mit dem Pub **Bailey's,** in dem einst berühmte irische Politiker wie Charles Stewart Parnell und Arthur Griffin Versammlungen abhielten, und **Davy Byrne's Bar,** die durch die Erwähnung in James Joyce's *Ulyssees* unsterblich wurde. Neben dem neuen Westbury Hotel in der Harry Street finden Sie eine weitere elegante Einkaufspassage.

Skulpturen im Park: Am Südende der Grafton Street liegt der kleine Park **St. Stephen's Green,** der sich bei den Dublinern großer Beliebtheit erfreut. Es war Sir Arthur Guinness, der dafür sorgte, daß die Grünfläche, die ursprünglich ein Gemeindeanger war, 1877 als formal gestalteter Park öffentlich zugänglich wurde. Inmitten von Blumenbeeten, Brunnen und Teichen, auf denen Enten schwimmen, kann man sich hier herrlich entspannen und die Leute beobachten. Außerdem verfügt der Park über ein viktorianisches Musikpodium, einen Pavillon, einen Kinderspielplatz und mehr als ein Dutzend Monumente und Statuen.

Der Triumphbogen im Nordwesten erinnert an die Dubliner Füsiliere, die am Burenkrieg teilnahmen. Der **Three Fates Fountain** am Anfang der Leeson Street ist ein Geschenk der Bundesrepublik Deutschland, das Dublin 1956 als Anerkennung für die Bemühungen des irischen Volkes erhielt, das Elend zu lindern, das nach dem Zweiten Weltkrieg in Deutschland herrschte. Weitere sehr sehenswerte Skulpturen sind ein Denkmal für Theobald Wolfe Tone von Edward Delaney und das Standbild W. B. Yeats' von Henry Moore.

In der Nähe des zentralen Brunnens liegt ein Garten für Blinde: Die Schilder mit den Namen der Pflanzen sind in Braille verfaßt. Im Südwestbereich des

In der Grafton Street reiht sich ein Geschäft ans andere.

Parks steht das Haus des Parkwächters, das noch aus der Zeit stammt, in der man auf dem Anger die Schafe und Rinder des Oberbürgermeisters weidete. Viele der wundervollen georgianischen Häuser, die zum St. Stephen's Green weisen, zeugen vom großen Können des Dubliner Meisterstukkateurs Michael Stapleton.

Hotel als soziale Institution: Von der Grafton Street aus geht es nun nach links und an der Nordseite des Parks entlang zum **Shelbourne Hotel,** das 1865 sein heutiges Aussehen erhielt und dessen Eingang von den Statuen zweier nubischer Prinzessinnen bewacht wird. Das Hotel steht auf dem Gelände des alten Kerry House, 1798 eine der „Folterkammern" von Dublin, in dem Rebellen und Verdächtige gefangengehalten wurden.

Zu den berühmten Gästen des Hotels zählten Amanda McKittrick Ross, der Autor William Makepeace Thackeray (der es in seinem *Irish Sketch Book* beschrieb) und George Moore. In der Lord Mayor's Lounge nehmen die Dubliner gern ihren Nachmittagstee. Es sollte noch erwähnt werden, daß die Dubliner Hotels mehr sind als nur Orte, an denen man Unterkunft findet – ihnen kommt eine wichtige Funktion im gesellschaftlichen Leben der Mittelschicht zu; sie sind ein Ort, an dem man sich trifft, ißt, trinkt und Klatsch austauscht. 1922 wurde im Constitution Room des Shelbourne die Verfassung des irischen Freistaates ausgearbeitet.

An der Ostseite des Parks geht es in die **Hume Street** und zum **Ely Place.** Im Haus Upper Ely Place 4 lebte der Dichter George Moore; der Schriftsteller Oliver St. John Gogarty (er diente James Joyce als Vorbild für Buck Mulligan in *Ulysses*) bewohnte das Haus Nr. 25, das heute die Galerie der Royal Hibernian Academy beherbergt. Das Ely House (Nr. 8) ist Sitz der Ritter des Kolumban, einer katholischen Organisation im Stil der Freimaurer. Früher verkehrten hier Yeats, George Russell, der Patriot Maud Gonne und andere.

Entenfüttern im St. Stephen's Green Park.

In der **Earlsfort Terrace,** die im Südosten vom Park abzweigt, steht die **National Concert Hall,** die früher der Hauptsitz des University College Dublin (UCD) war – die Universität ist inzwischen auf ein großes Gelände in Belfield, einem Vorort im Süden, ausgewichen. Das Gebäude, das für seine neue Aufgabe umgestaltet wurde, hat eine hervorragende Akustik zu bieten.

Berühmte Anwohner: Am Südrand des Parks steht das **Iveagh House** (Nr. 80), einst Wohnsitz von Lord Iveagh und das erste Gebäude, das Richard Cassels in Dublin errichtete. Gemeinsam mit Haus Nr. 81 beherbergt das Iveagh House heute das Auswärtige Amt. Nr. 85 und 86 sind als **Newman House** bekannt, das zum University College gehört, wo der viktorianische Dichter Gerard Manley Hopkins griechische Literatur lehrte. Das UCD wurde 1853 vom englischen Kardinal John Henry Newman als Catholic University gegründet. Berühmtester Student des UCD war James Joyce. Nebenan steht die Kirche des Instituts im neobyzantinischen Stil.

Im Südwesten geht die **Harcourt Street** vom Park ab, deren georgianisches Erscheinungsbild durch neuere Bauten beeinträchtigt wird. Im Haus Nr. 40 ging Yeats zur Schule, und im Haus Nr. 4 wurde Edward Carson, Vorsitzender der Ulster Unionists und Ankläger von Oscar Wilde, geboren.

Parallel zur Harcourt Street verläuft im Westen die **Synge Street,** wo im Haus Nr. 33 der Schriftsteller und Dramatiker George Bernard Shaw zur Welt kam. Der Legende nach soll Shaw als kleiner Junge hier einen Traum gehabt haben, in dem er in den Garten ging und das Tor an dessen Ende öffnete. Der Himmel war von hellem Licht erfüllt, in dessen Mitte Gott thronte, der sich plötzlich in King Billy (den protestantischen König William von Oranien, der aus der Schlacht am River Boyne als Sieger hervorging) verwandelte.

In der **Harcourt Terrace,** die am Ende der Harcourt Street von der Ade-

Schottischer Dudelsack-Spieler vor dem Wolfe-Tone-Denkmal an Stephen's Green.

laide Road abgeht, steht das Haus, in dem Sarah Purser lebte (eine Reihe ihrer Porträts berühmter Persönlichkeiten sind in der National Gallery zu bewundern). Micheál MacLiammóir und Hilton Edwards wohnten einmal im Haus Nr. 4.

Das einzige historische Gebäude, das westlich des St. Stephen's Green erhalten blieb, ist das neoklassizistische **Royal College of Surgeons,** das 1806 von Edward Parke geplant wurde und heute mehr Ärzte ausbildet, als sich das Gesundheitswesen des Landes leisten kann. 1916 diente es dem Trupp der aufständischen Citizen Army von St. Stephen's Green als Hauptquartier.

Prunk und Pomp: An der Nordseite des Parks verlaufen **Dawson Street** und **Kildare Street** parallel zur Grafton Street zur Nassau Street hinunter. In der um 1709 angelegten Dawson Street findet man einige schöne georgianische Bauten. Vom Park her kommend, sehen Sie rechts das **Mansion House,** das seit 1715 als die Residenz der Bürger-

meister von Dublin fungiert. Das Gebäude, an dessen Architektur Yeats kein gutes Haar ließ, hat bereits einige Renovierungen hinter sich. Sein Round Room, der 1821 anläßlich des Besuches von König Georg IV. in aller Schnelle entstand, ist einer der größten öffentlichen Säle Dublins. Hier traf sich 1918 auch der erste Dáil Eireann, das irische Parlament, zu seiner konstituierenden Sitzung.

Links befindet sich die exklusive **Royal Irish Academy,** die im Jahre 1770 errichtet und 1852 zum Sitz der führenden akademischen Gesellschaft des ganzen Landes umgebaut wurde. Zu den kostbaren Schriften der Bibliothek zählen das Stowe-Missale aus dem frühen neunten Jahrhundert und die Annalen der Vier Meister aus dem frühen 17. Jahrhundert. Ein kleines Stück weiter sehen Sie rechts die **St. Anne's Church,** mit deren Bau 1720 begonnen wurde. Sie ist ein wichtiges und bekanntes Gotteshaus der protestantischen Church of Ireland.

Mansion House, Sitz des Dubliner Stadtrats.

In der **Molesworth Street,** die Dawson Street und Kildare Street miteinander verbindet, ist **Buswell's Hotel** zu finden, ein beliebter Treffpunkt für Politiker. Gleich gegenüber, in der Kildare Street, steht das **Leinster House,** in dem das irische Parlament tagt. Das Leinster House wurde 1745 für den Grafen von Kildare nach Plänen von Richard Cassels erbaut; umbenannt wurde das Gebäude 1766, als man den Grafen zum Herzog von Leinster ernannte. 1815 wurde es an die Royal Dublin Society verkauft und diente als deren Zentrale, bis die Gesellschaft 1922 nach Ballsbridge verbannt wurde, weil die erste unabhängige Regierung des Freistaates das Haus zu ihrem Sitz erkoren hatte.

Der Seanad (Senat) kommt im Nordflügel in einem Saal mit stuckverzierter Decke und Wänden zusammen. Die Ähnlichkeit zwischen diesem Bauwerk und dem Weißen Haus in Washington stammt laut Brendan Lehane wohl daher, daß James Hoban, der Architekt

des letzteren, 1762 in Carlow geboren wurde und seine Ausbildung in Dublin erhielt. Sofern nicht das Parlament tagt, kann man an einer Führung durch das Leinster House teilnehmen; die Anmeldung erfolgt am Eingang in der Kildare Street.

Beschauliche Gelehrsamkeit: Links und rechts vom Eingang zum Leinster House in der Kildare Street stehen die **National Library** und das **National Museum,** beide von Sir Thomas Deane im Stil der Renaissance für die Royal Dublin Society gestaltet und 1890 eröffnet. In der National Library werden Bücher und Schriften vorwiegend irischen Ursprungs oder Interesses bewahrt. Das Innere der Nationalbibliothek ist wunderbar altmodisch und schafft mit seiner dunklen Täfelung, alten Pulten, Bücherständern und grün bezogenen Lampen eine stimmungsvolle Atmosphäre. Die Bibliothek besitzt eine wertvolle Sammlung von Handschriften und fast eine Million Bücher. Unter den Manuskripten ist

Im National Museum.

DUBLINER BUCHHANDLUNGEN

Wer gern in Buchläden stöbert, geht am besten in die Gegend des Trinity College in die Dawson, Nassau und Grafton Street. **Fred Hanna** in der Nassau Street, schräg gegenüber dem Nebeneingang zum Trinity, nennt sich „Universitätsbuchhandlung" und profitiert von der Nähe des College. Neben vielen wissenschaftlichen Werken bietet er auch eine große Auswahl an allgemeiner Literatur sowie Antiquarisches und Bücher aus zweiter Hand. Im Laden nebenan werden Taschenbücher verkauft.

Vor einigen Jahren hat sich um die Ecke in der Dawson Street eine Filiale der britischen Kette **Waterstone** niedergelassen. Der Laden ist klar gegliedert und die wohl ansprechendste Großbuchhandlung Dublins. Sie hat unter der Woche bis 21 Uhr, samstags bis 19 Uhr und sonntags von 12 bis 19 Uhr geöffnet und besitzt auch einen Spielbereich für Kinder.

Direkt gegenüber ist **Hodges Figgis** mit einer guten Auswahl an Büchern über Irland. Der Laden ist modern, das Geschäft stammt aber aus dem 18. Jahrhundert.

Auf dem Gelände des Trinity finden Sie den kleinen **College Library Shop**, der auf dem Weg zum Book of Kells nicht zu übersehen ist. Jenseits der Grafton Street liegen der **Paperback Bookshop** (Suffolk Street), das **Chapters** (Wicklow Street) und das **Books Upstairs** in der Arkade der South Great George's Street.

Auf der anderen Seite des Flusses liegt in der O'Connell Street **Eason**, die größte Buchhandlung der Stadt. Sie wurde im vorigen Jahrhundert als Filiale der britischen Firma W. H. Smith gegründet und später von Charles Eason aufgekauft, der als Geschäftsführer nach Dublin geschickt wurde. Der Laden bietet neben Büchern und Zeitschriften auch Bürobedarf. Gleich gegenüber vom Seitenausgang ist in der Middle Abbey Street ein Laden für Bücher aus zweiter Hand.

Wer sich für Religion interessiert, sollte von der O'Connell Street in die Lower Abbey Street gehen und, nur wenige Meter vom Abbey Theatre entfernt, im **Veritas Bookshop** vorbeischauen.

Auf der Northside ist **Winding Stair**, nur ein paar Schritte von der Ha'penny Bridge am Lower Ormond Quay 40 (erster Stock), zu erwähnen. Die Stärke dieses Geschäfts, das seinen Namen einem Gedicht von W. B. Yeats verdankt, sind antiquarische Bücher und Raritäten.

Wenn Sie die Ha'penny Bridge überqueren, finden Sie zur Linken **George Webb** am Crampton Quay 5, ebenfalls im Besitz von Fred Hanna. Diese Buchhandlung straft die Behauptung Lügen, daß Antiquariate in Dublin so schmuddelig und staubig seien, daß sie eine Gefahr für die Gesundheit darstellen, und vermittelt einen Eindruck davon, wie es an den Quays früher einmal ausgesehen hat.

Ein Stück zurück zur Ha'penny Bridge befindet sich der Buchladen **Gallery of Photography**. Unter dem Merchant's Arch, der Brücke gegenüber, ist die Buchhandlung **Ha'penny Bridge** auf Bücher aus zweiter Hand spezialisiert.

In der nahen East Essex Street kommen Freunde der Esoterik, des Okkulten und der Science-Fiction im **Alchemist's Head** auf ihre Kosten. Einen Abstecher lohnt auch die Sammlung alter Kostbarkeiten im **Cathair Bookshop** etwas weiter in der Parliament Street 5.

An der Grafton Street liegt in der Duke Street das **Zee Books**, ein ruhiger Laden im Untergeschoß, der Bücher aus zweiter Hand, vor allem über Kunst und Werke politisch linker Autoren bietet. In der Clare Street, der Verlängerung der Nassau Street zum Merrion Square, finden Sie den grün gestrichenen viktorianischen Bücherladen **Greene's**, in dem sich Bücher aus zweiter Hand stapeln.

Treffpunkt der Autoren: Auch in den alten Buchladen **Parson** an der Baggot Street Bridge sollten Sie einen Blick werfen. Als er vor über 40 Jahren eröffnete, hingen noch Eimer in allen Größen an der Tür; die Kinder kauften sie als Sammelbehälter für die Würmer, die sie vor dem Fischen im Grand Canal sammelten. Es ist ein schlichter und altmodischer Laden, wird aber von Kennern und Liebhabern immer noch sehr geschätzt: Schon Autoren wie Frank O'Connor, Patrick Kavanagh und Brendan Behan stöberten hier herum, und heute bekommt man vielleicht Seamus Heaney oder Benedict Kiely zu sehen.

Vor allem für Kavanagh war der Buchladen ein zweites Zuhause. Von Mary Lavin stammen die Worte im Gästebuch: „Parson ist der Ort, wo ebenso viele große Schriftsteller auf dem Boden des Ladens stehen wie in den Regalen." ∎

eine aus dem 13. Jahrhundert stammende Ausgabe von Giraldus Cambrensis *Topographica Hibernica*, die um 1190 geschrieben wurde, eine Ausgabe von James Joyce' *Jugendbildnis* sowie einige frühe Romane George Bernard Shaws. Zudem können Sie hier eine überaus kostbare Sammlung irischer Karten, Drucke, Zeichnungen und alter Zeitungen bewundern. Besuchern, die hier Hinweise auf ihre irischen Vorfahren zu finden hoffen, steht das Personal mit bewundernswerter Geduld und Hilfsbereitschaft zur Verfügung.

Das **National Museum** besitzt eine Kollektion irischer Altertümer, die auf dem begrenzten Raum höchst einfallsreich präsentiert werden. In der Treasury Gallery sind irische Kunstschätze aus mehreren Jahrtausenden ausgestellt. Zu den kostbarsten Stücken gehören der Ardagh-Kelch, die Tara-Brosche und das Gürtelreliquiar von Moylough, die alle aus dem achten Jahrhundert stammen, dem goldenen Zeitalter Irlands. Im zentralen Saal werden iri-

sche Goldfunde ausgestellt; im ersten Stock würdigt eine Sammlung das wikingische Erbe. Eine weitere Dokumentation beschäftigt sich mit dem Unabhängigkeitskampf; die Musiksäle enthalten an die 70 Instrumente, meist aus Irland, darunter Harfen, Uileann-Dudelsäcke, Klaviere, Cembalos, Saiteninstrumente und klingende Gläser. Daneben gibt es einen Japanischen Saal, einen Textiliensaal sowie eine Kunst- und eine Industrieabteilung, in denen Glas, Mobiliar, Münzen, Medaillen, Briefmarken und Kostüme ausgestellt sind.

Einer der schönsten Plätze: Am unteren Ende der Kildare Street geht es rechts auf der Nassau Street und der Clare Street, am herrlichen alten Buchladen Greene's vorüber, weiter zum **Merrion Square.** Dieser Platz wurde 1762 gestaltet und gilt als einer der schönsten Dublins. Er ist das einzige geschlossene Ensemble georgianischer Wohnhäuser, das die Dubliner Stadtplanung überdauert hat. Berühmt an diesen

Großer Andrang in der Buchhandlung Greene.

Häusern sind vor allem die „Dublin Doors", die aufwendig gestalteten Haustüren. Hinter ihnen wohnten eine ganze Reihe berühmter Leute: In Haus Nr. 1 Sir William und Lady „Speranza" Wilde, die Eltern von Oscar Wilde; Daniel O'Connell bewohnte die Nr. 58; W. B. Yeats, der im Stadtteil Sandymount geboren wurde, wohnte erst in Nr. 52 und zog später in Nr. 82 um, nachdem er Senator des Freistaates Irland geworden war.

Die einstmals privaten Gärten in der Mitte des Platzes, die mit ihren Bäumen, Sträuchern und Blumen ein schönes Bild abgeben, sind heute der Öffentlichkeit zugänglich. Der **Rutland Fountain** (1791) im Norden des Platzes ist einer der wenigen erhaltenen georgianischen Brunnen der Stadt, in denen Trinkwasser fließt.

Wendet man sich am Ende der **Clare Street** an der Westseite des Platzes nach rechts, ist die **National Gallery of Ireland** zu sehen. Die Statue auf dem Rasen zeigt William Dargan, der hier 1853 die Dublin Exhibition organisierte und mit dem Erlös den Grundstein für die Sammlung legte. Links vom Eingang steht ein Standbild von George Bernard Shaw, der der Ansicht war, seine Bildung der Galerie zu verdanken und ihr ein Drittel seines Vermögens vererbte.

Neben einer repräsentativen Auswahl irischer Werke stellt die Nationalgalerie eine kleine Sammlung holländischer Meister und schöne Beispiele der französischen, italienischen und spanischen Schule des 17. Jahrhunderts aus. Die internationale Bedeutung der Galerie wurde noch hervorgehoben, als ihr 1987 Sir Alfred Beit, ein südafrikanischer Bergbaumillionär mit Wohnsitz in der Grafschaft Wicklow, 17 Gemälde im Wert von rund 50 Millionen Pfund vermachte, darunter einen Velázquez, einen Gainsborough, eine Murillo-Reihe, einen Vermeer und einen Goya. Besonders der „Liebesbrief" von J. Vermeer war sehr gefragt; er wurde mehrmals geraubt.

In der Nationalgalerie kann sich der Besucher zudem mit einigen Werken von Jack B. Yeats (1871–1957) vertraut machen, dem Bruder des Dichters William B. Yeats und, nach einhelliger Meinung, größten irischen Maler.

Zeugen vergangener Zeiten: Wenn Sie nun Ihren Spaziergang an der Westseite des Merrion Square am Leinster Lawn (dem zweiten Eingang zum Parlament) fortsetzen, erreichen Sie rechts das **Natural History Museum,** das sich bei Schulkindern großer Beliebtheit erfreut, obwohl die Exponate auf relativ engem Raum präsentiert werden. Das Erdgeschoß ist der irischen Flora und Fauna gewidmet, im ersten Stock werden Säugetiere und auf den Galerien Wirbeltiere und wirbellose Tiere gezeigt. Das Naturkundemuseum wurde 1857 in seinem jetzigen (von Frederick Clarendon geplanten) Bau eröffnet. Aus diesem Anlaß legte Dr. David Livingstone eine Abhandlung mit dem Titel „Entdeckungen in Afrika" vor. Mit seiner klassifizierten Sammlung

Links: Paradebeispiel für das georgianische Dublin. **Rechts:** Von Portraits gesäumte Wendeltreppe der National Gallery.

von rund einer halben Million Insekten gilt das Museum international als ein wichtiges Zentrum der Entomologie.

Gehen Sie nun rechts in die Upper Merrion Street, an der nächsten Kreuzung links in die Baggot Street und dann rechts die Pembroke Street entlang zum **Fitzwilliam Square,** einem kleinen georgianischen Platz aus dem Jahr 1825. Im Haus Nr. 18 am anderen Ende des Platzes, Ecke Fitzwilliam Street, der längsten georgianischen Straße der Stadt, lebte Jack B. Yeats. An ihrer Ostseite wurden 1965 in einem schändlichen Akt von staatlichem Vandalismus 26 Häuser abgerissen, um Raum für die Energieversorgungsbehörde zu schaffen. Vielleicht hat man inzwischen dazugelernt. Wenn Sie hier nun wieder links gehen, kommen Sie zurück in die Baggot Street.

Blick auf den Kanal: Wenn Sie jetzt noch genügend Energie haben (Sie müssen schließlich auch wieder zurück!), können Sie noch einmal rechts in die Baggot Street gehen und sich zwei bemerkenswerte moderne Bauten ansehen: Der in Stahl und Glas gehaltene Kasten zu Ihrer Linken ist das Verwaltungsgebäudes der Bank of Ireland (mit einem Saal für moderne Kunstausstellungen) und etwas weiter auf der rechten Seite das Bord na Mona, das für den Torfabbau in den Mooren zuständig ist. Von der Brücke aus bietet sich ein sehr schöner Blick auf den **Grand Canal,** der einst als Verkehrsader zur Verbindung der Hauptstadt mit dem Fluß Shannon von Bedeutung war. Ein in Granit gefaßter Sitz bei der Schleuse auf der anderen Seite des Kanals in der **Mespil Road** erinnert an den Dichter Patrick Kavanagh (1905–1967). Eines seiner Gedichte, das die Schönheit dieses Ortes beschreibt, wurde in den Stein gemeißelt. Nur wenige Meter entfernt befindet sich an der Ecke zur Baggot Street die altmodische Buchhandlung **Parson,** in der Kavanagh viele Stunden zubrachte. Nun kehren Sie zurück zum Trinity College, ein guter Ausgangspunkt für die Erkundung der Altstadt.

Fitzwilliam Square, der von Bulldozern verschont blieb.

DIE ROLLE DER RELIGION

Wer zum ersten Mal nach Dublin kommt, staunt über die große Zahl von Kirchen. Eine ganze Reihe gehört der Church of Ireland (der protestantischen Episkopalkirche). In einigen halten andere protestantische Konfessionen wie Methodisten und Presbyterianer ihre Gottesdienste ab. Doch die überwältigende Mehrheit ist römisch-katholisch. Die Kirchen spiegeln die dominierende Rolle dieser Religion im Leben der Stadt wider.

Die Diözese Dublin, die die Stadt und die Grafschaft Dublin, fast die ganze Grafschaft Wicklow sowie Teile der Grafschaften Wexford, Carlow, Kildare und Laois umfaßt, zählt ungefähr 1,2 Millionen Mitglieder; davon sind etwa eine Million Katholiken.

Das für den Besucher sichtbarste Zeichen der Religiosität – das bei der Jugend aber immer weniger Anklang findet – ist, daß sich die Menschen bekreuzigen, wenn sie an einer Kirche vorbeikommen. Dies ist als Zeichen des Respekts vor dem Heiligen Sakrament in der Kirche zu verstehen, das die Katholiken als wahrhaftigen Leib Christi sehen. „Es ruft mir ins Gedächtnis, wozu wir alle hier sind", erklärt ein Dubliner.

Dublins Kathedralen – St. Patrick's und Christ Church – gehören seit der Reformation der Church of Ireland. Der katholische Erzbischof hat seinen Sitz in St. Mary's Pro Cathedral in der Marlborough Street. Daß wochentags sechs Messen gelesen werden, zeigt, welchen Stellenwert die Dubliner der Religion immer noch beimessen.

Nach der Messe bleiben viele noch, um zu beten oder in einer Seitenkapelle eine Kerze anzuzünden. Ganze Reihen von Kerzen erhellen das Halbdunkel um die Statuen der Jungfrau Maria, des gekreuzigten Jesus und der Heiligen Josef, Anton und Kevin. Vor dem Bild des hl. Laurence O'Toole, des Schutzpatrons von Dublin, hat jemand eine Bittschrift an St. Jude, den Heiligen für hoffnungslose Fälle, verfaßt und auf den Sitz gelegt. Zweimal flattert sie durch den Luftzug, den jemand im Vorbeigehen macht, auf den Boden, jedesmal legt sie der Betreffende sorgfältig auf ihren Platz zurück.

In den Kliniken, Schulen und sozialen Einrichtungen versehen katholische Nonnen ihren Dienst. In und um Dublin zählt man 276 Klöster, und auch wenn die Zahl der Novizinnen zurückgeht, spielen die Nonnen noch immer eine wichtige Rolle im Bereich der Erziehung und der Sozialdienste. Gleiches gilt für die Brüder von Don Bosco, die Salesianer und die Priester anderer Orden.

In der ersten Hälfte der neunziger Jahre hat die Autorität der Kirche jedoch einen rapiden Verfall erlebt. Eine ganze Reihe von Klerikern wurde des Kindesmißbrauchs beschuldigt. Berichte über alkoholabhängige und homosexuelle Priester machten Schlagzeilen. Besonders tief blicken ließ die Zeitungsüberschrift „Kinder von Laien mißbraucht!".

Viele Menschen stellen die Rolle der katholischen Kirche heute in Frage und erteilen der Kirchenpolitik, wie in den Referenden zum Abtreibungs- und Scheidungsrecht, eine Absage. Aber viele akzeptieren – aktiv oder passiv – die Rolle der Kirche nach wie vor.

Ein älterer Mann formuliert es so: „Die Zeiten sind hart. Man hört nur noch von Bomben, Verbrechen und Drogen. Aber in Dublin waren die Zeiten immer hart. Wenigstens haben wir die Religion." ■

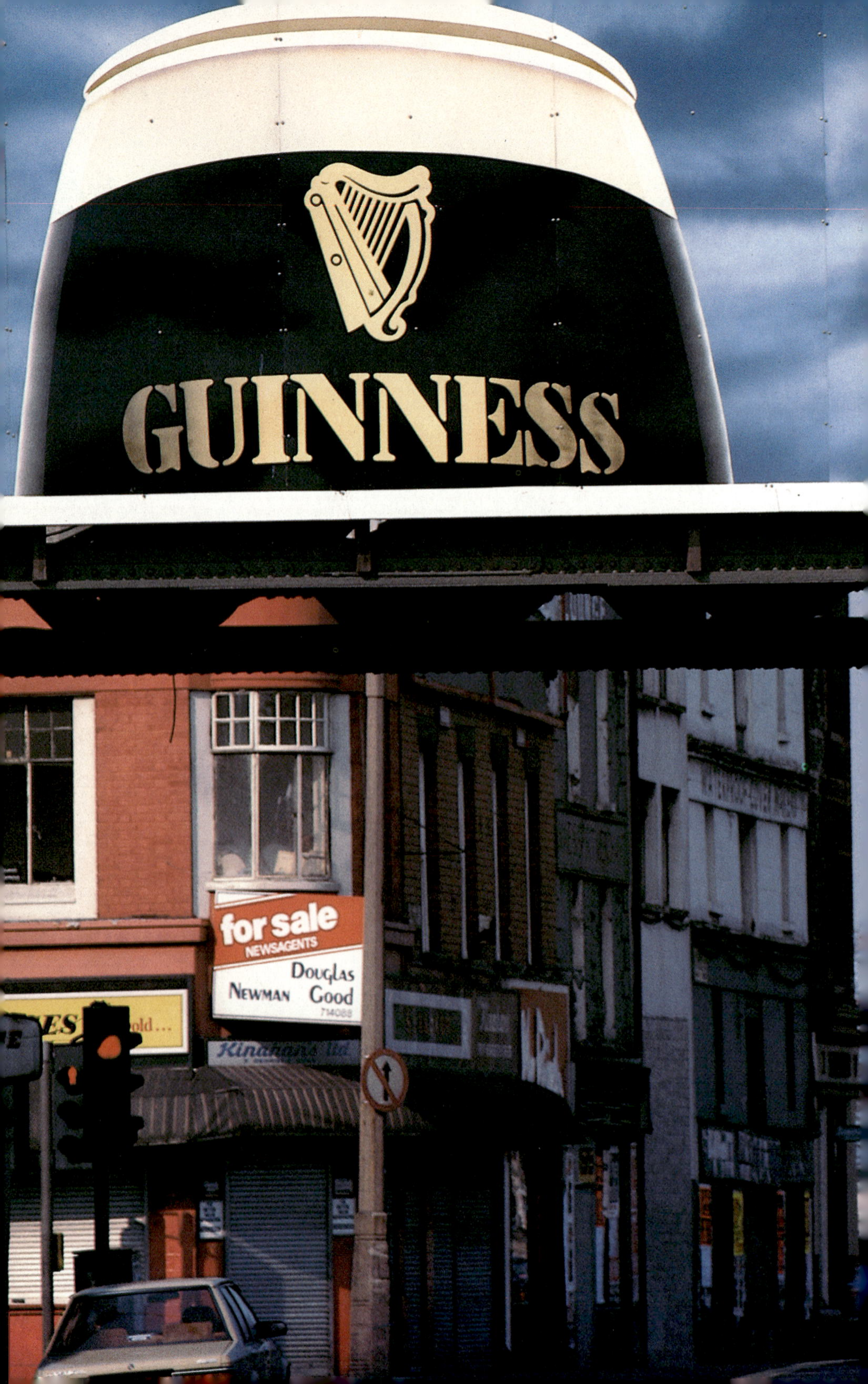
GUINNESS
for sale
NEWSAGENTS
Douglas
Newman Good
714088

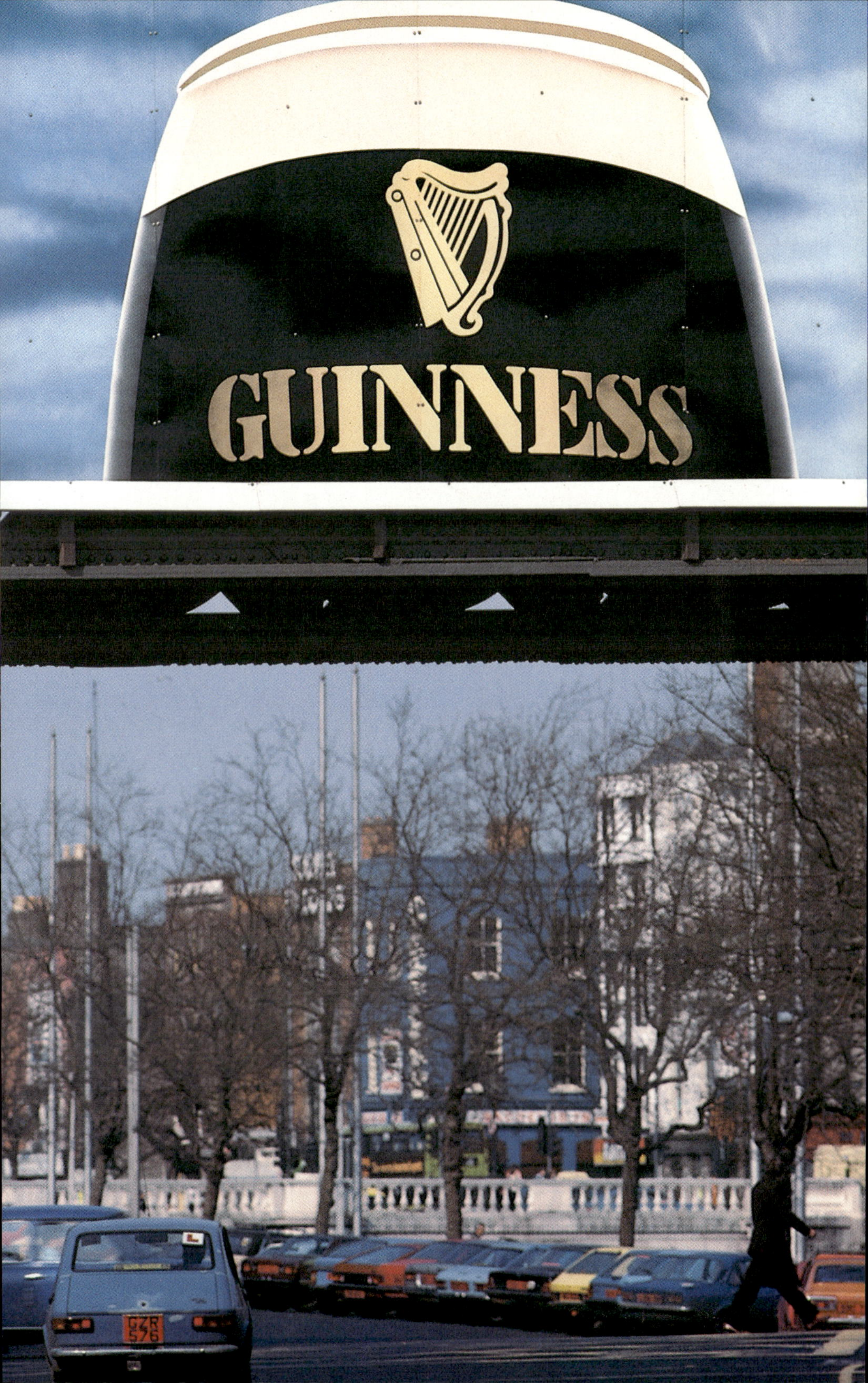
GUINNESS

DIE ALTSTADT

Genau hier nahm alles seinen Anfang, aber nicht 988, wie man aus der Eintausendjahrfeier 1988 schließen könnte, sondern über ein Jahrhundert früher. 841 ließen sich norwegische Wikinger am Ufer des Liffey nieder; ihre Kämpfe mit den dänischen Gegenspielern endeten elf Jahre später, als Olaf beide Gruppen vereinte und das Normannische Königreich Dublin gründete.

Die erste Niederlassung lag in der Gegend der heutigen **St. Patrick's Cathedral,** oberhalb des Zusammenflusses von Liffey und einem kleinen Flüßchen namens Poddle. Der Schwarze Teich (= dubh linn), der sich dort gebildet hatte, gab der Siedlung den Namen. Allmählich dehnte sie sich nach Westen entlang der heutigen High Street aus. Die Stadt wuchs auch im Mittelalter weiter, und noch heute wecken die Namen ihrer Straßen die Erinnerung an jene Zeit.

Viele von ihnen sind nach Heiligen benannt, die die Menschen jener Zeit verehrten: Michael's Hill, Nicholas Street, Patrick Street, Francis Street, John's Lane, James's Street, Thomas Street. Und all diese Straßen liegen in jenem Berich, in dem sich die wesentlichen Ereignisse der Dubliner Stadtgeschichte – auch der irischen Geschichte – abgespielt haben.

Hier standen die Dörfer einer Urbevölkerung, die den Wikingern unterlag und sich schließlich mit ihnen vermischte; hier etablierten Jahrhunderte später die Normannen ihre Herrschaft; hier tobten die Aufstände freiheitsliebender Iren; hier wütete die Pest.

Die Altstadt hat Königreiche und Republiken überdauert. Vor der Schlacht am Boyne war sie die Hauptstadt von König James, nach der Schlacht die von König Wilhelm. Durch ihre Straßen spazierten Jonathan Swift, der Dekan der St. Patrick's Cathedral, und Georg Friedrich Händel, der Komponist des großen Oratoriums *„Der Messias".* Hier planten die United Irishmen 1798 einen Aufstand, in dem Jahr, für das „ein milder Winter, ein feuchter Frühling, ein blutiger Sommer ... und kein König" prophezeit worden war. Aus Frankreich und Amerika waren aufrührerische Ideen in die Stadt gelangt. Der Aufstand wurde niedergeschlagen und Robert Emmet, der „Darling von Erin", fünf Jahre später als Anführer der gescheiterten Rebellion vor der St. Catherine's Church, am westlichen Ende der Thomas Street, hingerichtet. Im Laufe der Zeit verlor die Altstadt ihre Bedeutung, das Stadtzentrum verlagerte sich weiter nach Osten. Als in den zwanziger Jahren der Irische Freistaat gegründet wurde, zog die Regierung aus dem Dublin Castle ins Leinster House um. Heute bildet das College Green das Zentrum Dublins, und die Dame Street fungiert als Nabelschnur der neuen Stadt zu ihrer alten Mutter.

Auf den Spuren der Wikinger: Einen Besuch der Dubliner Altstadt beginnt man

Vorherige Seiten: Der Grand Canal. Sieht man nach einem Guinness schon doppelt? **Links**: Eine bunte Sammlung von Antiquitäten. **Rechts**: Christ Church Cathedral.

am besten am **College Green,** mit dem Trinity College im Rücken und dem alten Parlament, der heutigen Bank of Ireland, zur Rechten. Die erste Straße links am Anfang der Dame Street ist die **St. Andrew Street.** Wo heute die St. Andrew's Church steht, befand sich einst der Versammlungsplatz, „Thingmote", das „Parlament" der Nordmänner. Hier kamen die freien Wikinger zusammen, um über Fragen zu beraten und Entscheidungen zu fällen.

Die **Dame Street** ist inzwischen eine Geschäftsstraße, eine Straße der Versicherungsgesellschaften und der Banken. Die schmale Anglesea Street gleich hinter dem Foster Place rechts beherbergt die **Börse** und führt in den **Temple-Bar-Bezirk,** in dessen Nebenstraßen Sie Restaurants, Naturkostläden, Galerien, Buchhandlungen und ein Geschäft namens „Cyclefolk" finden, das an alle, die Dublin auf dem Drahtesel erkunden möchten, Räder verleiht. Ein kleiner Bummel durch Temple Bar sei Ihnen wärmstens ans Herz gelegt.

Weiter geht es die Dame Street hinunter, am imposanten und nicht unumstrittenen Neubau der **Central Bank** zur Rechten zum **Olympia Theatre,** ebenfalls auf der rechten Seite. Hinter seinem bescheidenen Eingang verbirgt sich ein riesiges Auditorium, in dem Dramen, Varieté und Musicals aufgeführt werden.

Nun steigt die Dame Street sanft zum Cork Hill und der Lord Edward Street hinauf an. Links steht das **Rathaus,** das 1769 nach Plänen des Londoner Architekten Thomas Cooley als Königliche Börse erbaut wurde. Bald darau benutzte man das Gebäude, um Soldaten anzuwerben; während des Aufstandes von 1798 diente es den Engländern als Kaserne. Im Jahr 1852 schließlich bezog die Stadtverwaltung von Dublin die Räumlichkeiten hinter der korinthischen Fassade. Ganz in der Nähe, in der **Essex Street,** liegt das traditionsreiche Smock Alley Theatre.

Zentrum der Macht: Westlich der City Hall schließt sich der Eingang zum

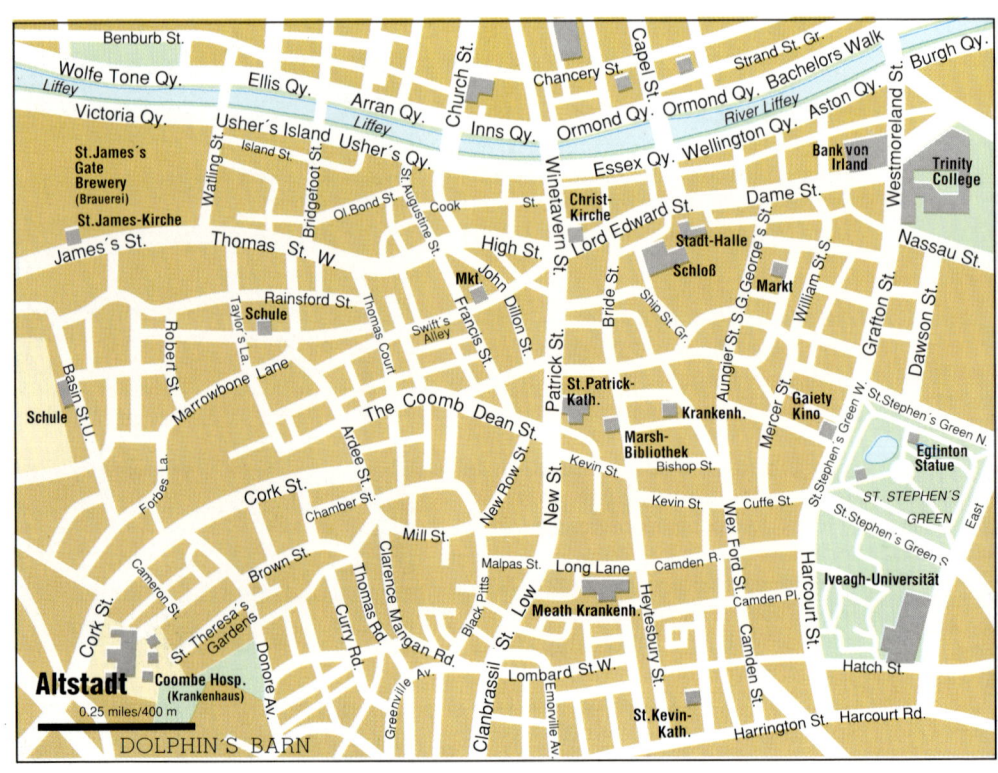

130

Dublin Castle und seinem Haupthof, dem Upper Castle Yard, an. Man betritt die Anlage durch ein Tor, über dem eine Statue der Justitia mit der Waage in der Hand thront – „das Gesicht dem Castle, den Rücken der Nation zugewandt", wie die Dubliner, die nie sonderlich großen Respekt vor dem Gesetz besaßen, in den Tagen zu sagen pflegten, als die Burg den Briten als Machtzentrale diente. Der Hof ist sehr elegant, und schon beim Eintreten wird klar, daß die Bezeichnung „Burg" nicht so recht zutrifft. Die Anlage wurde als Festung für die Herrscher Irlands errichtet, von den Vizekönigen des Landes aber immer mehr zum Palast ausgebaut. Das einzige, was an die Burg der Normannen erinnert, ist der Record Tower. Er ist einer der Originaltürme und wurde zwischen 1202 und 1228 von Myles Fitz-Henry erbaut.

Der Schloßcharakter der Festung wird durch die State Apartments unterstrichen, die die Vizekönige für große Ereignisse und anläßlich des Besuchs englischer Könige und Königinnen nutzten. Auch die Regierung der Republik Irland bedient sich bei offiziellen Anlässen, z. B. Staatsbesuchen ausländischer Politiker oder Gipfeltreffen der Europäischen Gemeinschaft dieser Räume. Führungen können dann nicht durchgeführt werden. Es empfiehlt sich daher, sich vor der geplanten Besichtigung telefonisch zu erkundigen. Wenn Sie Zeit haben, sollten Sie die State Apartments unbedingt besuchen, sie zählen zu den größten Kostbarkeiten Dublins.

Der Rundgang führt Sie über die Grand Staircase aus Connemara-Marmor in die **St. Patrick's Hall,** in der früher die Ritter des heiligen Patrick in den Orden aufgenommen wurden. Die Decke gestaltete Vincent Waldre, der Fries rund um den riesigen Saal zeigt die Wappen der Ritter. Als nächstes besichtigt man den runden Salon und den Bermingham Tower, wo immer wieder irische Geschichte gemacht wurde. Hier wurde 1586 Red Hugh O'Donnell

gefangengenommen. Danach geht es in den **Wedgwood Room,** in dem echtes Wedgwood-Prozellan und wertvolle Gemälde von Angelica Kauffmann zu bewundern sind.

Im **Throne Room** (Thronsaal) empfingen die englischen Könige und Königinnen während ihrer Aufenthalte in Dublin die Untertanen. Georg V. war der letzte Monarch, der auf diesem Thron residierte; die St. George's Hall, ein weiterer Empfangssaal, wurde anläßlich seines Besuchs 1911 erbaut.

Neben dem Archivturm steht eine kleine neugotische Kapelle, die als Kirche der heiligen Dreifaltigkeit bekannt ist. Der Bau, den Francis Johnson 1807 als Chapel Royal errichtete, kam 1943 in den Besitz der katholischen Kirche. Außen zieren mehr als 90 Köpfe englischer Monarchen und anderer historischer Persönlichkeiten das Gebäude.

Händels erstes Konzert: Zurück auf dem Cork Hill, spazieren Sie die Lord Edward Street, die nach Lord Edward FitzGerald, einem der Anführer der Rebellion von 1798, benannt wurde, hinauf zur Christ Church, der Kathedrale der Heiligen Dreifaltigkeit, die im Jahr 1038 von Sitrick „Seidenbart", dem christlichen Wikingerkönig von Dublin, gestiftet wurde. Gleich rechts, bevor Sie die Kathedrale erreichen, liegt die **Fishamble Street,** der mittelalterliche Fischmarkt der Stadt. Hier standen die Musick Rooms, wo Händel am 13. April 1742 der Uraufführung seines *Messias* beiwohnte. Da zu der Veranstaltung in dem kleinen Saal ein großes Publikum erwartet wurde, bat man die Damen, keine Reifröcke zu tragen, und die Herren, ihre Schwerter zu Hause zu lassen. 1748 wurde hier auch Händels *Judas Maccabaeus* uraufgeführt. Heute ist von den Musick Rooms nichts mehr erhalten.

Die **Christ Church Cathedral** ist die Haupt- und Stammkirche der protestantischen Church of Ireland. Die Kathedrale auf dem Hill of Dublin ist von einem Kirchhof umgeben, auf dem – südlich des Hauptgebäudes – die Reste

Der Salon der State Apartments im Dublin Castle.

132

des alten Kapitelsaales aus dem Jahr 1230 zu sehen sind. 1875 wurde das Äußere des Gotteshauses aufwendig renoviert – für die Kosten kam ein reicher Dubliner Whiskeybrenner auf.

Der Bau hat heute kaum noch Ähnlichkeit mit der einstigen Kathedrale. Ihre Gründung geht auf die Wikinger zurück; zur Zeit der Normannen wurde die Kirche unter der Ägide von Strongbow – Richard le Clare, der Eroberer Irlands – massiv erweitert; der zentrale Turm entstand um 1600, nachdem die Kirchtürme bei einem Brand zerstört worden waren. 1487 wurde hier der Thronprätendent Lambert Simnel von seinen Anhängern gekrönt. Vom ursprünglichen Bau sind über der Erde nur die nördliche Wand des Mittelschiffs, das Querschiff und der Westerker des Chors erhalten. Das Grab im südlichen Seitenschiff soll die letzte Ruhestätte von Strongbow sein, der 1176 starb. Die Grabfigur eines Ritters in Rüstung könnte nach Meinung der Experten den Grafen darstellen.

Pult in der Christ Church Cathedral.

Die Krypta mit ihrem wuchtigen Kreuzrippengewölbe stammt aus dem 12. Jh. und ist damit Dublins ältestes Bauwerk. Vieles andere kam im Zuge der Sanierung der Stadt abhanden. Die Stadtverwaltung, die mit großem Aufwand 1988 die Tausendjahrfeier organisierte, ließ ihre neuen Büros auf einer alten wikingischen Siedlung zwischen Christ Church und Liffey errichten. Im Rahmen der Straßenverbreiterung zerstörte sie die alte High Street und plante den Bau einer zweispurigen Straße, um den Verkehr auf der mittelalterlichen Strecke zwischen St. Patrick's Cathedral und Christ Church Cathedral zu leiten. Alle diese Bausünden haben Bürgerproteste nach sich gezogen. Ihnen ist es zu verdanken, daß immerhin der erwähnte Temple-Bar-Bezirk von einer Totalsanierung verschont blieb.

Rettung vor dem Abriß: Auf der gegenüberliegenden Seite des Christ Church Place, wieder Richtung Dublin Castle, erhebt sich die **St. Werburgh's Church.** Der Komponist John Field

(1782–1837), der die Nocturne erfand und den größten Teil seines Lebens in Rußland verbrachte, wurde hier getauft. Im Gewölbe der Kirche fand Lord Edward FitzGerald seine letzte Ruhe. Geht man nun zurück zum Christ Church Place und hinüber in die High Street, von der man meinen könnte, sie sei im Zweiten Weltkrieg ausgebombt worden, sieht man recht einsam und verlassen die **Tailor's Hall.** Dieses einzig erhalten gebliebene Zunfthaus wurde 1960 geschlossen. Sein Abriß schien schon beschlossene Sache zu sein, doch wurde es durch den Einsatz einer Bürgerinitiative vor diesem Schicksal bewahrt. Heute sind hier die Büros des *An Taisce* untergebracht, das sich für die Erhaltung der Natur und des architektonischen Erbes Irlands einsetzt.

Auf der anderen Seite der Straße steht die große Catholic Church of St. Audeon, die den Dublinern in jüngerer Vergangenheit im Zusammenhang mit Flash Kavanagh ein Begriff wurde. Dieser Priester las die Messe schneller als alle anderen und scharte so eine große Gemeinde von weniger strengen Katholiken um sich, die ihre sonntägliche Pflicht so rasch wie möglich hinter sich bringen wollten. Auf diese Weise konnten sie zu Hause noch zu Mittag essen, ehe sie auf den Fußballplatz eilten. In der Nähe steht die kleinere, ältere **Church of Ireland St. Audeon's,** die einzige Pfarrkirche aus dem Mittelalter, die erhalten blieb. Turm und Portal stammen aus dem zwölften, der Gang aus dem 15. Jahrhundert. Die Kirche, die die Normannen nach dem heiligen Oeun aus Rouen benannten, besitzt das älteste Glockenspiel Dublins, das angeblich mehr als 500 Jahre alt ist.

Eine Schleife um den Christ Church Place und rund 400 Meter in der Patrick Street nach Süden, bringt Sie zur **St. Patrick's Cathedral,** der zweiten Kathedrale Dublins. Die Staatskirche der Church of Ireland wurde 1191 von Erzbischof John Comyn als Gegenstück zur Christ Church Cathedral gegründet, die unter St. Laurence O'Toole zur Staatskirche geworden war. St. Patrick ist die größte und eindrucksvollste Kirche Irlands und beherbergt die interessantesten Grabmäler des Landes, darunter jenes von Jonathan Swift, der hier von 1713 bis 1745 Dekan war.

Swift liegt neben seiner Geliebten Stella (Esther Johnson) begraben. Die Grabinschrift hat er selbst verfaßt: „An dieser Stelle, wo ihm wilde Empörung nicht länger das Herz zerreißen kann, ruht der eifrige und hingebungsvolle Verfechter der Freiheit. Tu es ihm, der nach bestem Vermögen die Freiheit verteidigte, gleich."

Das imposanteste Monument ist das Grab von Richard Boyle, dem Earl von Cork. Der Graf (1566–1643) hatte es ursprünglich neben dem Altar aufstellen lassen, doch wurde es auf Geheiß von Vizekönig Wentworth verlegt, da die Gemeinde, wie er sagte, sonst keinen Gottesdienst abhalten könne, ohne „vor dem Grafen von Cork, seiner Gemahlin ... und seinen Töchtern, diesen Nymphen mit Krönchen auf dem Haupt

Ort der Stille: St. Audeon's.

und wirrem Haar bis auf die Schultern, niederknien" zu müssen. Eines der Kinder der Boyles, Robert, wurde später ein berühmter Physiker. Unter den zahlreichen Grabmälern der Kathedrale findet sich auch das Monument für **Turlough O'Carolan,** den berühmtesten Harfinisten Irlands, der einer der letzten alten Barden des Landes war.

Im südlichen Querschiff sehen Sie eine alte Tür mit einem runden Loch. 1492 hatten der Graf von Kildare und der Graf von Ormonde und ihre Ritter einen Streit darüber, wem bei einer Zeremonie der Vorrang gebühre. Nach der Aussöhnung der beiden Parteien schnitt man ein Loch in die Tür, damit sich die Grafen zum Zeichen des Friedens die Hand geben konnten.

Zudem beherbergt die Kathedrale die Fahnen der irischen Regimenter der britischen Armee, von denen die meisten im Zuge der Gründung des Irischen Freistaates aufgelöst wurden. Australier dürften sich vor allem für die Fahnen der Royal Dublin Fusiliers interes-

Der Star der Parade am St. Patrick's Day.

sieren. Die „Dubs" rekrutierten sich vorwiegend aus dem Arbeiterviertel „Liberties" rund um das Gotteshaus (seinen Namen erhielt das Viertel, weil es nicht im Bereich der Gerichtsbarkeit des mittelalterlichen Dublin lag). Das Regiment kämpfte im Ersten Weltkrieg zusammen mit australischen und neuseeländischen Verbänden an den Dardanellen bei Gallipoli, und es heißt, daß es in der Coombe, der Hauptstraße der Liberties, kein Haus gegeben habe, das im April 1915 nicht mit schwarzem Krepp behängt gewesen wäre.

Dieser Teil Dublins war einst ein typisches Arbeiterviertel, in dem viele Familien schon seit Generationen lebten. In den vergangenen Jahrzehnten sind jedoch viele der alteingesessenen Familien in die städtischen Wohnsiedlungen am westlichen Stadtrand gezogen. An ihrer Stelle kamen junge Menschen, Journalisten und Architekten, die viele der kleinen Häuser sanierten.

Einen Katzensprung von der Kathedrale entfernt liegt, in der St. Patrick's

Close, die **Marsh's Library,** die älteste Bibliothek Irlands, die 1702 von Erzbischof Narcissus Marsh gegründet wurde. Bücher gehörten damals zu den begehrtesten Gütern, weshalb einige noch heute an den Regalen festgekettet sind. Hier stehen sogar drei Käfige, in die man die Leser kostbarer Bände einschloß. Zu den interessantesten Büchern zählt eine Ausgabe der *History of the Great Rebellion* von Clarendon, in dem sich Jonathan Swift am Rand Notizen gemacht hat.

Vom Ausgang der Bücherei geht es nun links die St. Patrick's Close hinunter und rechts in die Kevin Street. Rechts sehen Sie die **Dekanei St. Patrick.** Halten Sie sich geradeaus, über die Patrick Street in die Dean Street und rechts in die **Francis Street,** die einst ein Geschäftsviertel war. In den letzten Jahren hat sie sich zum Zentrum des Antiquitätenhandels entwickelt. Auf halber Höhe der Straße steht rechts die **Church of St. Nicholas of Myra** (1832). Die Kirche, die früher als katholische Kathedrale Dublins diente, übte die Gerichtsbarkeit über die Isle of Man aus und setzte so die engen Verbindungen mit dieser Insel fort, die bereits zur Zeit der Wikinger geknüpft worden waren.

Am Ende der Francis Street geht es links in die Thomas Street. Rechts erhebt sich die Augustinerkirche, die bei den Einheimischen schlicht **John's Lane** heißt; sie besitzt den höchsten Kirchturm in Dublin. Das Gebäude links daneben (1791) war einst die weithin bekannte Brennerei von John Power. Hier wurde Power's Whiskey hergestellt; noch heute eine der beliebtesten Marken Irlands, bis die Vereinigung der irischen Whiskeybrenner, die durch die Fusion von Power und einigen anderen Brennereien entstand, ihre gesamte Produktion nach Midleton in der Grafschaft Cork verlegte. Das Gebäude beherbergt heute das National College of Art and Design, das regelmäßig Ausstellungen führender Künstler und seiner studentischen Talente organisiert.

In der Altstadt sprießen die Antiquitätenläden wie Pilze aus dem Boden.

Spazieren Sie nun die geschäftige Thomas Street hinunter und links an der Meath Street vorbei zur wuchtigen **St. Catherine's Church.** Vor dieser Kirche wurde 1803 der Revolutionsführer Robert Emmet am Galgen hingerichtet, unweit der Stelle, an der seine Anhänger den obersten Richter Kilwarden ermordet hatten.

Guinness is good for you: Ein Stück weiter geht die Thomas Street in die James's Street über, die als Adresse der **Guinness Brewery** wohlbekannt ist. Die Brauerei, die Arthur Guinness 1759 gründete, umfaßt heute einen riesigen Komplex, der sich über mehrere Blocks entlang der James's Street erstreckt. Im Hop Store, dem Besucherzentrum, kann man einen Film über die Brauerei sehen und das berühmte Bier probieren. Nutzen Sie die Gelegenheit: Ein Guinness schmeckt in Dublin am allerbesten, und in Dublin schmeckt es nirgendwo so gut wie in der Brauerei. Die oberen Stockwerke des alten Hopfenlagers wurden in ein Kunstzentrum umgewandelt.

Wenn Sie am Ende der James's Street bei dem Brunnen rechts abbiegen, erreichen Sie das **St. Patrick's Hospital,** das 1745 mit dem Nachlaß von Jonathan Swift als psychiatrische Anstalt gegründet wurde. In Swifts eigenen Worten:

He left the little wealth he had
To build a house for fools and mad
And shew's by one satyric Touch
No Nation ever wanted it so much.

Auf Anfrage kann man einige Hinterlassenschaften des Dekans besichtigen.

Eine scharfe Biegung nach links bringt Sie in die Steeven's Lane, wo links das **Dr. Steeven's Hospital** steht, das 1733 gegründet wurde. Es war das älteste Krankenhaus Dublins, wurde vor einigen Jahren aber geschlossen. Sehr hübsch ist der Hof, der aus der frühen georgianischen Zeit stammt. Auf der anderen Straßenseite liegt das Bahnhofsgebäude der **Heuston Station** (1845), früher unter dem Namen Kingsbridge bekannt.

Der Rückweg in die Innenstadt führt uns nun am rechten Liffey-Ufer ent-

Brennholz wird angeliefert.

Die Guinness-Saga

I m *Ulysses* schreibt James Joyce über die Zwillinge Bungiveagh und Bungardilaun und über das „schäumende, ebenholzschwarze Bier", das sie in ihren Fässern brauen, „gerissen wie die Söhne der unsterblichen Leda". Arthur Edward und Edward Cecil Guinness, „die gerissenen Brüder, Herren des Fasses", benötigten nicht das Genie eines James Joyce, um ihren Betrieb unsterblich zu machen. Das erledigen all jene, die ein Pint des berühmten dunklen Bieres mit der cremigen Blume trinken.

Der Urgroßvater der beiden, Arthur, hatte 1759 die St. James's Gate Brewery gegründet. Er hatte das Bierbrauen von seinem Vater Richard erlernt, der viele Jahre als Verwalter des Gutes des Erzbischofs von Cashel tätig war. In Dublin gab es viele kleine Brennereien und ein paar Brauereien. Um 1775 wurde eine neue Biersorte importiert, die sich bei den Londoner Lastenträgern *(porter)* großer Beliebtheit erfreute. Anders als das Bier von Guinness, das aus mehreren Fässern ver-

schnitten wurde, kam das „Entire" nur aus einem Faß. Seine dunkle Farbe erhielt es von gerösteter Gerste. Arthur Guinness beschloß, die Engländer mit ihren eigenen Waffen zu schlagen, und seine Entscheidung erwies sich als richtig: die Brauerei florierte. Er wurde Vorsitzender der Brauervereinigung und Hauptlieferant des Dublin Castle. Er begründete außerdem eine Familientradition als Mäzen, indem er 250 Guineas für die Schule der St. Patrick's Cathedral stiftete.

Als er 1803 im Alter von 78 Jahren starb, führten seine drei jüngsten Söhne das Geschäft weiter. Arthur Guinness II. blieb am längsten in der Firma und agierte am erfolgreichsten. 1833 war Guinness die größte Brauerei Irlands und weitete unter Arthur II. ihren Überseehandel aus. Im Jahr 1820 wurde er Direktor der Bank of Ireland und trat für die Rechte der Katholiken ein, sprach sich aber gegen einen Austritt aus der Union mit Großbritannien aus.

Sein dritter Sohn, Benjamin Lee Guinness, verdreifachte das Vermögen seines Vaters und machte den Betrieb zur größten Brauerei der Welt. Er wurde Oberbürgermeister von Dublin. Auch er unterstützte die St. Patrick's Cathedral und kam für die 150 000 Pfund teure Renovierung des Gebäudes auf. Seine Residenz am St. Stephen's Green, Iveagh House (heute das Auswärtige Amt), vermachte er 1939 dem Staat.

Benjamin Lees Söhne Arthur Edward und Edward Cecil betätigten sich ebenfalls als Mäzene, beispielsweise durch die Stiftung von St. Stephen's Green. In diesem Jahrhundert wurde die Brauerei Park Royal in London errichtet, St. James's Gate wurde renoviert, und es wurden eine Reihe neuer Biersorten, wie etwa Harp Lager, eingeführt.

Obwohl die Familie längst nicht mehr die überragende Rolle von einst spielt, hält sie doch die Aktienmehrheit eines Unternehmens, das vier Brauereien in Afrika unterhält und dessen Starkbier in 16 weiteren Ländern gebraut wird. Die Familie hat immer noch großen Einfluß. Desmond Guinness ist einer der führenden Köpfe der Irish Georgian Society, die sich die Pflege und Erhaltung des architektonischen Erbes des 18. Jahrhunderts zur Aufgabe gemacht hat. 1987 kam die Brauerei nach der umkämpften Übernahme der schottischen Destillers Company wegen ihrer Verhandlungstaktik in die Schlagzeilen. ∎

lang. Der erste Abschnitt dieser Strecke geht durch eine der am meisten verschandelten Gegenden Dublins – ein schlimmer Anblick auch für die Dubliner, die wissen, daß der Fluß einst von prächtigen Bauwerken gesäumt wurde.

Sie bewegen sich nun parallel zur alten Hauptachse Dublins: James's Street, Thomas Street und High Street. Am Ende des Usher Quay zweigt nach rechts die **Bridge Street** ab, die ebenfalls unter der Stadtsanierung gelitten hat. In ihr befindet sich **The Brazen Head,** das älteste Pub Irlands. Man glaubt, daß es an seiner Stelle schon im 12. Jahrhundert eine Gaststätte gegeben hat. Das jetzige Haus stammt jedoch aus dem Jahr 1688 und diente um 1795 den United Irishmen als Hauptquartier. Hier mischten sich die Spione vom Dublin Castle unter die Verschwörer, denen der Alkohol die Zungen lockerte; im Lauf eines Jahres wurden im Brazen Head 15 der „Vereinigten Iren" festgenommen.

Adam and Eve's: Zurück an den Quays, sehen Sie ein Stück weiter in Richtung Stadtzentrum am Merchant's Quay gegenüber den Four Courts die **Franziskanerkirche** (1830). Die Kirche, die die Dublinern „Adam and Eve's" nennen, ist das einzige Gotteshaus der Welt, das seinen Namen von einer Gaststätte erhielt. Im Pub Adam and Eve's, das einst an dieser Stelle stand, wurde in Zeiten der Verfolgung die Messe gelesen. Offiziell ist die Kirche Maria von der Unbefleckten Empfängnis geweiht.

Hinter der Kirche und parallel zum Quay verläuft die **Cook Street,** die früher das Zentrum der Sargtischler war. Heute steht hier kaum noch ein Haus, was wieder einmal mit den Straßenbaumaßnahmen zu erklären ist. Allerdings sind hier die besterhaltenen Reste der mittelalterlichen Stadtmauer und das einzige Tor zu finden, das übrigblieb. Die Stufen beim Tor führen zur alten Pfarrkirche St. Audeon in der High Street hinauf.

Der nächste Quay Richtung Innenstadt ist der Wood Quay, wo die Stadt direkt an der Nordfassade der Christ Church Cathedral ihre neuen Bürogebäude bauen ließ, was viele Dubliner einmal mehr veranlaßte, am Stadtrat zu zweifeln. Noch umstrittener wurde das Ganze, als bei den Grabungsarbeiten die Reste einer Wikingersiedlung – ganze Gebäude, Mauern sowie Artefakte – freigelegt wurden. Trotz des Engagements einer Bürgerinitiative zum Schutz der am besten erhaltenen Wikingerniederlassung Europas, bestand die Stadtverwaltung auf die Verwirklichung ihrer Pläne und ließ die Neubauten errichten.

Ein Stückchen weiter endet unser Rundgang durch das alte Dublin an der Kirche der Heiligen Michael und Johannes, der ersten Kirche, die in Dublin nach dem „Relief Bill" von 1829, der den Katholiken die freie Religionsausübung („Catholic Emancipation") garantierte, eröffnet wurde. Rechts führt die Parliament Street wieder zum Rathaus, wo Sie links die Dame Street entlang zurück zum College Green gelangen.

Dublins ältestes Pub: das Brazen Head.

ART PARNELL

GHT·TO·FIX·THE·
ARCH·OF·A·NATION·
GHT·
TRY·
OU·
ER·

·O·FIX·
ULTRA·
ESS·OF·
ONHOOD

·R·SHALL'.

ʒo roimbiʒiɔ ɔia
éine ɔá claınn

DIE NORTHSIDE

Die O'Connell Bridge, wo Ihr Spaziergang durch den Südosten von Dublin begann, ist auch der Ausgangspunkt für einen Streifzug durch den nördlichen Teil der Stadt. Doch bevor Sie sich mit der O'Connell Street im einzelnen vertraut machen, sollten Sie noch eine Weile auf der Southside bleiben und am Burgh Quay nach Osten und unter der Eisenbahnbrücke hindurchschlendern, um einen Blick hinüber zum **Custom House** (Hauptzollamt) zu werfen, einem Werk von James Gandon, dem größten Dubliner Architekten des 18. Jahrhunderts.

Gandon war Engländer, suchte seine architektonischen Vorbilder jedoch in Frankreich. Man kann sich das Custom House eher am Ufer der Seine als an der Themse vorstellen. Es wurde in den Jahren 1781 bis 1791 für 210 000 Pfund auf Land errichtet, das man dem Liffey abgerungen hatte. Mit dem Act of Union 1800 und dem damit einhergehenden wirtschaftlichen Einbruch verlor das Custom House seine Bedeutung.

In *Hall's Ireland*, dem Bericht ihrer Reise durch Irland, schrieben Mr. und Mrs. Samuel Carter Hall 1840: „Dieser großzügige, meisterhafte Bau wirkt nun unsagbar einsam und verloren, da die Zeit Veränderungen mit sich gebracht hat, die ihn fast überflüssig werden ließen, und leider ist es um Dublins Handel so schlecht bestellt, daß er statt in einem Palast auch in einem Cottage abgewickelt werden könnte."

Als die Sinn Féin 1921 die Wahlen gewann, steckten die Anhänger Eamon de Valeras das Gebäude in Brand. Das Feuer wütete fünf Tage lang und fügte dem Custom House derart verheerende Schäden zu, daß es ratsam erschien, das Gebäude abzureißen – zumal viele in ihm ein Symbol des britischen Imperialismus sahen. Schließlich aber siegte die Vernunft. Der Bau war in seiner Grundsubstanz recht gut erhalten, doch

dauerte es noch Monate, bis das Mauerwerk vollständig ausgekühlt war und keine Risse mehr bildete.

Nach seiner Restaurierung durch das Office of Public Works, der für staatliche Gebäude und Denkmäler zuständigen Behörde, erstrahlt das Custom Haus heute wieder im alten Glanz. Auf der 38 Meter hohen Kuppel aus Kupfer in der Mitte thront eine Statue von Edward Smyth, die den Handel versinnbildlicht. Die Schlußsteine der Torbögen links und rechts des dorischen Portikus stehen für den Atlantischen Ozean und 13 Flüsse Irlands. Gandon schuf auch die Carlisle Bridge (sie wurde 1880 verbreitert und in O'Connell Bridge umbenannt), die Four Courts, den östlichen Portikus des Parlamentsgebäudes (Bank of Ireland) sowie die King's Inns.

Die angrenzenden **Custom House Docks,** die ebenfalls 1781 entstanden und in unserem Jahrhundert durch die Containerschiffahrt ihrer Funktion beraubt wurden, wählte man 1987 für ein ehrgeiziges, von der Wirtschaft finan-

Vorherige Seiten: Parnell-Denkmal in der O'Connell Street. Die O'Connell Street. **Links**: Das Custom House. **Rechts**: Samstagnachmittag in der Stadt.

ziertes Sanierungskonzept aus. Vorgesehen ist die Einrichtung eines Finanzzentrums, mehrerer Geschäfte, eines Luxushotels sowie von Bars, Restaurants, Museen, Galerien und einem Jachthafen.

Aufruhr im Theater: Die **Liberty Hall,** das große Gebäude aus den sechziger Jahren, vom Custom House flußaufwärts, ist Sitz der größten Gewerkschaft des Landes, der Irish Transport and General Workers Union. Der bescheidenere Bau, der vorher hier gestanden hatte, war die Schaltstelle des Arbeitskampfes zu Beginn dieses Jahrhunderts. Er markierte das eine Ende des von Gandon angelegten Beresford Place, der nach John Beresford, Chief Commissioner der irischen Finanzbehörde, benannt ist. Am anderen Ende des Platzes ist der Busbahnhof (Busaras) zu finden, von dem aus Verbindungen zu allen größeren Städten des Landes sowie zum Flughafen bestehen.

Gehen Sie nun am Nordufer des Liffey Richtung O'Connell Bridge und rechts in die **Marlborough Street** zum **Abbey Theatre.** Der recht einfallslose Bau wurde 1966 anstelle des alten Theatergebäudes errichtet, das bei einem Brand völlig zerstört worden war. Seinen Ursprung nahm das Abbey Theatre, das Nationaltheater Irlands, als William Butler Yeats, Edward Martyn und Lady Augusta Gregory 1898 das Irish Literary Theatre gründeten, aus dem 1903 die Irish National Theatre Society hervorging. Ein Jahr später stellte Annie Horniman der Gesellschaft ein ehemaliges Institut zur Verfügung, in dem das ursprüngliche Abbey Theatre seine Pforten öffnete. Es spielte eine wesentliche Rolle bei der kulturellen Renaissance jener Zeit und erwarb sich durch die Werke von Synge und O'Casey und seine naturalistischen Inszenierungen über die Grenzen Irlands hinaus große Anerkennung.

Bei den Aufführungen ging es oft turbulent zu: Am bekanntesten wurde der Aufruhr bei der Premiere des *Playboy of the Western World* von John M.

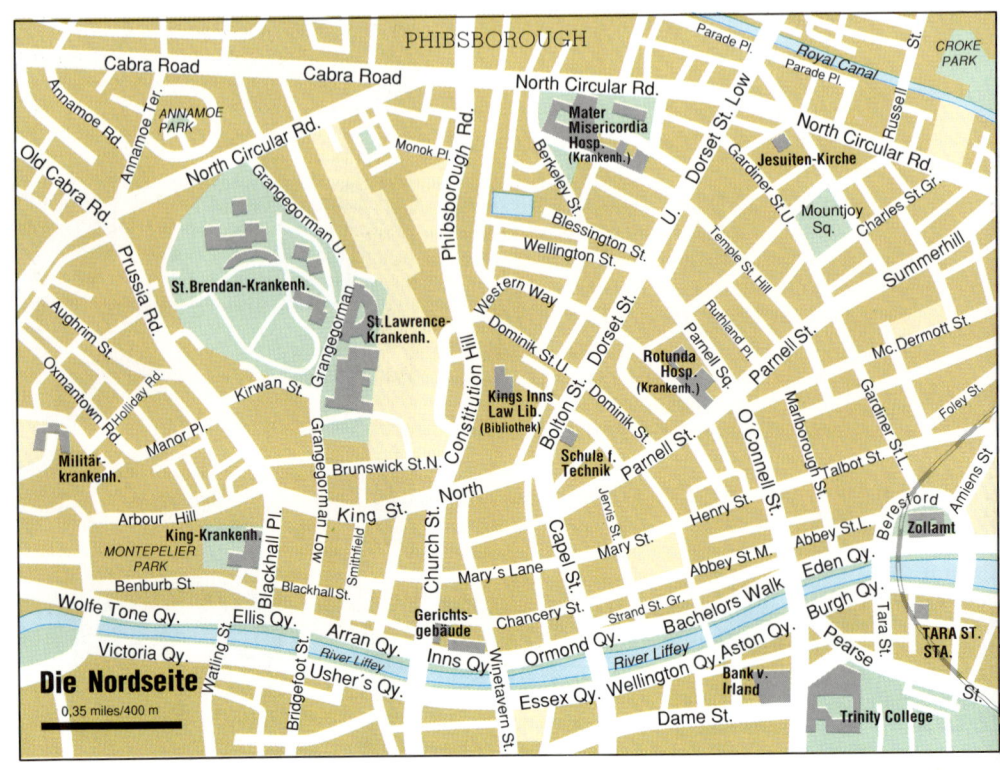

Die Nordseite

0,35 miles/400 m

Synge 1907, den das Wort „shift" (Petticoat) auslöste. Engstirnige „Patrioten" sahen in Synges Meisterwerk den Charakter des irischen Volkes ins Lächerliche gezogen. Für ähnlichen Wirbel sorgte 1926 die Aufführung von O'Caseys *Der Pflug und die Sterne*. Nach der Vorstellung trat der sechzigjährige Yeats auf die Bühne und rief der Menge zu: „Ihr habt euch mal wieder selbst Schande gemacht. Soll sich denn immer das gleiche wiederholen, wenn ein neues irisches Genie kommt?"

1951 brach nach der Darbietung dieses Stückes hinter den Kulissen ein Feuer aus. Danach zog das Theater auf die andere Seite des Flusses ins (heute nicht mehr existente) Queen's Theatre um und kehrte 15 Jahre später in den Neubau zurück, der von Michael Scott geplant wurde.

Das Abbey Theatre: hinter der tristen Fassade lebendiges Theater.

Großer Knall: Weiter geht es am Theater vorbei links die Abbey Street hinauf zur **O'Connell Street,** die früher eine der schönsten Straßen Europas war, dann aber herunterkam. Doch nicht einmal die häßlichen Fast-food-Lokale, Vergnügungsarkaden, unansehnlichen Neubauten, Plakatwände und Schilder können ihr die Größe und Eleganz vollständig nehmen. Die O'Connell Street entstand Mitte des 18. Jahrhunderts unter dem Namen Sackville Street, als der Architekt Luke Gardiner die Drogheda Street verbreiterte und in der Mitte Bäume pflanzte. Mit dem Bau der Carlisle Bridge 1794 entwickelte sich aus der beliebten Promenade die Hauptdurchgangsstraße der Stadt in Nord-Süd-Richtung.

Die Statuen, die in der Mitte der Straße aufgereiht sind, stellen (von der Brücke her gesehen) die folgenden Persönlichkeiten dar: **Daniel O'Connell** (1775–1847), „der Befreier", der sich für die vollständige Unabhängigkeit von Großbritannien einsetzte; **William Smith O'Brien** (1803–1864), der Vorsitzende der Young Ireland Party; **Sir John Gay** (1816–1875), der Besitzer des *Freeman's Journal*, der die Wasserversorgung Dublins in die Wege leitete;

James Larkin (1876–1947), ein wichtiger Gewerkschaftsführer; der 1988 eingeweihte **Anna Livia Millenium-Brunnen** mit einer allegorischen Figur des Liffey; **Father Theobald Mathew** (1790–1856), der unermüdliche Kämpfer gegen den Alkoholmißbrauch; und **Charles Stewart Parnell** (1846-1891), der die Bewegung des „Home Rule" inspirierte und ein Opfer der Intoleranz wurde: Das Bekanntwerden seiner Affäre mit Kitty O'Shea, der Frau eines anderen Politikers, bedeutete das Ende seiner Karriere. Die Inschrift auf dem Denkmal gibt seine eigenen Worte wieder: „Niemand hat das Recht, dem Vormarsch einer Nation Grenzen zu setzen. Niemand hat das Recht, seinem Land zu sagen: ‚bis hierher und nicht weiter...'"

Den Mittelpunkt der Straße bildet der imposante Portikus des **General Post Office** (GPO, Hauptpostamt, 1815), wo die Rebellen während des Osteraufstandes 1916 ihr Hauptquartier einrichteten und die Republik ausriefen. Die anfängliche Ablehnung der Dubliner schlug

mit der Hinrichtung der 15 Rebellenführer ins genaue Gegenteil um. An den Säulen des GPO sind noch immer die Einschußlöcher der Kugeln zu erkennen. Das Gebäude hielt den Kampfhandlungen zwar stand, doch wurde ein großer Teil der O'Connell Street durch Artilleriebeschuß schwer beschädigt. Weitere Zerstörungen brachte der Bürgerkrieg 1922 mit sich.

Diese Kämpfe sind aber nicht der Grund für den Verfall der O'Connell Street. In den zwanziger Jahren wurde sie wiederhergerichtet, doch erhielten die „ehrwürdigen Fassaden", wie der Journalist Frank McDonald in seinem Buch *The Destruction of Dublin* (1985) schrieb, „von den Spekulanten, die Ende der sechziger und Anfang der siebziger Jahre über die Straße herfielen, nur wenig Aufmerksamkeit". Ärgerlich meint er, daß „diese prächtige Straße mit schicken Geschäften und Cafés Dublins Antwort auf die Champs Elysées" hätte werden können. „Statt dessen entwickelte sich die wichtigste Straße der Hauptstadt zu einer heruntergekommenen Verkehrsstraße mit Fastfood-Lokalen, Spielhöllen, Bürobauten, leerstehenden und hier und da sogar verfallenen Häusern."

Berühmte Namen: Es gibt aber auch Hinweise dafür, daß es aufwärts geht. So wurden in jüngster Zeit einige Gebäude sehr geschmackvoll renoviert. Viele Geschäftsinhaber entfernten Plastik- und Neonschilder, wie es die Veranstalter der Tausendjahrfeier, die der Stadt zudem einige neue Skulpturen bescherte, im Rahmen der Verschönerungsaktion vorgeschlagen hatten. Unter den älteren Gebäuden ist vor allem das **Gresham Hotel** hervorzuheben, in dessen Gästebuch so bekannte Namen wie Richard Burton, Ronald Reagan, Dwight D. Eisenhower, Marlene Dietrich, Danny Kaye, Bing Crosby und Bob Hope stehen. Das Haus wurde 1817 erbaut und überstand den Osteraufstand 99 Jahre später unbeschadet. Während des Bürgerkrieges wurde es zerstört und 1927 wieder aufgebaut.

Denkmal für den Gewerkschaftsführer Jim Larkin; dahinter das Hauptpostamt.

Das **Cleary,** schräg gegenüber dem GPO, ist eines der wichtigsten Kaufhäuser Dublins. Der heutige Bau, der nach Plänen von Ashlin und Colemann entstand, wurde 1922 eröffnet, nachdem M. J. Clerys 1883 gegründete Dublin Drapery Warehouse Company während des Osteraufstands zerstört worden war.

Die **Henry Street,** die gleich hinter dem GPO von der O'Connell Street abgeht, ist die Haupteinkaufsstraße der Northside und seit 1986 Fußgängerzone. In der **Moore Street,** einer ihrer Seitenstraßen, drängen sich stimmgewaltige Händlerinnen mit ihren Obst- und Gemüseständen und zahlreiche fliegende Händler. Seit dem Bau des Einkaufszentrums ILAC hat die Moore Street viel von ihrer Anziehungskraft verloren, die Metzgerläden werden von grellen „discount centres" verdrängt. Dennoch ist hier noch immer das ursprüngliche Dublin zu finden.

Neben verschiedenen Geschäften beherbergt das ILAC-Zentrum die moderne **Central Library** mit Sprachlabors, einer Musikbibliothek, Computeranlagen und einer umfangreichen Standbibliothek für Geschäftsleute. Zudem wird jeden Tag ein abwechslungsreiches Programm mit Filmen und Vorträgen geboten.

Auf der gegenüberliegenden Seite der O'Connell Street geht es nun die Earl Street hinunter und links in die Marlborough Street zur **St. Mary's Pro-Cathedral** (1816–1825), der größten Kirche der katholischen Gemeinde Dublins, in der sich John Henry Newman 1851 öffentlich zum Katholizismus bekannte. Dem Palestrina-Chor der Kirche gehörte unter anderem der große Tenor John McCormack (1884–1940) an.

Die Gegend rund um die Kathedrale war früher das berüchtigte Rotlichtviertel „Monto". Dies sind die Straßen, in denen Stephen Daedalus in Joyce' *Jugendbildnis* die Sünde suchte: „Er wanderte in einem Gewirr enger und schmutziger Straßen umher. Aus den

Gassen hörte er das heisere Gröhlen, Streiten und das schleppende Gerede von Betrunkenen ... Frauen und Mädchen in langen, auffallenden Gewändern gingen über die Straße. Sie waren parfümiert und schlenderten geruhsam dahin ... Er stellte sich mitten auf die Straße, sein Herz schlug wild in seiner Brust. Eine Frau in einem langen, rosafarbenen Kleid legte ihre Hand auf seinen Arm, um ihn aufzuhalten, und sah ihm ins Gesicht. Fröhlich sagte sie: ‚Guten Abend, Willieschatz!' "

Stars und Attraktionen: Am Nordende der O'Connell Street liegt der Parnell Square. Wichtigstes Gebäude hier ist das **Rotunda Hospital,** die erste Geburtsklinik Europas. Zu dessen architektonischem Komplex gehört auch das **Gate Theatre,** das seit den dreißiger Jahren den Gegenpol zum Abbey darstellt. In diesem von Micheál MacLiammóir und Hilton Edwards gegründeten Theater hatte der junge Orson Welles seinen ersten Auftritt als Profi. Wenn das Abbey von Anfang an ein Theater

Blumenver-
käuferin in
der Moore
Street.

NACHTLEBEN IN DUBLIN

Wenn die Geschäfte und Büros schließen und die abendliche Stoßzeit beginnt, geschieht mit der Stadt allmählich eine Verwandlung. Der Großteil des Nachtlebens von Dublin findet im Zentrum statt, wo im Radius von rund 1,5 Kilometern viele der großen Kinosäle, Theater, Kulturzentren und die berühmtesten Pubs des Landes angesiedelt sind.

Die Pubs spielen seit eh und je eine wichtige Rolle im gesellschaftlichen Leben Dublins, und auch wenn sich viele von ihnen ein moderneres Aussehen zugelegt haben, ist Guinness noch immer das Nationalgetränk. Guinness ist etwas für Kenner, ein dunkles, weiches Bier, das mit viel Muße und Sorgfalt eingeschenkt und vom Gast mit nicht weniger Ehrfurcht getrunken wird.

„Sessions" traditioneller Musik findet man in den Hinterzimmern mancher Pubs. Am bekanntesten ist wohl das *O'Donoghues* in der Merrion Row, wo Anfang der sechziger Jahre die Karriere der Folk-gruppe „The Dubliners" begann. Weitere führende Lokale, in denen irischer Folk gespielt wird, sind das *Slattery* (Capel Street), das *Brazen Head* in der Lower Bridge Street, die *International Bar* (Wicklow Street) und das *An Béal Bocht* in der Charlemont Street.

Die Organisation für traditionelle Musik *Comhaltas Ceoltóiri Eireann* veranstaltet in ihrem Hauptquartier am Belgrave Square in Monkstown am Stadtrand regelmäßig Konzerte. Dubliner Rockbands treten vor allem im *Baggot Inn* in der Lower Baggot Street, im *Underground,* einem Club in der Dame Street, im *McGonagles* in der South Anne Street und im *Velure* im Gaiety Theatre in der South King Street auf.

Große Konzerte und Auftritte internationaler Stars finden meist im National Stadium, dem Gaiety Theatre, dem Olympia Theatre und der SFX Hall statt. In der National Concert Hall sind jede Woche klassische Musik sowie gelegentlich Auftritte bekannterer Folkmusiker geboten.

Das Theater hat in Dublin eine große Tradition; jedes Jahr im September veranstaltet die Stadt ein Theaterfestival. Die weltweit anerkannten Häuser Abbey und Gate liegen in der Nähe der O'Connell Street. Die Dubliner zählen zu den eifrigsten Kinogängern der westlichen Welt. Beim jährlichen Dublin Film Festival im Dezember stehen führende Filmregisseure zum Interview bereit.

Wenn die über 800 Pubs der Stadt ihre Gäste entlassen, kommt ein anderer Bereich des nächtlichen Treibens erst richtig in Schwung. Nachtclubs haben in Dublin eine lange Geschichte: In den fünfziger Jahren traf sich die Bohème in den „Katakomben" der georgianischen Häuser am Merrion Square – darunter waren auch der Schriftsteller Brendan Behan und J. P. Donleavy.

Das Zentrum des Geschehens liegt heute am „Strip" in der Leeson Street, wo sich in etwa einem Dutzend Diskos die Schickeria ein Stelldichein gibt. Welche Kriterien man erfüllen muß, um vor den Augen des Türstehers im Smoking Gnade zu finden, bleibt für die Besucher wohl immer ein Geheimnis. Eine geheimnisvolle Mode entscheidet auch, welche Clubs gerade „in" sind: den einen Monat ist es die Suesey Street, im nächsten vielleicht ein anderer Club außerhalb des „Strip", etwa das *Pink Elephant* oder das *Waterfront* – letzteres liegt in einem schickeren Teil des Dubliner Hafenviertels. ∎

der Autoren war, so machte sich das Gate durch seine gewagten Inszenierungen und lebhaften Bühnenbilder einen Namen. Hier konnte sich das Publikum mit dem internationalen zeitgenössischen Theater vertraut machen.

Mit seiner Ein-Mann-Darbietung *The Importance of Being Ernest*, die sich auf Leben und Werk von Oscar Wilde bezieht, kam der Schauspieler, Regisseur und Schriftsteller MacLiammóir zu Weltruhm. Sein letzter Bühnenauftritt im Gate fand am 13. Dezember 1975 mit der 1384. Vorstellung des Stückes statt. Auch in den vergangenen Jahren feierte das Gate Theatre große Erfolge und erntete mit seiner Aufführung irischer Stücke weit begeistertere Zustimmung als das Abbey.

Vom Theater aus sind es nur ein paar Meter den Hügel hinauf zum **Garden of Remembrance,** der 1966, ein halbes Jahrhundert nach dem Osteraufstand, zur Erinnerung an alle jene angelegt wurde, die im Kampf um die Freiheit Irlands ihr Leben verloren. Die Skulptur von Oisin Kelly vor dem kreuzförmigen Wasserbecken basiert auf dem Mythos der Kinder von Lir, die sich in Schwäne verwandelten. An der Nordseite des Parnell Square ist die **Municipal Gallery of Modern Art** gelegen. Das Kernstück der Galerie bildet die Sammlung von Sir Hugh Lane, der 1915 beim Angriff auf das Passagierschiff *Lusitania* ums Leben kam. Da sich Dublin nicht rechtzeitig um ein passendes Museum für die Bilder kümmerte, vermachte er sie der National Gallery in London. Der handschriftliche Zusatz seines Testaments, in dem er sie Dublin zusprach, wurde für nichtig erklärt. 1959 fand sich ein Kompromiß: Man teilte die Sammlung unter beiden Galerien auf und vereinbarte, daß alle fünf Jahre ein Tausch stattfinden solle. Die Sammlung umfaßt u. a. Werke von Constable, Courbet, Renoir, Manet, Degas, Kokoschka, Roualt, Bonnard und Picasso. An die Galerie grenzt das **Dublin Writers Museum** an, wo das Werk großer irischer Schriftsteller dokumentiert wird –

Parnell Square mit der Skulptur der Kinder des Lir.

und das auch Gelegenheit bietet, das Interieur eines georgianischen Wohnhauses kennenzulernen.

Verfall stilvoller Häuser: Nun geht es zurück zum Parnell Square East und erst links, dann rechts in die Great Denmark Street. Dort steht links das **Belvedere House,** eine Villa aus dem 18. Jahrhundert, in der seit 1841 das jesuitische Belvedere College untergebracht ist. James Joyce, der hier unterrichtet wurde, beschreibt seine Atmosphäre im *Jugendbildnis.* Direkt vor Ihnen liegt nun der **Mountjoy Square,** an dem einst die stilvollsten Häuser Dublins zu finden waren. Heute ist er ein trauriges Beispiel dafür, wie die Stadt ihre Bauwerke vernachlässigt und was Privatleute unter „Stadtentwicklung" verstehen. Benannt wurde der Platz nach Luke Gardiner, dem Viscount Mountjoy und Enkel des Mannes, der die O'Connell Street angelegt hatte.

Haus Nr. 1 an der Ecke im Südosten des Platzes wurde vom 1801 hier verstorbenen Meisterstukkateur Michael

Stapleton erbaut. Die meisten der umliegenden Häuser sind in einem ziemlich schlechten Zustand, doch werden einige inzwischen von ihren Besitzern mit viel Sorgfalt wieder hergerichtet.

In seinem Buch *Excursions through Ireland* (1820) beschreibt Thomas Cromwell den Platz als eine Gegend, in der „Geschmacksempfinden und Prunk bei der Verschönerung Hand in Hand gehen; die Straßen der Umgebung sind regelmäßig angelegt; die Häuser sind hoch und elegant; und weder Hotels, Geschäfte noch Lagerhäuser drängen sich in den Vordergrund, alles legt eine würdevolle Zurückhaltung an den Tag – die Stille der Behaglichkeit, des Wohlstands und der Muße. Die Bewohner dieser Gemeinde gehören fast ausschließlich der Oberschicht an..."

Verlassen Sie den Mountjoy Square im Nordwesten, gehen Sie die Gardiner Street entlang und links in die **Dorset Street,** die nach Norden zum Flughafen führt. Die Straße erhielt ihren Namen von Lionel Sackville, dem dritten Herzog von Dorset und Lord-Lieutenant von Irland. Die Dorset Street hat optisch wenig zu bieten, doch verbinden sich einige interessante Namen mit ihr: In Nr. 12 wurde 1751 Richard Brinsley Sheridan geboren, und im Haus Nr. 85, das heute die Büros einer Bank beherbergt, kam 1884 Sean O'Casey zur Welt. Rechts liegt die **Eccles Street,** doch Haus Nr. 7, in dem Leopold und Molly Bloom aus Joyce' *Ulysses* lebten, existiert nicht mehr.

Die Dorset Street führt den Hügel hinunter zur Bolton Street. Rechts hinauf zweigt die **Henrietta Street** ab, die älteste und einst schönste georgianische Straße Dublins. Heute ist sie in einem ziemlich heruntergekommenen Zustand, was auf einen Ratsherrn namens Meade zurückzuführen ist, der zu Beginn dieses Jahrhunderts die meisten Häuser der Straße aufkaufte und in Mietshäuser umwandelte.

Am oberen Ende der Henrietta Street liegt **The King's Inns,** Sitz des Dubliner Juristenverbandes, wo neu zugelas-

Die Grünanlagen am Mountjoy Square.

sene Anwälte, der englischen Tradition folgend, eine bestimmte Anzahl von Mahlzeiten einnehmen mußten. Das Gebäude wurde von Gandon geplant und im frühen 19. Jahrhundert errichtet.

Nun folgen Sie der Bolton Street und gehen links in die **Capel Street,** in der es originelle alte Läden und Eisenwarenhandlungen gibt. Links in der Mary Street steht die **St. Mary's Church,** die 1697 von Thomas Burgh, dem Architekten der Bibliothek des Trinity College, erbaut wurde.

Moderne Mumien: Auf der anderen Seite der Capel Street führt die Mary Street über die Mary's Lane zur Church Street und der **St. Michan's Church,** die 1095 als Pfarrkirche der Wikinger gegründet wurde. Der heutige Bau stammt aus dem späten 17. Jahrhundert, wurde aber 1821 und nach dem Bürgerkrieg renoviert. Auf der Orgel der Kirche soll schon Georg Friedrich Händel gespielt haben. Berühmt ist St. Michan's vor allem für die Mumien in der Krypta. Sie stammen aus dem 17. Jh.

und sind deshalb so gut erhalten, weil die Kalksteinwände der Luft die Feuchtigkeit entziehen.

In der Nähe liegen links und rechts der St. Mary's Street an der Mary's Lane die Märkte für Obst, Gemüse und Fisch, deren Besuch sich für Frühaufsteher lohnt. Wenn gegen fünf Uhr morgens der Betrieb beginnt, geht es in den engen Straßen bald wie in einem Ameisenhaufen zu. Die beiden viktorianischen Backsteinbauten sind mit kunstvollen Eisengittern und Toren geschmückt; das riesige Stadtwappen aus Kalkstein markiert den Eingang zur St. Mary's Lane.

Maskulin und feminin: Spazieren Sie nun zu den Quays zurück, und werfen Sie einen Blick auf die **Four Courts,** die ein weiteres Werk von Gandon sind. Beim Bau der Four Courts 1786 bis 1802 bezog Gandon ein älteres Gebäude mit ein, das nur wenige Jahre zuvor von Thomas Cooley, dem Architekten der City Hall, errichtet worden war. Der beherrschende Rundbau mit der Kuppel

Mumien aus dem 17. Jahrhundert in der Krypta von St. Michan's Church.

und dem korinthischen Portikus wird von zwei Nebengebäuden flankiert, die je einen Innenhof umschließen. Der Kunsthistoriker Maurice Craig hält die Four Courts „maskulin geprägt, auf einem kubischen, wenn nicht gar vertikalen Thema aufbauend", während das Customs House den „femininen und vorwiegend horizontalen Aspekt von Gandons Geist" ausdrückt.

Nachdem sich republikanische Kräfte 1922 in dem Gebäude verbarrikadiert hatten, wurde es von Truppen der neuen Regierung unter Michael Collins von der anderen Seite des Flusses aus mit Granaten beschossen – dies war der Auslöser für den Bürgerkrieg. Durch das Feuer, das daraufhin ausbrach, brannte das gesamte Staatsarchiv aus, unzählige kostbare Dokumente gingen in Rauch und Flammen auf.

Dazu Sean O'Casey: „All die Verhandlungen und Chroniken des Landes über Prozesse und Eigentumsverkäufe an Kirche und Privatleute, alle Chroniken, die seit der Ankunft Strongbows in Irland erstellt worden waren, wirbelten durch die Luft ... und flatterten versengt in den Hinterhöfen Dublins zu Boden." 1932 war die Renovierung des Bauwerks abgeschlossen.

Auf dem Weg flußabwärts zurück zur O'Connell Bridge können Sie einen kleinen Umweg in die Capel Street machen und sich die Überreste von **St. Mary's Abbey** links in einer kleinen Straße gleichen Namens ansehen. Die Abtei, die wahrscheinlich im zehnten Jahrhundert von Benediktinern gegründet wurde, ging im 12. Jahrhundert in den Besitz der Zisterzienser über.

Hier brach Lord Deputy Silken Thomas FitzGerald 1534 seinen Treueid, den er auf die englische Krone geleistet hatte, und warf dem Rat das Sword of State zu Füßen. Er wurde gefangengenommen und im folgenden Jahr hingerichtet. König Heinrich VIII. löste die Abtei auf, ein Jahrhundert später waren von ihr nur noch Ruinen übrig.

Der Besitzer eines italienischen Ladens.

DIE WESTSIDE

Die Liste der ehemaligen Insassen des **Kilmainham Jail** liest sich wie ein „Who's Who" der irischen Aufstände. Der letzte Gefangene hier war Eamon de Valera: Staatsmann, einer der Gründer und einstiger Präsident der Republik Irland. De Valera wurde am 16. Juli 1924 entlassen. Unter den ersten Gefangenen waren zahlreiche United Irishmen und die Rebellen von 1798. Das Gefängnis, das inzwischen in ein Museum umgewandelt wurde, steht am Südufer des Liffey, rund 2,5 km westlich der O'Connell Bridge entfernt, gleich hinter der Guinness-Brauerei.

Kilmainham wurde 1796 eröffnet, als die Behörden befürchteten, daß sich die Ideen der Französischen Revolution auch in Irland ausbreiten könnten. Etwa 130 Jahre lang waren hier politische Gefangene inhaftiert, von denen nicht wenige exekutiert wurden.

Als der Bau als Gefängnis ausgedient hatte, geriet er bei der Bevölkerung weitgehend in Vergessenheit. Doch dank des unermüdlichen Einsatzes einiger Enthusiasten wurde 1960 mit der Renovierung begonnen. Seit 1986 steht er unter der Verwaltung des Office of Public Works, das hier ein bemerkenswertes Museum eingerichtet hat. Das Gefängnis übt auf den Besucher eine eigene Faszination aus, da noch alles im Originalzustand erhalten ist: muffige Gänge, dicke Eisentüren, die Zellen der Gefangenen, die Todeszelle, die Kapelle und der Exekutionshof.

Altes Wahrzeichen: Auf der anderen Seite der South Circular Road im Osten steht das erste klassizistische Bauwerk Irlands: das **Royal Hospital von Kilmainham** (1680-1684), das in den letzten Jahren vom Office of Public Works unter großem Aufwand renoviert wurde. Das Gebäude entstand im Auftrag von James Butler, dem Herzog von Ormonde, nach dem Vorbild des Hôtel des Invalides in Paris als Heim „zur Auf-

nahme und Unterhaltung alter, versehrter und gebrechlicher Soldaten". Es war das erste seiner Art im britischen Empire und seinerzeit ein imposantes Wahrzeichen der Stadt, das einsam am Westrand Dublins auf einem weitläufigen, einst zum Phoenix Park gehörenden Grundstück stand. Der Architekt war William Robinson, der auch Marsh's Library und das Charles Fort in Kinsale plante. Noch im 18. und 19. Jahrhundert wurde das Royal Hospital seinem ursprünglichen Zweck entsprechend genutzt. Nach dem Vertrag, der den irischen Unabhängigkeitskrieg beendete, ging es in den Besitz des Freistaates Irland über, der es 1928 schließen ließ.

Dann dauerte es einige Jahre, bis man entschieden hatte, was aus dem Bau werden sollte. In dieser Zeit diente er als Polizeiunterkunft, ferner wurden die National Folklore Collection und eine Statue von Königin Viktoria hier aufbewahrt, die man der Öffentlichkeit nicht mehr zumuten wollte. 300 Jahre nach

Vorherige Seiten: Hausmeister im Kilmainham Jail, heute ein Museum. **Links:** Phoenix Park. **Rechts:** Im Gefängnismuseum von Kilmainham.

seiner Gründung wurde das Gebäude restauriert, es wird seitdem für Ausstellungen und Konzerte genutzt. Im Mai 1991, nachdem Dublin zur europäischen Kulturhauptstadt gewählt worden war, öffnete das **Irish Museum of Modern Art** im Royal Hospital seine Pforten.

Die Symmetrie des Gebäudes vermittelt den Eindruck von räumlicher Weite, Höhe und Feierlichkeit. Im North Range-Flügel befinden sich der Große Saal, die Kapelle und die Master's Quarters, wo der Gouverneur residierte. Der Große Saal sieht heute fast genauso aus wie früher: Die Kiefertäfelung ist wie einst von weißer Farbe überzogen und läßt Pinselstriche erkennen, mit denen man den Anschein erwecken wollte, als bestünde die Wand aus Stein, und auch die neue Decke gleicht dem Original aus dem 17. Jahrhundert. Die Dielen am Boden sind aus gewachsenem Eichenholz, die Buntglasarbeiten stammen von A. E. Childe, einem Künstler des frühen 20. Jahrhunderts.

Die barock gestaltete Kapelle zeugt von großem handwerklichen Können. Die Kosten der aufwendigen Renovierung beliefen sich auf 20 Millionen Pfund (das Original wurde 300 Jahre zuvor für 24 000 Pfund errichtet). In Anerkennung dieser Leistung und des „bedeutenden Beitrags zur Erhaltung des architektonischen Erbes Europas" wurde dem Royal Hospital 1985 der Preis „Europa Nostra" der Europäischen Gemeinschaft zuerkannt. Heute finden in dem Gebäude, das am Wochenende und im Sommer auch wochentags geöffnet ist, Ausstellungen und kulturelle Veranstaltungen statt.

Freier Raum: Auf der anderen Seite des Liffey erstreckt sich der **Phoenix Park** über eine Fläche von 712 Hektar. Er ist damit einer der größten Stadtparks in Europa und fünfmal größer als der Hyde Park in London. Der Park liegt knapp drei Kilometer vom Stadtzentrum entfernt und bietet den Dublinern ein herrliches Naherholungsgebiet. Seinen Namen erhielt er nicht, wie man

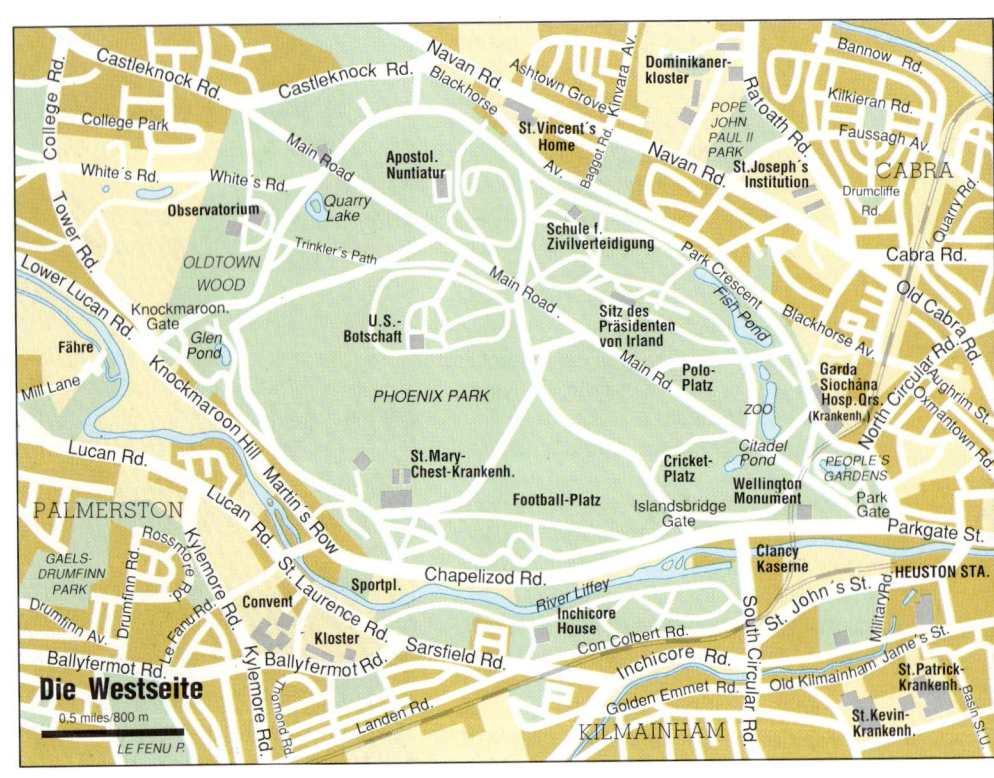

vermuten könnte, vom Vogel aus der Mythologie – „Phoenix" ist eine Verballhornung des Wortes *fionn uisce*, das „klares Wasser" bedeutet. Die Entstehung des Parks geht auf die Zeit zurück, als die englische Krone das Land des mittelalterlichen Priorats Kilmainham beschlagnahmte.

Anfang des 17. Jahrhunderts ließ sich der Vizekönig auf diesem Gelände nördlich des Liffey seinen Landsitz „The Phoenix" errichten. 1662 wurde weiteres Land erworben, um rund um die Residenz einen Wildpark von 800 Hektar Größe anzulegen.

Die Gestaltung des Parks in seiner heutigen Form geht im wesentlichen auf Lord Chesterfield, Vizekönig von Irland, zurück, der in dem Park ein „unbearbeitetes Feld" sah und ihn im 18. Jahrhundert auf eigene Kosten nach formalen, augusteischen Prinzipien anlegen ließ. 1747 wurde er der Öffentlichkeit zugänglich gemacht. Schon bald nahm die Zahl der Überfälle und der Duelle sprunghaft zu.

Das **Main Gate** (Haupttor) des Phoenix Park liegt im Südosten in der Parkgate Street gegenüber der Heuston Station. Links vom Eingang erhebt sich das **Wellington Monument,** ein 60 m hoher Obelisk, der nach der Schlacht von Waterloo zu Ehren des in Dublin geborenen Generals aufgestellt wurde. Wellington soll seine irische Herkunft unangenehm gewesen sein. Als seine Freunde ihn daran erinnerten, daß er in Dublin zur Welt gekommen und demnach ein Dubliner sei, soll er geantwortet haben: „Wenn jemand in einem Stall geboren wurde, heißt das noch lange nicht, daß er ein Pferd ist!"

Rechts vom Eingang befindet sich der **People's Garden** (Volksgarten) mit bunten Blumenbeeten, die sich über das steile Ufer eines Sees ziehen. In den angrenzenden Gebäuden – sie wurden von Gandon geplant – ist das Verteidigungsministerium untergebracht. Im nahen Hauptquartier der Garda können Sie ein kleines Polizeimuseum besuchen.

Motorradrennen im Phoenix Park (links) und ein Buntglasfenster im Royal Hospital (rechts).

Rechts schließt sich der **Zoo** an, der drittälteste der Welt (1831), der vor allem für seine Löwen bekannt ist. Der Zoo besitzt eine herrliche Sammlung tropischer Tiere, einen großen natürlichen See mit zahlreichen Wasservogelarten sowie einen Kinderzoo mit Ziegen, Lämmern, Kaninchen, Hühnern und Meerschweinchen. Außerdem gibt es ein Restaurant und einige Geschäfte. Eine besondere Attraktion ist das 1994 eröffnete Aquarium.

Hinter dem Zoo liegt **Aras an Uactarain,** der Sitz der Präsidenten von Irland, 1751 als Landsitz errichtet und 1815 als Residenz des Vizekönigs ausgebaut. Hier wurden am 6. Mai 1882 der Staatssekretär für Irland, Lord Frederick Cavendish, und sein Unterstaatssekretär T. H. Burke ermordet. Vier Mitglieder der extremistischen Rebellenorganisation „Die Unbesiegbaren" wurden für die „Morde im Phoenix Park", die schwerwiegende Folgen für das Verhältnis zwischen England und Irland hatten, verurteilt und im Gefängnis von Kilmainham hingerichtet. Ihre Informationen hatten sie von ihrem Komplizen James Carey erhalten, der begnadigt wurde. Auf einem Schiff, das ihn nach Kapstadt bringen sollte, wurde er erschossen – sein Tod wurde später als politischer Mord hingestellt. Der Täter wurde in London exekutiert.

Links von der Hauptstraße und fast gegenüber dem Aras an Uactarain liegt die Residenz des US-Botschafters, der frühere Sitz des Staatssekretärs für Irland. Hinter dem Gebäude erstreckt sich der Park **Fifteen Acres** mit seinen Fußball-, Hurling-, Kricket- und Polofeldern, der aber nicht 15, sondern 200 Acres (80 Hektar) mißt. Über dem Park thronen der Altar, der 1932 für den 31. Eucharistischen Kongreß aufgestellt wurde, sowie ein 27 m hohes Kreuz, das man anläßlich des Besuchs von Papst Johannes Paul II. 1979 errichtete.

Die Rennbahn des Phoenix Park, auf der Rennen mit Teilnehmern aus England und ganz Europa ausgetragen werden, liegt im nördlichen Teil des Parks.

Wiegen des Jockeys auf der Rennbahn im Phoenix Park.

PFERDE

Interesse oder auch Begeisterung für Pferde findet sich schon seit Jahrhunderten in allen Schichten der Dubliner Gesellschaft. In den gutsituierten Vierteln im Süden der Stadt halten sich Teenager Pferde und träumen von ihrer großen Stunde bei der Dublin Horse Show, die alljährlich im August sechs Tage lang auf dem Gelände der Royal Dublin Society stattfindet.

Die große Pferdeschau ist nicht nur ein sportliches, sondern auch ein gesellschaftliches Ereignis, das der alte angloirische Adel wie die führenden Vertreter der „Neureichen" mit ihrer Anwesenheit beehren. Die Garderobe der Damen steht dabei ebenso im Mittelpunkt des Interesses wie die Pferde und ihre Reiter. Heute zieht diese Schau weit über 100 000 Zuschauer an, und es werden 88 verschiedene Preise vergeben.

Nur ein paar Kilometer weiter – bezeichnenderweise auf der anderen Seite des Liffey und damit quasi in einer anderen Welt – liegt hinter den Four Courts der Smithfield Market, wo am ersten Sonntag eines jeden Monats weniger edle Pferde, Ponys und Esel gehandelt werden. Hier dominieren nicht Melone und Reithosen, sondern Stoffmützen und Gummistiefel; statt Champagner und Räucherlachs gibt es hier Pommes frites und Schokoriegel, die man bei Händlern mit Lieferwagen oder rostigen alten Kinderwagen kauft.

Einige sind fahrende Händler, andere sind Jungs aus den Wohnsiedlungen im Norden und Westen der Stadt, die oft im Hinterhof ein Pony halten. Das Reiten haben sie sich selbst beigebracht und beherrschen es erstaunlich gut. Die meisten dieser jungen Pferdebesitzer aus dem „wilden Westen" Dublins sorgen gut für ihre Schützlinge, doch geben offensichtlich vernachlässigte Pferde den Tierschutzvereinen auch immer wieder Anlaß zur Sorge.

Diese beiden Welten treffen auf den zwei Rennplätzen Dublins – im Phoenix Park und in Leopardstown am Südwestrand der Stadt – aufeinander. Auf beiden Plätzen werden neben hochrangigen, lukrativen Rennen auch kleine, unbedeutende Rennen ausgetragen. Die Besucher kommen in der Limousine, im klapprigen Familienwagen, mit dem Bus, dem Rad oder zu Fuß zum Rennplatz. Das Wetten ist dabei mindestens so wichtig wie der Sport selbst; bei großen Ereignissen kann der Wetteinsatz bis zu zwei Millionen Pfund betragen.

Tausende von Wettern lassen sich nur selten oder gar nicht auf dem Rennplatz sehen und lernen die Gäule im Wettbüro und im Pub kennen. In seinen Erinnerungen an die fünfziger Jahre schildert John Ryan in *Remembering How We Stood* Nachmittage in einem Kreis von Freunden, der „sich schließlich in einem Dunst von Alkohol und Wettleidenschaft auflöste, je nachdem, wie gut die Pferde bei den Wettkämpfen des Tages abschnitten."

Noch heute herrscht in so manchem Pub Dublins genau die gleiche Atmosphäre. Ryan betonte, daß sich das Interesse der Wetter nicht nur auf Dublin oder die irischen Rennplätze beschränkte: „In der Saison der englischen Flachrennen laufen an die 6000 Pferde auf 37 Rennplätzen zwischen Hamilton und Brighton und Yarmouth und Liverpool." Über diese Rennen hält sich der Wetter ebenso auf dem laufenden wie über die Rennen in Dublin. „Pferderennen", sagt man, „sind keine Sache von Leben oder Tod. Sie sind ein noch wichtigeres Thema." ∎

SÜDLICHE VORORTE

Alle Orte, die für den Besucher in den südlichen Stadtteilen von Interesse sind, kann man mit Bussen vom **Eden Quay** an der O'Connell Bridge aus und mit den Vorortzügen der DART-Bahn, die eine Alternative zu den verstopften Hauptstraßen ist, gut erreichen.

Die Hauptstrecke der Busse führt über Nassau Street, Merrion Square North und Northumberland Road in den Nobelvorort **Ballsbridge,** in dem das Rugbystadion in der Lansdowne Road, die Royal Dublin Society und die Botschaft der Vereinigten Staaten zu finden sind. Die US-Botschaft ist vom Bus aus nicht zu übersehen – sie steht rechts kurz hinter dem Jury's Hotel an der Stelle, wo zwei Straßen in spitzem Winkel aufeinandertreffen. Der Rundbau, der 1964 entstand, errinnert irdendwie an einen Kuchen.

Der große Bau rechts auf der anderen Seite der Brücke über den Fluß Dodder ist der Sitz der **Royal Dublin Society** (RDS), die im gesellschaftlichen und kulturellen Leben der Stadt eine wichtige Rolle spielt. Gegründet wurde die Gesellschaft 1731 von 14 Dubliner Gentlemen zur Förderung von „Landwirtschaft, Handwerk und anderen nützlichen Künsten und Wissenschaften". Gegen Ende des Jahrhunderts hatten die Mitglieder der Organisation, die vom irischen Parlament bezuschußt wurde, den Grundstock für die National Library, das National History Museum und das National College of Art gelegt.

Spring Show und Horse Show: Ihre ersten Treffen hielten die Mitglieder der RDS in den Räumen der philosophischen Fakultät des Trinity College ab. Nachdem sie in den folgenden Jahrzehnten mehrmals ihren Standort wechseln mußte, erwarb die Gesellschaft 1815 das Leinster House. Ab 1881 veranstaltete sie auf einem sechs Hektar großen Gelände in Ballsbridge die **Spring Show** und die **Dublin Horse Show.** Nach und nach kaufte die RDS weiteren Grundbesitz – glücklicherweise, denn als die Regierung des Freistaats Irland 1923 das Leinster House übernahm, mußte die Gesellschaft mit Sack und Pack ausziehen. Die Spring Show und die Horse Show sind noch immer wichtige Ereignisse in Dublin, und auch im **Simmonscourt-Pavillon** (1974), der von einer Wetterfahne in Gestalt des großen Rennpferdes Arkle bekrönt ist, veranstaltet die RDS das ganze Jahr über Ausstellungen und Konzerte.

Etwas weiter weist ein Schild rechts in die Shrewsbury Road zur **Chester Beatty Library and Gallery of Oriental Art** mit einer hervorragenden Sammlung orientalischer Kunst und Manuskripte. Die Sammlung erhielt der irische Staat von Sir Alfred Chester Beatty (1875–1968), einem reichen Bergbauingenieur, der in New York geboren wurde und auf seinen ausgedehnten Reisen im Mittleren und Fernen Osten sein Interesse für orientali-

Vorherige Seiten: **Händler mit Pferdewagen. Schafe auf der Spring Show der Royal Dublin Society. Links**: **Blick hinunter auf Bray. Rechts**: **Warten auf den Start bei der Dublin Horse Show.**

sche Kunst, vor allem für Handschriften, entdeckte. Die Galerie beherbergt chinesische, japanische, persische und indische Artefakte sowie seltene Kostbarkeiten aus dem Mittleren Osten, etwa die Manuskripte des Omar Khayyam. Sir Alfred vermachte dem irischen Staat vieles und wurde 1957 der erste Ehrenbürger Irlands.

Bald erreicht die Hauptstraße nach Süden die Küste, dann bietet sich ein herrlicher Blick über die Bucht von Dublin. Wenige Meter weiter links erstreckt sich ein Vogelschutzgebiet.

Rechts liegt das **Blackrock College,** das 1860 als katholische Knabenschule gegründet wurde. Auch der Staatsmann Eamon de Valera drückte hier die Schulbank und kehrte als Lehrer zurück. Unter den Ehemaligen ist auch der Rocksänger Bob Geldof, der eine Hilfsaktion für Afrika initiierte.

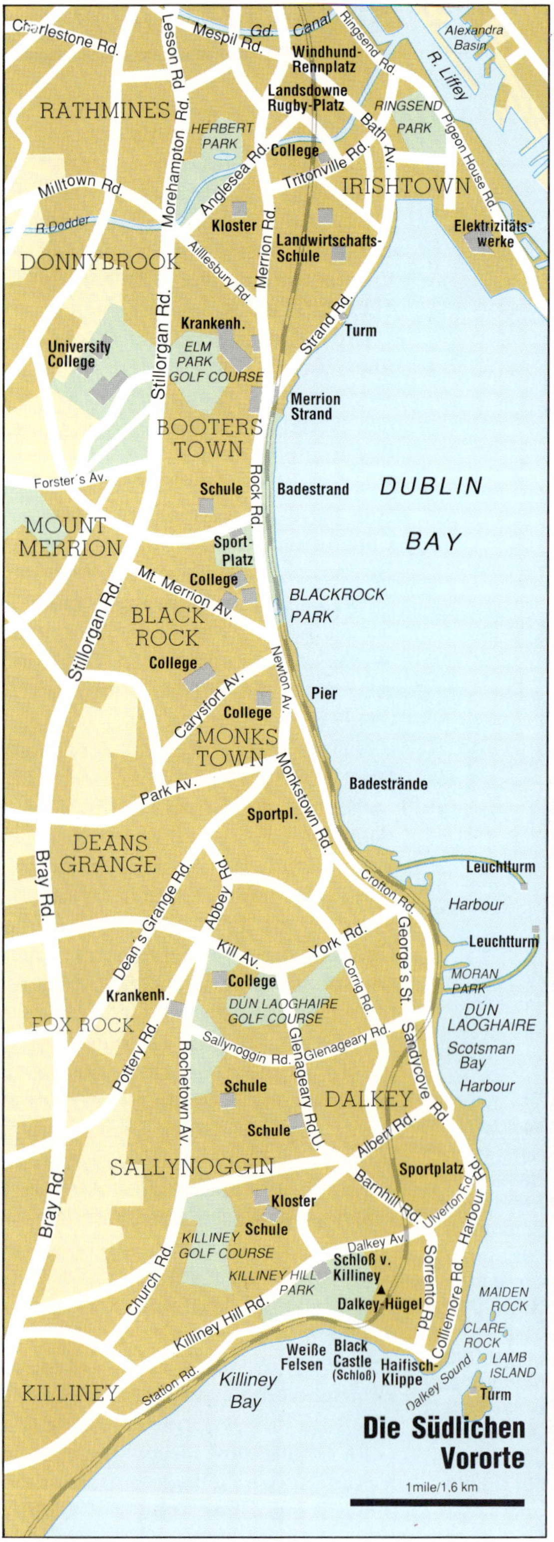

Knapp einen Kilometer weiter erreicht man den Ort **Blackrock,** heute Geschäftszentrum und eine „Schlafstadt" Dublins. Im 18. Jahrhundert gab

man sich hier begeistert dem neumodischen Sport hin, im Meer zu baden. Die Buntglasfenster der **St. John's Catholic Church** stammen von den Künstlern Harry Clarke und Evie Hone. Ein riesiger Felsen vor dem modernen Supermarkt Roches Stores erinnert daran, daß hier einst das Frescati House stand, in dem Lord Edward FitzGerald lebte, der bei der Rebellion 1798 ums Leben kam. Das Haus und fast drei Hektar Wald wurden 1969 von Spekulanten aufgekauft und 1983 trotz Protesten der Öffentlichkeit zerstört. Der Schauspieler Micheál MacLiammóir, Gründer des Gate Theatre, sagte 1971 auf einer Kundgebung: „Der Mensch lebt nicht vom Brot allein, und eine Nation lebt nicht von Supermärkten allein." Doch sein Appell blieb ohne Wirkung.

Sonntagsspaziergang: Einige Kilometer weiter liegt die Hafenstadt **Dun Laoghaire** ([Danli:ri] gesprochen), die nach dem Besuch des Königs Georg IV. als Kingstown bekannt war. Um die Erinnerung an die englische Herrschaft auszulöschen, wurde sie umbenannt. Der jetzige Name der Stadt geht auf ein altes Fort zurück, das Laoghaire – einem Hochkönig von Irland, der vom hl. Patrick zum Christentum bekehrt wurde – als Residenz gedient haben soll.

Vom Hafen der Stadt, der zwischen 1817 und 1859 nach Plänen des Schotten John Rennie angelegt wurde, laufen die Fähren nach England aus. Seine beiden langen Granitpiers, die je knapp zwei Kilometer messen, laufen bogenförmig aufeinander zu. Der **East Pier,** der in der abendlichen Sonne golden schimmert, ist sonntags ein beliebtes Ausflugsziel. Dun Laoghaire ist nicht nur ein wichtiger Passagierhafen, sondern auch Sitz exklusiver Yachtclubs wie des Royal Irish, des National und des Royal St. George Yacht Club.

Auf der anderen Seite der Stadt ist in der Haigh Terrace an der Hauptstraße in der ehemaligen Mariner's Church (1837) das **National Maritime Museum of Ireland** untergebracht, das al-

Links: Wer kommt mit auf die Ruderpartie? **Unten:** Dun Laoghaire, der wichtigste Passagierhafen im Fährbetrieb mit England.

lein schon wegen der wundervoll gearbeiteten Eichendecke einen Besuch lohnt. Eines der eindrucksvollsten Exponate ist der **Baily Optic,** der sich bis 1972 im Baily-Leuchtturm in Howth auf der Nordseite der Bucht im Einsatz befand. Das geschichtlich bedeutendste Ausstellungsstück dürfte die „yole" (französisches Beiboot) sein. Sie ist das einzige, was von der französischen Flotte blieb, die 1796 zur Unterstützung Wolfe Tones die Bantry Bay anlief und wegen eines Sturms scheiterte. Die Sammlung umfaßt zudem die Hinterlassenschaften von Captain Robert Halpin, einem Wicklower, der mit seinem Schiff, der *Great Eastern* (sie ist hier im Modell zu bewundern), das Überseekabel verlegte.

Das nächste Kap hinter Dun Laoghaire, und vom East Pier aus zu Fuß gut zu erreichen, ist **Sandycove.** 1904 lebte James Joyce eine Weile im hiesigen **Martello Tower.** Die Martello Towers sind Türme, die zwischen 1804 und 1815 an der Süd- und Ostküste Irlands zur Verteidigung gegen einen möglichen Angriff durch die Flotte Napoleons errichtet wurden. Der Turm wird in den ersten Passagen des *Ulysses* erwähnt. 1962 eröffnete Sylvia Beach, die Verlegerin des berühmten Romans, darin ein Joyce-Museum.

Schöne Küstenorte: Rund zwei Kilometer weiter liegt das reizende alte Städtchen **Dalkey,** dessen enge, kurvige Straßen und herrliche Villen am Strand ihm einen besonderen Charme verleihen. Der Ort galt früher als Stadt der sieben Burgen, von denen außer den Ruinen der Kirche **St. Begnet** an der Hauptstraße noch zwei Wehrhäuser aus dem 15. und 16. Jahrhundert erhalten sind. Auf der Coliemore Road erreicht man nach kurzer Fahrt den **Coliemore Harbour,** wo in den Sommermonaten die Boote zur nahen **Dalkey Island** ablegen. Auf der Insel, die zum Vogelschutzgebiet erklärt wurde, sind ein weiterer Martello Tower und die Ruinen einer Kirche der Benediktiner zu besichtigen.

Killiney wird oft mit der Bucht von Neapel verglichen.

Das **Torca Cottage,** in dem George Bernard Shaw in seiner Jugend von 1866 bis 1874 lebte, liegt auf dem **Dalkey Hill,** von dem sich ein wundervoller Blick auf die Dublin Bay und einen der schönsten Abschnitte der Ostküste bietet. An der Seite der Anhöhe wurde der Granit für den Hafen von Dun Laoghaire abgebaut.

Der Lautenspieler und Komponist John Dowland (1563-1626) wurde in Dalkey geboren. Die Küstenstraße südlich von Dalkey (Vico Road) führt um Dalkey Hill und Killiney Hill herum und an Badeplätze wie **White Rock.**

Der **Killiney Hill** wurde als öffentlicher Park angelegt. Von seinem Gipfel aus hat man eine schöne Aussicht nach Norden auf Dublin und die Bucht und nach Süden auf die halbmondförmige Killiney Bay, Bray Head (das abgerundete Kap auf der gegenüberliegenden Seite) und die beiden zuckerhutförmigen Berge. Am steilen, bewaldeten Hang des Hügels liegen zahlreiche prächtige Villen, am Fuß der Anhöhe

erstreckt sich der **Killiney Strand,** einer der schönsten Badestrände in der Umgebung von Dublin. Ein paar hundert Meter weiter im Westen sind die Ruinen der **Killiney Church** und eine Ansammlung von Steinen, genannt Druidenstuhl, zu finden. Der Obelisk auf dem Gipfel wurde 1742 nach einem langen harten Winter, in dem der Liffey zufror, im Rahmen eines Arbeitsbeschaffungsprogramms errichtet.

Wieder ein Stück weiter im Süden, an der Endstation der DART-Bahn, liegt **Bray** in der Grafschaft Wicklow, das als eine der am schönsten gelegenen Städte der Insel gilt. Seine besten Tage als Seebad hat Bray allerdings hinter sich. Doch **Bray Head** eignet sich wunderbar für anregende Spaziergänge und bietet ebenfalls einen herrlichen Blick Richtung Süden auf die Küste. Außerdem ist Bray ein guter Ausgangspunkt für Ausflüge zu den „beauty spots" der Wicklow Mountains wie Powerscourt, Enniskerry, Devil's Glen, Glen of the Downs, Glendalough und Avoca.

Kiosk am Strand von Bray.

NÖRDLICHE VORORTE

Ein Ausflug in den nördlichen Stadtteil **Glasnevin** (Busse der Linien 13 und 34) lohnt sich, um den Botanischen Garten, den Friedhof und das Meteorologische Zentrum zu besuchen.

Unbedingt sehenswert ist der **Botanische Garten,** der 1789 von der Royal Dublin Society geplant, im 19. Jahrhundert erweitert wurde und nun eine Fläche von 20 Hektar umfaßt. Die meisten Bauten sind viktorianisch. Das Große Palmenhaus entstand 1884, die anderen wurden zwischen 1843 und 1869 zum größten Teil von Richard Turner entworfen, der auch für die Glashäuser in Kew und Belfast verantwortlich zeichnet.

Auf dem Gelände wachsen über 20 000 Pflanzensorten und -arten. Der Botanische Garten besitzt eine umfangreiche Sammlung von Orchideen und anderen exotischen Pflanzen, in den Gewächshäusern gedeihen Kakteen, tropische Farne und Lilien, darunter ein Exemplar aus dem Amazonasgebiet, dessen Durchmesser mehr als zwei Meter beträgt. Sie sehen bunte Staudenrabatten, einen Rosengarten und viele prächtige Bäume – der größte ist ein 30 Meter hoher kalifornischer Redwood.

Südwestlich des Botanischen Gartens liegt der **Prospect-Friedhof.** Seit seiner Eröffnung 1832 wurden hier 11,5 Millionen Menschen beigesetzt – darunter auch „der Befreier", Daniel O'Connell. Ihre letzte Ruhestätte fanden hier u. a. Charles Stewart Parnell (seine Frau Katharine wurde 1921 weit weniger prunkvoll in Littlehampton, Sussex, beigesetzt), Arthur Griffith, Michael Collins, der Gewerkschaftsführer „Big Jim" Larkin, der englische Dichter und Jesuit Gerard Manley Hopkins sowie Sir Roger Casement, dessen sterbliche Hülle 1964 – ein halbes Jahrhundert, nachdem er in London wegen Verrats von den Briten hinge-

richtet worden war – nach Dublin überführt wurde.

Nicht weit von hier liegt auf dem Glasnevin Hill an der Kreuzung der Old Finglas Road und der Ballymun Road der pyramidenförmige Bau des Wetteramtes (1979). Das Gebäude, das Liam McCormick und Partner planten, ist mit Kalksteinplatten verkleidet und von einem Graben umgeben. In seinem Buch *Dublin Today* schreibt Pat Liddy: „Seine Form läßt sich vor allem damit erklären, daß man den benachbarten Häusern nicht das Licht nehmen wollte, wie auch mit einem symbolischen Verweis auf die alten Sterngucker und ihre Pyramiden."

Königsgrab: Ein kleiner Ausflug führt ans Meer nach **Clontarf,** wo König Brian Boru (mit Hilfe einiger ansässiger Dänen) in der Schlacht von Clontarf 1014 die Wikinger (die von einigen Iren unterstützt wurden) besiegte. Der König wurde im Kampf zwar tödlich verletzt, konnte aber die Macht der Nordmänner in Irland brechen. In der

Vorherige Seiten: Der Fischerhafen Howth. **Links:** Wasserratten. **Rechts:** Der wundervoll angelegte Botanische Garten von Glasnevin.

Mitte des Ortes erhebt sich Clontarf Castle, früher ein Besitztum der Templer und Hospitaliter. 1835 wurde es an der Stelle einer einstigen Befestigungsanlage wiederaufgebaut.

Etwas östlich von Clontarf verläuft der **North Bull Wall,** der sich etwa einen Kilometer in die Bucht von Dublin erstreckt und zu Beginn des vorigen Jahrhunderts auf Empfehlung von Captain Bligh (von der Bounty) errichtet wurde, um den Dubliner Hafen vor Verlandung zu schützen. Er ist auch für die Entstehung der noch immer wachsenden **North Bull Island** verantwortlich, auf der zwischen Sanddünen und Salzsümpfen eine Vielzahl von Pflanzen und Tieren leben.

Die berühmtesten Bewohner der Insel sind die Seevögel. Wenn bei Flut alle Vögel der Bucht hierher kommen, sind es bis zu 40 000. Auch viele Watvögel verlassen ihre Brutgebiete in der Arktis, um hier den Winter zu verbringen. Auf North Bull Island wurde 1931 das erste Vogelschutzgebiet Irlands eingerichtet. 1981 wurde ein Teil von der UNESCO zum Biosphärenreservat erklärt, und 1986 richtete Dublin ein „Informationszentrum" ein; es steht nahe dem Kreisverkehr der Straße über den Damm und gibt den Blick auf den Dollymount Strand frei. Daneben wurden auf der Insel auch Golfplätze angelegt: die **Royal Dublin** und **St. Anne's Golf Links.**

Die Küstenstraße nach Norden führt über die Landenge beim Vorort Sutton nach **Howth,** einem Fischerhafen und beliebten Seebad (ebenfalls mit Bus und DART zu erreichen). Howth ist auf einer zerklüfteten Landspitze gelegen, die den nördlichen Zugang zur Bucht von Dublin überblickt. Nun können Sie entweder gleich in den Ort fahren oder vom Gipfel aus auf einem Weg über die Klippen um die Spitze des Kaps nach Howth gehen. Für den Romancier H. G. Wells bot sich von dort aus „einer der schönsten Ausblicke der Welt". An klaren Tagen sieht man den ganzen Küstenverlauf von den Mourne Moun-

Der Bull Wall bei Clontarf.

tains im Nordosten bis zu den Wicklow Mountains im Süden.

Imposanter Jachthafen: Der Weg führt zum **Hafen von Howth** hinunter, der Anfang des 19. Jahrhunderts als Anlaufstelle der Paketboote, die zwischen Holyhead und Dublin verkehrten, entstand. Als der Hafen versandete, übernahm Dun Laoghaire seine Funktion. Am Hafen stehen auch die Ruinen der Pfarrkirche von **St. Mary's Abbey** (1235). Die erste Kirche, die an dieser Stelle stand, soll auf Sitrick Seidenbart, König des wikingischen Dublin, zurückgehen.

Der Hafen von Howth ist heute einer der wichtigsten Fischerhäfen Irlands, für seinen Ausbau wurden Millionen von Pfund aufgewendet. Wenn Sie den Westpier entlanggehen, kommen Sie an Geschäften vorbei, die Netze, Fische und Gebrauchsgegenstände verkaufen. Im Zentrum des neuen Viertels an der Küste, zu dem auch ein imposanter Jachthafen gehört, liegt der Howth Yacht Club.

Zwei Kilometer südöstlich vom Hafen steht der **Baily,** ein Leuchtturm. Schon um 1670 war hier von Sir Richard Reading ein Turm erbaut worden, der heutige Leuchtturm entstand 1814 und war Schauplatz bahnbrechender Versuche, mit denen John Wigham von Booterstown die Signaltechnik revolutionierte. Der vor einigen Jahren ausrangierte Baily Optic ist eine der größten Attraktionen des National Maritime Museum in Dun Laoghaire.

Dem Hafen von Howth vorgelagert ist die Insel **Ireland's Eye,** auf der ein Kloster aus dem 7. Jahrhundert steht; sie ist heute ein Vogelschutzgebiet. Dahinter sieht man **Lambay Island,** eine Vogelinsel, die jedoch im Privatbesitz von Lord Revelstoke ist. Westlich des Hafens erhebt sich **Howth Castle,** Sitz der Familie St. Lawrence. Der heutige Bau stammt aus dem Jahr 1564, wurde 1738, im 19. Jahrhundert und noch einmal zu Beginn unseres Jahrhunderts von dem Architekten Sir Edwin Lutyens restauriert, erweitert und moder-

Howth, ein beliebtes Ziel für einen Sonntagsspaziergang.

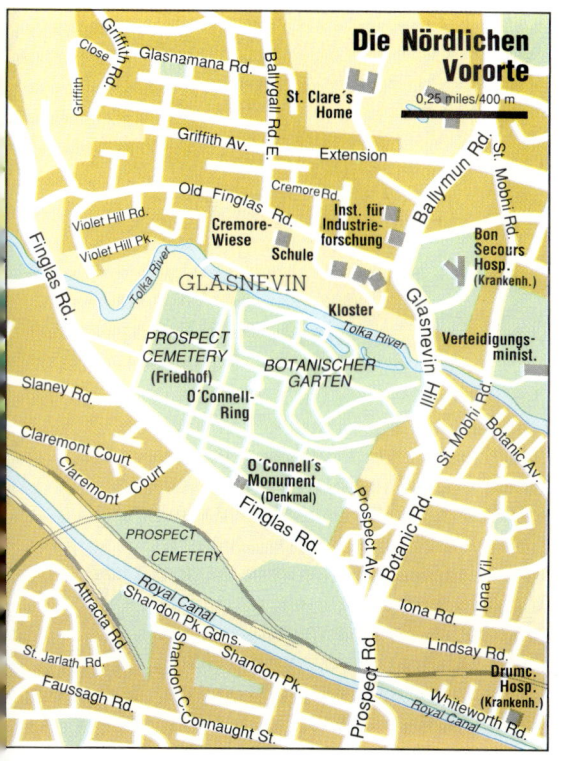

nisiert. Der Park ist bekannt für seine herrlichen Rhododendren und Azaleen. Der Rhododendrongarten wurde 1875 angelegt und beherbergt auf einer Fläche von zwölf Hektar mehr als 2000 verschiedene Arten. Neben der Burg sind in einem Museum alte Traktoren, Doppeldeckerbusse, ein Feuerwehrwagen, der von Pferden gezogen wurde, und die Hill of Howth-Straßenbahn Nr. 9, die von 1901 bis 1959 im Einsatz war, ausgestellt.

Golfdünen: Halten Sie sich auf dem Rückweg nach Sutton Richtung Nordwesten, und folgen Sie den Schildern nach **Portmarnock** und Malahide. Im Seebad Portmarnock gibt es in den Sanddünen einen 18-Loch-Golfplatz, auf dem auch Meisterschaften ausgetragen werden. Sechs Kilometer weiter südwestlich steht die St. Doulagh's Church. Sie gilt als die älteste Kirche Irlands, in der noch Gottesdienste gehalten werden. Das steile Dach stammt aus dem 12. Jahrhundert. In der Nähe liegt die St. Doulagh's Lodge, in der der

Landschaftsmaler Nathaniel Hone (1831–1917) 50 Jahre lang lebte.

Einige Kilometer nördlich von Protmarnock liegt **Malahide,** ein kleines Seebad an der Mündung des Broad Meadow, in dem viele Pendler leben. Südwestlich der Stadt erhebt sich Malahide Castle, das von 1185 bis 1976 durchgängig von der Familie Talbot bewohnt wurde – abgesehen von der kurzen Zeit, in der Cromwell die Familie aus ihrem Stammsitz vertrieben hatte. Das Gebäude ist nun im Besitz der Grafschaft Dublin und beherbergt die Porträt-Sammlung der National Gallery sowie Möbel aus dem 17., 18. und 19. Jahrhundert. Hier wurden in unserem Jahrhundert auch die Tagebücher von James Boswell gefunden.

Auf dem Gelände des Schlosses steht die **Church of St. Sylvester** aus dem 15. Jahrhundert, die früher die Familiengruft der Talbots war. In der Kirche sehen Sie ein *sheela-na-gig*, eine weibliche, aus Stein gehauene Figur, die auf den heutigen Betrachter eher anstößig wirkt. Im Hauptschiff liegt das Grab von Maud Plunket, der Heldin von Gerald Griffins Ballade *Bride of Malahide* („Jungfrau, Gattin und Witwe an einem Tag"). Ihr Mann, Lord Galtrim, kam am Tag ihrer Hochzeit auf dem Schlachtfeld an der Boyne ums Leben.

Wenn Sie auf der Malahide Road nach Dublin zurückfahren, können Sie drei Kilometer vom Stadtzentrum entfernt das **Casino** von Marino besuchen, einen palladianischen Bau, der vom Office of Public Works renoviert wurde. Das Gebäude, das Sir William Chambers im Auftrag von Lord Charlemont plante und zwischen 1758 und 1780 bauen ließ, gilt – auch wegen der Arbeiten des römischen Bildhauers Simon Vierpyl – als eines der schönsten Architekturbeispiele des 18. Jahrhunderts in Europa. Das Bauwerk mit dem Grundriß ein griechisches Kreuzes weist einige Besonderheiten auf: Die Urnen auf dem Dach sind eigentlich Rauchschlote, die Säulen sind hohl und dienen als Regenrinnen.

AUSFLÜGE IN DEN SÜDEN

Der Name der Grafschaft Wicklow südlich von Dublin leitet sich von *Wyking alo* ab, was „Weide der Wikinger" bedeutet. Als die Wikinger diesen Namen wählten, waren sie von Dublin aus wohl noch nicht sehr weit in den Süden vorgedrungen, denn es gibt in Wicklow zwar auch üppige Wiesen, den Großteil des Landes aber nehmen die **Wicklow Mountains** ein – große Felsnasen aus Granit, die vor langer Zeit durch Erdbewegungen aufgeworfen wurden. In der Eiszeit rundeten die Gletscher ihre Gipfel ab und schnitten tiefe Täler ein, auf deren Grund Flüsse und Seen glitzern. Wicklow ist dünn besiedelt: nur ein paar Dörfer, verstreut liegende Höfe und vereinzelt ein größeres Anwesen.

Von Dublin aus fährt man auf der N81 Richtung Südwesten am Vorort **Tallaght** vorbei nach **Blessington.** Der Ort aus dem 17. Jahrhundert besteht im wesentlichen aus einer langen, breiten Straße, die Michael Boyle, Erzbischof von Dublin, anlegen ließ. Blessington liegt am Stausee **Poulaphouca,** der Dublin mit Wasser versorgt.

Der Name Poulaphouca („Teich von Pooka") bezeichnete eine Reihe von Wasserfällen, über die der Liffey hinwegdonnerte, bevor er aufgestaut wurde. In *Hall's Ireland* wird der Name wie folgt erklärt: „Der Wasserfall ... endet in einem Strudel von unergründlicher Tiefe, wo, wie es heißt, das berühmte Spirit Horse des Nachts seine Feste feiert und Wanderer in den vom Wasser des Katarakts gebildeten Wirbel zieht." Heute ist Poulaphouca ein friedlicher See, um den eine reizvolle Straße herumführt.

Schatzkästchen: Drei Kilometer weiter erreicht man **Russborough House,** den Sitz des Millionärs Sir Alfred Beit. Das Herrenhaus wurde um 1745 von Richard Cassels und Francis Bindon für den reichen Dubliner Brauer Joseph Leeson, den ersten Grafen von Mill-town, im Stil Palladios errichtet. Seine Fassade ist mit 210 Metern die längste in ganz Irland.

Das Gebäude zeichnet sich durch herrliche Gemächer, hervorragende Stuckarbeiten von Francini und eine ausgesuchte Sammlung von Gemälden und Kunstgegenständen aus. Nach mehreren Einbrüchen stiftete Sir Alfred 17 großartige Gemälde, darunter Werke von Velázquez, Gainsborough und Murillo, der National Gallery in Dublin. Im Sommer finden hier im Rahmen des jährlichen Music Festival of Great Irish Houses Konzerte statt, die sich an Musikabende früherer Zeiten anlehnen.

Die Straße nach links in der Ortschaft Hollywood, sechs Kilometer weiter im Süden, führt Sie durch die wilde Landschaft der Wicklow Gap nach **Glendalough** („Tal der zwei Seen"), in ein Tal, in dem der hl. Kevin 545 ein Kloster gründete, das sich zu einem Wallfahrtsort des frühen Mittelalters entwickelte. Im 16. und 17. Jahrhundert wurde das

Gebiet von den Engländern erobert. Die interessantesten Ruinen sind die der **Kathedrale** aus dem 9. Jahrhundert und die des **Priesterhauses,** das im 12. Jahrhundert erbaut und vor etwas über 100 Jahren renoviert wurde. Das **St. Kevin's Cross** aus Granit ist rund 3,30 Meter hoch und stammt aus dem Jahr 1150.

Mit seinen beiden Stockwerken und dem steinernen, in Kragbauweise errichteten Dach ist **St. Kevin's Kitchen** das Musterbeispiel altirischer Architektur. Der **Rundturm,** in den sich die Mönche bei Angriffen zurückzogen, ragt etwa 33 Meter in die Höhe. **St. Kevin's Bed** liegt hoch auf einer Klippe am Südufer des Upper Lake und ist nur mit dem Boot zu erreichen. Hier hat sich Kevin angeblich vor einer schönen jungen Frau verborgen gehalten, die an ihm interessiert war. Als sie sein Versteck entdeckte, soll er sie in den See gestoßen haben.

Glendalough ist sicher einer der malerischsten Orte Irlands und läßt selbst heute noch etwas vom Verlangen der Mönche nach Frieden und Einsamkeit erahnen. Beides war für sie untrennbar mit der Vorstellung von Heiligkeit verbunden.

Parnells Zuhause: Auf der Fahrt nach Süden durch Rathdrum erreicht man das georgianische Herrenhaus **Avondale,** in dem Charles Stewart Parnell (1846–1891) den größten Teil seines Lebens wohnte. Das Gebäude wurde 1779 für Samuel Hayes, einen Hobbyarchitekten, der auch die Pläne entworfen haben dürfte, erbaut und ging in den Besitz von Parnells Großvater über. Parnell wurde hier geboren. Obwohl er Protestant war und einer Familie von Großgrundbesitzern entstammte, war er ein engagierter Kämpfer für die Landreform. Sein politisches Talent, das sich in effektiver parlamentarischer Arbeit ausdrückte – Parnell erfand die „Obstruktionspolitik", die durch lange Reden den Regierungsbetrieb lahmlegte –, brachte seiner Partei große Macht in Westminster und Einfluß auf den

Die georgianische Eleganz von Avondale.

britischen Premierministers William Ewart Gladstone ein.

Der Skandal, den das Bekanntwerden seiner Affäre mit Kitty O'Shea, der Frau eines Parteifreundes, auslöste, beendete seine Herrschaft als „ungekrönter König von Irland". Der Skandal brach Parnell das Herz, er starb kurz darauf im Alter von 45 Jahren. Sein Haus, das in ein Museum umgewandelt wurde, liegt heute auf einem Parkgelände, das unter der Verwaltung der Forstbehörde steht – was sicher ganz in Parnells Sinn gewesen wäre, denn er hatte immer die systematische Aufforstung des Landes gefördert.

Wenige Kilometer weiter liegt das **Vale of Avoca** mit dem Zusammenfluß von Avonmore und Avonbeg. Auf dieses Tal beziehen sich vermutlich auch die folgenden Zeilen aus Thomas Moores *The Meeting of the Waters*:

There is not in the wide world a valley so sweet

As that vale in whose bosom the bright waters meet...

Allerdings behaupten nun manche, daß Moore eigentlich den Zusammenfluß des Aughrim und des Avoca drei Kilometer südlich der Ortschaft Avoca bei **Woodenbridge** meinte. Auf eine entsprechende Frage hätte Moore wohl geantwortet, daß er sich nicht mehr daran erinnern könne. Eine Statue des Dichters steht in Dublin an der Kreuzung von College Street und Westmoreland Street. Die Dubliner können sich nicht verkneifen, auf ein weiteres „Zusammenfließen von Wasser" hinzuweisen: die öffentliche Herrentoilette direkt unter dem Denkmal.

Exotische Gärten: In Avoca können Sie wieder nach Norden abbiegen und durch die Ortschaft Wicklow nach **Ashford** fahren, das am Fluß Vartry gelegen ist und sich ideal als Ausgangspunkt für die Erkundung der östlichen Wicklow Mountains eignet. In der Nähe des Dorfes erstrecken sich die **Mount Usher Gardens** mit über 4000 exotischen Bäumen, Sträuchern und Stauden, die von der Familie Walpole

Die meisterhaft gestalteten Powerscourt Gardens.

über Generationen hinweg aus aller Welt zusammengetragen wurden. **Devil's Glen** („Tal des Teufels"), drei Kilometer nordwestlich von Ashford, ist eine Schlucht mit bewachsenen Felshängen und Wanderwegen hoch über dem reißenden Fluß.

Sie können nun über **Roundwood,** das von sich behauptet, das am höchsten gelegene Pub Irlands zu besitzen, und **Enniskerry,** von wo ein Abstecher zum **Schloßpark Powerscourt** möglich ist, nach Dublin zurückfahren. Das um 1730 von Richard Cassels erbaute **Powerscourt House** ist 1974 bedauerlicherweise ausgebrannt. Die fünf Terrassen, die zum See hinunterführen, wurden 1745 begonnen, zum Großteil aber erst Mitte des 19. Jahrhunderts vollendet. Etwas weiter schließt sich das Arboretum mit seinen prächtigen Bäumen an, darunter eine Sitkafichte, die als der höchste Baum Irlands gilt. Daneben finden Sie hier einen japanischen Garten (1908) und einen Friedhof für Haustiere. Im Schutz des zuk-

kerhutförmigen Berges – entgegen der allgemeinen Annahme ist er nicht vulkanischen Ursprungs, sondern ein erodierter Quarzfelsen – liegt der mit 90 m höchste Wasserfall Irlands und Großbritanniens. Im 19. Jahrhundert wurde er auf vielen Bildern verewigt.

Der Ort Enniskerry selbst liegt im Tal des Flusses Cookstown oder Glencullen. Seine Geschichte ist eng mit der des Schloßparks verbunden. Die römisch-katholische Kirche von Patrick Byrne (1843) war eines der ersten Gotteshäuser in Irland, die im neugotischen Stil errichtet wurden. Viele der Schlachtenszenen in Laurence Oliviers Film *Heinrich V.*, den er während des Zweiten Weltkriegs im neutralen Irland drehte, entstanden in der Umgebung von Enniskerry.

Malerische Strecke: Sie können nun entweder direkt nach Dublin zurückfahren oder noch einen Abstecher in das landschaftlich äußerst reizvolle Tal des **Glencree** machen. Das Gebiet, das einst von Eichenwäldern überzogen

Das am höchsten gelegene Pub Irlands in der Grafschaft Wicklow.

war und später als königlicher Park gepflegt wurde, ist heute überwiegend von Fichten bewachsen. Die Kasernen, die nach der Rebellion von 1798 entstanden, beherbergen heute ein „Versöhnungszentrum", das sich um die Verständigung zwischen den geteilten Gemeinden Nordirlands bemüht. In der Nähe liegt ein Friedhof für deutsche Soldaten, die während der beiden Weltkriege in Irland oder vor den Küsten des Landes fielen.

Wicklow erkundet man am einfachsten mit dem Wagen, die wichtigsten Sehenswürdigkeiten sind von Dublin aus auch mit dem Bus zu erreichen. Am erlebnisreichsten ist es jedoch, das Gebiet zu erwandern, und zwar auf dem **Wicklow Way.** Dieser 130 Kilometer lange Weg verläuft die Ostflanke der Dublin und der Wicklow Mountains entlang und beginnt im Marlay Park in Rathfarnham am Stadtrand von Dublin. Er führt durch Wälder und Wiesen bis zum südlichen Ende der Grafschaft Wicklow. Weite Abschnitte sind an-

Die Wicklow Mountains in winterlich herber Schönheit.

spruchsvolle Wanderstrecken, übernachten kann man unterwegs in Jugendherbergen.

Ausrüstung: Feste Schuhe, Regenkleidung, etwas Warmes zum Überziehen, Proviant und ein Kompaß sind ebenso notwendig wie eine gute Karte, die Sie in den Buchhandlungen von Dublin und in den Touristenbüros kaufen können. Stellen Sie sich auf das launische irische Wetter ein, und halten Sie sich an die Regel – sofern Sie kein erfahrener Bergsteiger sind –, eine neue Strecke nicht alleine in Angriff zu nehmen. Ihre Anstrengungen werden mit herrlichen Ausblicken auf Dublin, die zentrale Tiefebene und, sofern das Wetter mitspielt, die Mourne Mountains im Norden der Grafschaft Down belohnt.

Für die Dubliner ist die wilde Schönheit von Wicklow etwas ganz Selbstverständliches. Es gibt nicht viele Großstädte, deren Bewohner noch in nur einer Stunde Fahrt die Ruhe und Stille genießen können, die die Wicklow Mountains bieten.

AUSFLÜGE IN DEN NORDEN

Die N2 führt in Richtung Nordnordwest über das sanft gewellte Ackerland der Grafschaft **Meath** in ein Land der Legenden und der Geschichte. Nach kurzer Fahrt fällt die Straße steil zu einer Steinbrücke über den **Boyne** hin ab. Auf der anderen Seite des Flusses liegt die alte Ortschaft **Slane,** in deren Mitte sich vier aufeinander abgestimmte georgianische Häuser an einer Kreuzung der Hauptstraße diagonal gegenüberstehen.

Westlich des Dorfes erhebt sich am Fluß das **Slane Castle,** ein pseudomittelalterlicher Bau, der gegen Ende des 18. Jahrhunderts für den Marquis von Conyngham erbaut wurde. Hier fanden in den letzten Jahren Konzerte, u. a. von den Rolling Stones, Queen, Bruce Springsteen, Bob Dylan und David Bowie, statt – zum Verdruß der Einheimischen, die negative Auswirkungen für ihr Dorf befürchteten.

Am nördlichen Ende des Ortes weist ein Schild zum **Hill of Slane,** wo der hl. Patrick den Sieg des Christentums in Irland mit einem Osterfeuer eingeleitet haben soll, das noch Kilometer weiter im Süden auf dem Hill of Tara, dem Sitz des Hochkönigs, zu sehen war. St. Patrick gründete auf der Anhöhe eine Kirche. Die Ruinen, die Sie heute hier sehen, stammen jedoch von einer Franziskanerabtei aus dem 16. Jahrhundert.

Ein runder Graben (nur noch schwach zu erkennen) markiert die Grenze des Klosters, das mit St. Erc in Verbindung gebracht wird, einem Einheimischen, den Patrick zum Christentum bekehrt hatte. Erc kasteite sich selbst, indem er den ganzen Tag bis zu den Achselhöhlen im Fluß stand und Psalmen rezitierte. An klaren Tagen hat man eine herrliche Aussicht vom Hill of Slane: Im Osten mündet der Boyne beim Hafen von Drogheda ins Meer; im Süden schimmern die Wicklow Mountains blau in der Ferne; im Westen gehen die Weiden des zentralen Tieflandes in die großen Torfmoore der Midlands über.

Steinzeitliches Erbe: Unterwegs von Slane auf der N5 nach Drogheda, erreicht man nach einem Kilometer das Haus des im Ersten Weltkrieg gefallenen Dichters Francis Ledwidge, das heute ein Museum zu seinem Gedächtnis beherbergt.

An der N 51, einige Kilometer östlich von Slane, liegen, an den Ufern des Boyne, die Gräber von Newgrange, Knowth und Dowth. Noch in der Bronzezeit wurden auf dem Areal, das sich über 3 km hinzieht, Adelige, u. a. auch die Könige von Tara bestattet. Die etwa 25 Grabhügel werden deshalb als **Brugh na Bóinne** (= Friedhof der Hochkönige) bezeichnet. Bei Newgrange, Knowth und Dowth handelt es sich allerdings um die Hinterlassenschaft einer Kultur, die vor fast 5000 Jahren im Boyne-Tal blühte. Der Grabhügel von **Newgrange** wurde ab den sechziger Jahren achäologisch untersucht und restauriert. Er dürfte nun in etwa wieder den ursprünglichen Anblick bieten. Er ist an einem Hang erbaut, der zum Boyne hin abfällt, hat eine Höhe von 11 m und einen Durchmesser von 80 m. Die weißen Quarzsteine an seiner Vorderfront wurden aus den ca. 80 km entfernten Bergen von Wicklow hierhergebracht.

Vom Eingang, vor dem ein mit Spiralen- und Rautenmustern bedeckter Granitblock liegt, führt ein 20 m langer Gang zur Grabkammer. Diese ist kreuzförmig, in Kragbauweise errichtet und oben mit einer Deckplatte abgeschlossen, die seit 5000 Jahren kein Wasser eindringen ließ. Alljährlich am 21. Dezember zur Wintersonnenwende fallen die Strahlen der Sonne durch eine Öffnung in die Kammer und erleuchten sie für 17 Minuten – ein Schauspiel, das im Rahmen von Führungen mit elektrischem Licht nachvollzogen wird.

Wenige Kilometer entfernt liegt der Grabhügel von **Knowth.** In seinem Inneren wurden zwei Ganggräber gefunden, in seiner Umgebung weitere siebzehn von kleineren Ausmaßen.

Der Tumulus von Dowth ist nicht zugänglich und kann allenfalls von der Straße aus betrachtet werden. An ihm finden derzeit keine archäologischen Untersuchungen statt, es besteht aber kein Zweifel daran, daß er ebenfalls der Boyne-Tal-Kultur zuzuordnen ist – und damit ein höheres Alter hat als die ägyptischen Pyramiden.

Die Fahrt nach Drogheda führt über das **Schlachtfeld am Boyne,** auf dem sich im Jahre 1690 der katholische König Jakob II. und sein protestantischer Widersacher William III. von Oranien gegenüberstanden. Jakob hatte 1685 den englischen Thron bestiegen, war aber nach dreijähriger Regierungszeit wieder abgesetzt worden. Mit Hilfe der irischen Katholiken versuchte er, erneut an die Macht zu kommen. Die Iren knüpften an ihn die Hoffnung, ihre 30 Jahre vorher vom Lordprotektor Oliver Cromwell beschlagnahmten Ländereien zurückzubekommen.

1689 war Jakob, unterstützt von französischen Truppen, in Kinsale gelandet

Newgrange bietet interessante Aufschlüsse über das prähistorische Irland.

und zunächst auf keinen Widerstand gestoßen. Er hatte daraufhin Londonderry belagert, aber nicht einnehmen können. Die entscheidende Schlacht fand am 1. Juli 1690 am Boyne statt. Der als Heerführer wenig umsichtige Jakob hatte auf dem Hügel von Donore südlich des Flusses eine exponierte Stellung bezogen. Seine Armee setzte sich aus rund 18 000 schlecht bewaffneten irischen Partisanen und 7000 Franzosen zusammen. William bombardierte sie vom Hügel von Tullyallen von der anderen Seite des Boyne aus. Er sandte 10 000 Mann gen Westen nach Rosnaree und Slane, wo sie den Fluß überqueren und einen Angriff auf die Flanken der Armee von Jakob unternehmen sollten, während Willliams Kerntrupp den Boyne bei Oldbridge überschritt. Schon bald war Jakob auf dem Rückzug. Schomberg kam dabei ums Leben – an ihn erinnert ein Obelisk am Fluß, der vor einiger Zeit schwer beschädigt wurde. Jakob flüchtete über Dublin und Waterford nach Frankreich.

Der Boyne, einst Schauplatz einer entscheidenden Schlacht, heute ein beschaulicher Fluß.

Nahebei liegt die Hafenstadt **Drogheda,** die von den Wikingern gegründet und zum Handelszentrum ausgebaut wurde. Der Name Cromwells ist hier noch immer mit bösen Erinnerungen verbunden: 1649 nahm er die Stadt ein und ließ fast 300 Soldaten und Bewohner niedermetzeln. Andere wurden auf die Westindischen Inseln verbannt. Zu den Sehenswürdigkeiten Droghedas zählen der Millmount, ein Hügel mit einem Fort aus dem 18. Jahrhundert, das heute ein Museum beherbergt; das St. Lawrence's Gate, eines der besterhaltenen Stadttore Irlands; die Ruinen mehrerer mittelalterlicher Kirchen; der Tholsel, das im 18. Jahrhundert erbaute Rathaus, in dem heute eine Bank untergebracht ist; und die St. Peter's Church, eine neugotische Kirche aus dem 19. Jahrhundert, die man zu Ehren von Oliver Plunkett erbaute, dem Erzbischof von Armagh, der 1681 in London hingerichtet und 1975 heiliggesprochen wurde. Sein einbalsamierter Kopf wird in der Kirche als Reliquie verwahrt.

Nun sind Sie schon in **Louth,** der kleinsten Grafschaft Irlands. Doch bevor Sie sie näher erkunden, möchten Sie vielleicht einen Abstecher an die Küste in die südlich von Drogheda gelegenen Seebäder Bettystown und **Laytown** machen, die an einem zehn Kilometer langen Sandstrand liegen. In Laytown findet jedes Jahr ein Pferderennen statt, dessen genauer Termin im Juli oder August sich nach den Gezeiten richtet. Das Rennen ist ein verrücktes, farbenprächtiges Spektakel, das Sie sich ansehen sollten. Es ist ein *Bona-fide*-Rennen, das im Rahmen des europäischen Rennkalenders stattfindet. (Termine erfahren Sie beim Irischen Fremdenverkehrsamt.)

Neun Kilometer nordwestlich von Drogheda stehen am Ufer des **Mattock** die malerischen Ruinen von **Mellifont Abbey** (1142), des ersten Zisterzienserklosters in Irland. Seine Gründung fällt mit dem Beginn einer Reformbewegung zusammen, die der Erzbischof von Armagh, St. Malachy, einleitete.

Ein paar Kilometer weiter im Nordosten liegt die Klosteranlage **Monasterboice,** die im fünften Jahrhundert vom hl. Buithe, einem Schüler des hl. Patrick, gegründet wurde. Neben dem Rundturm, zwei Kirchen, zwei Grabplatten und einer Sonnenuhr sind hier vor allem zwei großartige Hochkreuze von Bedeutung: Muiredach's Cross und das sogenannte Westkreuz. Die biblischen Szenen, die auf ihnen abgebildet sind, sind großartige Zeugnisse mittelalterlicher Steinmetzkunst.

Nun können Sie auf der N1 Richtung Norden nach **Dundalk** fahren, einer geschäftigen Stadt an der Grenze, die sich als Ausgangspunkt für Ausflüge auf die reizvolle Halbinsel **Cooley** anbietet. Diese Gegend spielt in den Sagen des alten Irland eine große Rolle. Im Städtchen **Carlingford** herrschte einst, als es den Dänen als nördlicher Stützpunkt diente, lebhaftes Treiben. Das St. John's Castle, 1210 von John de Courcy erbaut, beherrscht den Zugang zum Meeresarm **Carlingford Lough.** In

Geschäft in Navan.

steilen Kurven windet sich eine Straße durch den Wald zu einem Aussichtspunkt nahe des Gipfels des Carlington Mountain hinauf, von wo aus man einen wunderbaren Ausblick auf die Mourne Mountains im Norden hat. Auch die Seebäder **Greenore** und **Omeath** lohnen einen Besuch.

Die N52 südwestlich von Dundalk führt nach **Ardee,** das auf Irisch *Baile Atha Fhirdiadh* („Stadt an der Ferdia-Furt") heißt. Weiter geht es auf der N52 Richtung Südwesten nach **Kells,** wo St. Colmcille im sechsten Jahrhundert ein Kloster gründete. Die Ruinen sind jedoch jüngeren Datums: Am interessantesten sind ein Rundturm und ein Bau mit einem in Kragbauweise errichteten Dach aus dem neunten Jahrhundert, das als St. Colmcille's House bekannt ist. Ein letzter Abstecher führt nach **Trim,** rund 25 Kilometer weiter im Südwesten, zur größten anglo-normannischen Festung Irlands. Die gut erhaltene Anlage erstreckt sich über rund einen Hektar und war durch einen Graben

Geheimnisvolle Stimmung am Königshügel Hill of Tara in der Grafschaft Meath.

geschützt, der mit dem Wasser des Boyne gespeist wurde. Auf einer Anhöhe gegenüber sind die Umrisse eines Turms, **Yellow Steeple** (1358), zu erkennen, der zu einer ebenfalls verfallenen Abtei gehörte.

Nun können Sie auf der R161 Richtung Norden nach **Navan,** der wenig bemerkenswerten Hauptstadt der Grafschaft Meath, fahren und dort die N3 nach Dublin nehmen. Unterwegs kommen Sie am **Hill of Tara** vorüber, dem kulturellen und religiösen Zentrum des bronzezeitlichen Irland. Alle drei Jahre wurde hier eine große Versammlung *(feis)* abgehalten, auf der Gesetze erlassen und Streitigkeiten geschlichtet wurden. Auf dem Gipfel des Hügels gibt ein Hinweisschild Aufschluß darüber, welche Bedeutung die Gebäude hatten, deren Überreste nun von Gras überwuchert sind. Außerdem ziert den Hügel eine moderne Statue des hl. Patrick sowie der „Schicksalsstein", der bei der Krönung der Könige eine Rolle gespielt haben soll.

AUSFLÜGE IN DEN WESTEN

Die Grafschaft **Kildare** mit ihren fruchtbaren Ebenen im Becken des Liffey und des Barrow und ihrem ausgedehnten Torfland im Bog of Allen ist die „Pferderegion" im pferdebegeisterten Irland. Hier stehen auch die Anwesen der Protestanten aus der Zeit der Herrschaft der Engländer. **Naas,** die wichtigste Stadt der Grafschaft, liegt rund 34 Kilometer westlich von Dublin und ist über eine moderne Schnellstraße zu erreichen.

Wie ihr irischer Name *Nas na Riogh* nahelegt, war die Stadt früher eine der Residenzen der Könige von Leinster. Wo heute die Kirche steht, soll einst St. Patrick auf einer seiner missionarischen Reisen sein Lager aufgeschlagen haben. Architektonisch ist Naas ziemlich uninteressant, doch ist der Ort als Zentrum der Jagd und des Pferderennens weithin bekannt. Auf der in Richtung Dublin gelegenen Rennbahn werden sowohl Galopprennen als auch Reit- und Springturniere ausgetragen. **Punchestown,** fünf Kilometer weiter im Südosten, besitzt eine der ansprechendsten Rennbahnen der Gegend. Besonderen Glanz erhalten die Veranstaltungen im April, wenn rund um den Platz der Stechginster blüht.

Eines Königs würdig: Vor den Toren der Stadt steht an der Straße nach Newbridge das **Jigginstown House,** ein Herrenhaus aus dem 17. Jahrhundert, das als einer der ersten Bauten Irlands ganz aus Backstein errichtet wurde. Thomas Wentworth, Graf von Strafford und Vizekönig von Charles I., plante das Anwesen als Residenz für den König, doch noch vor der Fertigstellung wurde Wentworth nach London zurückberufen, wo man ihn 1641,

Vorherige Seiten: Maschineller Torfabbau. Mit dem Boot nach Newcastle in der Grafschaft Dublin. <u>Links</u>: Eines der weltberühmten Gestüte von Kildare.

während der Auseinandersetzungen, die dem englischen Bürgerkrieg vorausgingen, hinrichtete.

In der Nähe der Ortschaft **Clane,** acht Kilometer nördlich von Naas, stehen die Ruinen eines von Sir Gerald Fitzmaurice gegründeten Franziskanerklosters aus dem 13. Jahrhundert. Auf dem Bodenstown Churchyard liegt Wolfe Tone begraben, der Anführer des Aufstands von 1798. Zu seinen Ehren findet hier jedes Jahr eine Gedenkfeier statt. Drei Kilometer nördlich von Clane liegt **Clongoweswood,** ein von Jesuiten geführtes Internat, in dem James Joyce zur Schule ging.

In der Kapelle des College sind Werke moderner irischer Künstler zu sehen: die Stationen des Kreuzwegs von Sean Keating sowie Buntglasarbeiten von Evie Hone und Michael Healy.

Pferderennen: Von Naas aus gelangt man auf der Hauptstraße nach Südwesten über Newbridge zur Rennbahn **Curragh.** Die Geschichte des Pferderennsports reicht hier bis in früheste Zeiten zurück. In den ersten Jahrhunderten nach der Zeitenwende waren Pferderennen ein wesentlicher Teil der öffentlichen Zusammenkünfte. In seinem geschichtlichen Abriß *Irish Horseracing* schreibt John Welcome: „Diese Volksfeste wurden abgehalten, um alle möglichen Geschäfte abzuwickeln – man feierte Hochzeiten, verzeichnete Todesfälle, einigte sich auf Verteidigungsstrategien. Anschließend widmete man sich aber immer dem Spiel und dem Sport, und unter den Sportarten war das Pferderennen am populärsten." Das größte dieser Volksfeste fand in Curragh statt, und auch sein heutiges Äquivalent, das Irish Derby, wird, wie alle klassischen irischen Pferderennen, hier ausgetragen.

Neben der Rennbahn und zahlreichen Rennställen gibt es in Curragh ein wichtiges Militärlager, das 1646 eingerichtet wurde und 1914 Schauplatz der „Curragh-Meuterei" war. Damals drohten die hier stationierten britischen Offiziere, den Befehl zu verweigern, **Jigginstown Castle in Naas.**

sollten sie gezwungen werden, auf Edward Carsons Ulster Volunteers zu schießen. Diese hatten sich unrechtmäßig bewaffnet, um sich dem Home Rule zu widersetzen. An der Straße in Richtung Süden nach Kilcullen liegt eine Senke, die als **Donnelly's Hollow** bekannt ist. Dort erinnert ein Obelisk an den Sieg, den der irische Champion Dan Donnelly 1815 über George Cooper aus England errang.

20 Kilometer westlich von Newbridge liegt **Kildare,** dessen Name *Cill Dara* sich von der „Kirche der Eiche" ableitet – dem Kloster, das im fünften Jahrhundert von der hl. Brigid gegründet wurde. Diese Heilige ist in Irland fast ebenso populär wie St. Patrick. Das von ihr gegründete Kloster entwickelte sich zum geistlichen Zentrum des Königreichs von Leinster.

Die **Kathedrale der hl. Brigid** (Baubeginn 1229) wurde im 16. Jahrhundert schwer beschädigt. 1685 erhielt sie einen neuen Chor. Seit dieser Zeit dient sie als protestantische Kirche der Diözese. 1875 wurde die Kathedrale renoviert. Die Arbeiten leitete G. E. Street, der auch für die Erneuerung der Christ Church Cathedral in Dublin zuständig war. Südwestlich der Kathedrale steht ein mittelalterlicher Rundturm, dessen Zinnenkranz allerdings aus dem 19. Jahrhundert stammt.

Aus bestem Hause: Südlich von Kildare ist das **National Stud,** das Irische Nationalgestüt, zu Hause. Gegründet wurde die Einrichtung um die Jahrhundertwende von Colonel Hall-Walker. Der exzentrische englische Züchter warf immer erst einen Blick ins Horoskop seiner Pferde, ehe er entschied, welche Tiere er auf wichtige Rennen vorbereitete. Die Boxen hatten Fenster im Dach, damit die Sterne ihre Wirkung entfalten konnten. Und es schien zu funktionieren, denn Hall-Walkers Pferde waren bei vielen klassischen Rennen in Großbritannien und Irland erfolgreich. 1915 stiftete er das Gestüt und seine Pferde der Krone, die britische Regierung ihrerseits vermachte es

Bewährungsprobe für die Zuchttiere.

1943 dem irischen Staat. Im Sommer finden Führungen durch die Stallungen und das **Irish Horse Museum** statt.

Dem Nationalgestüt angeschlossen sind die **Japanischen Gärten,** die 1906 von Eito, einem japanischen Gärtner, angelegt wurden. Die Gärten repräsentieren die sieben Stufen des menschlichen Lebens. Es lohnt sich, nach der „Versuchung" durch das „Tor des Vergessens" zu gehen und den „Hügel des Ehrgeizes" zu überschreiten.

An der Straße nach Monasterevan, der Heimat des großen Tenors John McCormack, finden Sie bei der Kyle-Eisenbahnbrücke eine ganz besondere Attraktion: das **Shell House,** ein einstöckiges Bauernhaus, dessen Wände die 1967 verstorbene Besitzerin Elizabeth O'Beirne mit bunten Muscheln, die sie im Lauf von 15 Jahren an irischen und europäischen Stränden gesammelt hatte, mit Steinen, Glasscherben und Flaschenhälsen in verschiedenen Mustern – darunter der Ardagh-Kelch, die Irische Harfe und natürlich das Kleeblatt – hübsch verzierte. Das Haus ist eine der meistfotografierten Sehenswürdigkeiten der Gegend.

In **Athy,** 26 Kilometer südlich von Kildare, überblickt ein heute privat genutzter Turm aus dem 16. Jahrhundert eine Brücke über den Barrow. Der Fluß stellte einst eine wichtige Verkehrsverbindung nach Dublin dar. Die Hauptattraktion des Ortes ist jedoch aus neuerer Zeit: die **Dominikanerkirche** (1963–1965). Im effektvoll gestalteten Inneren der Kirche sehen Sie Glasmalereien und Kreuzwegstationen des Malers George Campbell.

Schule der Priester: Auf dem Rückweg nach Dublin über Naas lohnt sich ein Abstecher nach **Maynooth,** einem Ort am Royal Canal an der Hauptverkehrsstraße zwischen Dublin und Galway. In Maynooth geht es ziemlich lebendig zu, was der großen Zahl von Studenten des **St. Patrick's College** zu danken ist. Das College, das früher als Ausbildungszentrum für die katholische Priesterschaft Irlands diente, ge-

Hof in Athy, Grafschaft Kildare.

hört (neben den University Colleges von Dublin, Cork und Galway) inzwischen zur National University of Ireland und steht nun auch Laien und Frauen offen.

„Maynooth", wie das Seminar kurz genannt wird, entsandte Priester und Bischöfe in alle Welt. Gegründet wurde es 1795, als die Briten erkannten, daß es nicht in ihrem Interesse lag, daß die irischen Priester ihre Ausbildung auf dem europäischen Festland erhielten. Die erste der beiden Gebäudegruppen stammt von 1795, die zweite entstand 1845 nach Plänen von A. W. Pugin, dem bekannten englischen Baumeister der Neugotik.

Die Kapelle des College mit dem hohen Turm wurde 1875 von J. J. McCarthy gestaltet. Die Bibliothek beherbergt eine umfangreiche Sammlung alter Buchdrucke, und im Museum finden Sie vorwiegend kirchliche Kunst. Auch einige frühe elektrische Apparate können bewundert werden. Sie wurden von Father Nicholas Callen erfunden,

einem Pionier der Elektrizitätslehre, der zwischen 1826 und 1864 in Maynooth unterrichtete. Rechts von den Toren des College stehen die Ruinen einer mittelalterlichen Burg, die einst den Grafen von Kildare als Festung diente.

Ein paar Kilometer weiter südöstlich liegt das hübsche kleine **Cellbridge,** in dem Esther Vanhomrigh lebte, die als „Vanessa" mit „Stella" (Esther Johnson) um die Zuneigung von Jonathan Swift wetteiferte. Er kam oft nach Cellbridge zu Besuch, und noch heute ist die Bank am Fluß erhalten, auf der er mit Vanessa saß. Vielleicht war ihre unglückliche Liebe zu ihm der Grund für ihren frühen Tod.

Nordöstlich von Cellbridge steht das **Castletown House,** das 1722 für William Connolly, den Vorsitzenden des irischen Unterhauses, errichtet wurde. Es ist vielleicht das schönste Beispiel für palladianische Architektur in Irland. Baumeister war Alessandro Galilei, der auch die Fassade von S. Giovanni in Laterano in Rom entwarf.

Castletown House, Grafschaft Kildare.

APA GUIDES
Reisetips

FÜR LEUTE,
DIE DEN WERT
DER ZEIT ZU SCHÄTZEN
WISSEN.

Bevor Sie sich für eine Patek Philippe *Abb. 1* entscheiden, sollten Sie ein paar grundsätzliche Dinge wissen. Anhand von Stichworten wie Präzision, Wert und Zuverlässigkeit erklären wir Ihnen, warum die Uhr, welche wir für Sie anfertigen, vollkommen anders ist als alle anderen Uhren.

"Pünktlichkeit ist die Höflichkeit der Könige", pflegte Louis XVIII. zu sagen.

Wir glauben in aller Bescheidenheit, daß wir beim Thema Pünktlichkeit auch den Ansprüchen der Könige gewachsen sind. So haben wir unter anderem ein mechanisches Laufwerk hergestellt, das in vollkommener Übereinstimmung mit dem gregorianischen Kalender die Schaltjahre der nächsten fünf Jahrhunderte berücksichtigt: Es fügt den Jahren 2000 und 2400 jeweils einen Tag hinzu, überspringt aber die Jahre 2100, 2200 und 2300 *Abb. 2*. Allerdings sollte so eine Uhr von Zeit zu Zeit neu justiert werden: Denken Sie bitte alle 3333 Jahre und 122 Tage daran, die Uhr um einen Tag vorzustellen, damit sie wieder mit der Himmels-Uhr übereinstimmt. Solche Dimensionen erreichen wir natürlich nur, weil wir bei der Herstellung jeder Uhr, also auch Ihrer, zu den absoluten physikalischen, wenn nicht metaphysischen Grenzen der Präzision und des Machbaren vorstoßen.

Fragen Sie bitte nicht "wieviel?"

Versetzen Sie sich einmal in die Welt der Sammler, die bei Auktionen Höchstpreise bieten, um eine Patek Philippe zu erwerben. Vielleicht schätzen sie die Einzigartigkeit der Feinmechanik und des Laufwerks, vielleicht die Schönheit einer Patek Philippe oder weil

es eine Rarität ist. Wir glauben jedoch, daß hinter jedem Mehrgebot von US\$ 500'000.– auch die Überzeugung steht, daß eine Patek Philippe, selbst wenn sie 50 Jahre oder älter ist, auch für zukünftige Generationen noch mit äußerster Präzision arbeiten wird. Falls wir nun in Ihnen den Wunsch nach einer Patek Philippe geweckt haben, versichern wir Ihnen folgendes: Die Uhr, die wir für Sie herstellen, wird besagten Sammlerstücken technisch noch überlegen sein. Schließlich ist es bei uns Tradition, daß wir laufend nach noch perfekteren mechanischen Lösungen für höchste Zuverlässigkeit und perfekte Zeitkontrolle suchen. Darum wird Ihre Patek Philippe über Neuerungen verfügen *Abb. 3*, von denen die Meisteruhrmacher, welche diese großartigen Armbanduhren vor 50 Jahren schufen, nicht einmal zu träumen wagten *Abb. 4*. Gleichzeitig sind wir natürlich bestrebt, Ihre Finanzkraft nicht über Gebühr zu strapazieren.

Besitz als Erlebnis.

Stellen Sie sich vor, heute wäre der Tag, an dem Ihnen Ihre Patek Philippe überreicht wird. Das Gehäuse birgt die Huldigung des Uhrmachers an das Geheimnis "Zeit". Er hat jedes Rädchen mit einer Kehlung versehen und es zu einem strahlenden Ring poliert. Die Platten und Brücken aus Gold und kostbaren Legierungen sind fein gerippt. Kleinste Oberflächen wurden facettiert und auf das Mikron genau geschliffen. Ganz zum Schluß, nach monate- oder jahrelanger Arbeit, prägt der Uhrmacher ein kleines Zeichen in die Hauptbrücke Ihrer Patek Philippe: das Genfer Siegel – die höchste Auszeichnung großer

Uhrmacherkunst, verliehen von der Regierung des Kantons Genf *Abb. 5*.

Äußerlichkeiten, die innere Werte verheißen. *Abb. 6.*

Wenn Sie Ihre Uhr bestellen, legen Sie zweifellos Wert darauf, daß deren Äußeres die Vollendung und die Eleganz des Uhrwerks im Innern widerspiegelt. Darum ist es gut für Sie zu wissen, daß wir Ihre Patek Philippe exakt nach Ihren Wünschen gestalten können. Unsere Graveure sind beispielsweise in der Lage, ein subtiles Spiel von Licht und Schatten auf die goldene Rückseite unserer einzigartigen Taschenuhren zu zaubern *Abb. 7*. Wenn Sie uns Ihr Lieblingsbild bringen, fertigen unsere Emailleure davon eine Miniatur mit den feinsten Details an *Abb. 8*. Unsere Gehäusemacher sind stolz auf die perfekt guillochierte Lunette ihrer Armbanduhr und unsere Kettenschmiede auf ihr kostbares Geschmeide *Abb. 9 und 10*. Wir möchten Sie noch auf die Meisterschaft unserer Goldschmiede aufmerksam machen und auf die Erfahrung unserer Edelsteinspezialisten, wenn es darum geht, die schönsten Steine auszuwählen und einzupassen *Abb. 11 und 12*.

Es gibt Dinge, die bereiten schon Freude, bevor man sie besitzt.

Sicher verstehen und schätzen Sie es, daß Uhren, wie wir sie herstellen, immer nur in begrenzter Stückzahl gefertigt werden können. (Die vier Calibre 89-Uhren, denen wir zur Zeit arbeiten, benötigen neun Jahre bis zur Fertigstellung.) Darum wollen wir Ihnen nicht versprechen, daß wir Ihren Wunsch sofort erfüllen können. Die Zeit, während der Sie auf Ihre Patek Philippe *Abb. 13* warten, ist jedoch die schönste Gelegenheit, sich in Gedanken über die philosophischen Dimensionen der Zeit zu ergehen.

Falls Sie weitere Informationen zu einer bestimmten Patek Philippe Uhr oder zur Uhrmacherkunst im allgemeinen wünschen, würden wir uns freuen, Ihnen weiterzuhelfen. Schicken Sie uns Ihre Visitenka

Abb. 1: Eine klassische Patek Philippe in ihrer dezenten Schönheit.

Abb. 4: Armbanduhren von Patek Philippe, links um 1930, rechts von 1990. Echte Uhrmacherkunst hat Tradition und Zukunft.

Abb. 6: Ihre Freude am Besitz einer kostbaren Patek Philippe ist das höchste Ziel all jener, die an ihrer Entstehung mitarbeiten.

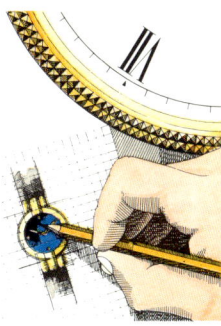

Abb. 9: Harmonie im Design als Symbiose von Schlichtheit und Perfektion an einer Calatrava Damenarmbanduhr.

Abb. 2: Eine der 33 Komplikationen der Calibre 89 ist ein Satellitenrad, das alle 400 Jahre eine Umdrehung macht.

Abb. 5: Das Genfer Siegel wird nur Uhren verliehen, welche dem hohen Standard der Uhrmacherkunst entsprechen, wie sie in der Genfer Gesetzgebung verankert ist.

Abb. 7: Eine zeitlose Arabeske ziert eine zeitlose Patek Philippe.

Abb. 10: Der Kettenschmied formt mit Kraft und Feingefühl das Band für eine Patek Philippe.

Abb. 11: Goldene Ringe: ein Symbol für vollendete Einheit.

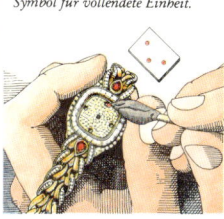

Abb. 3: Bis heute die fortschrittlichste mechanisch regulierte Vorrichtung: Patek Philippe Gyromax demonstriert die Äquivalenz von Einfachheit und Präzision.

Abb. 8: Vier Monate lang arbeitet ein Künstler täglich sechs Stunden, bis eine Email-Miniatur auf dem Gehäuse einer Taschenuhr vollendet ist.

Abb. 12: Daran erkennen Sie den wahren Meister des Edelsteines: Er bringt die ganze Schönheit seiner wertvollen Steine vollendet zur Geltung.

PATEK PHILIPPE
GENEVE

Abb. 13: Das diskrete Zeichen jener Leute, die den Wert der Zeit zu schätzen wissen.

mit dem Vermerk «Bücherkatalog», damit wir Ihnen ein Verzeichnis unserer Publikationen zustellen können. Patek Philippe, 41 rue du Rhône, 1204 Genf, Schweiz, Tel. +41 22/310 03 66.

REISETIPS

Landeskunde

Geographie 210
Verfassung & Verwaltung 210
Bevölkerung & Sprache 210
Klima 210

Reiseplanung

Anreise 210
Einreisebestimmungen 211
Zoll 211
Geldfragen 211
Kleidung 211

Wissenswertes

Ortszeit 211
Einheiten & Gewichte 211
Trinkgeld 211
Geschäftszeiten 212
Gesetzliche Feiertage 212
Öffentliche Toiletten 212
Strom 212
Kommunikation 212
Gesundheit & Notdienste 212
Nützliche Adressen 213

Unterwegs

Busse & Züge 213
Taxis 213
Mit dem Rad 213
Leihwagen 213

Unterkunft

Hotels 214
Guesthouses 215
Jugendherbergen 216
Camping 216

Essen & Trinken

Restaurants 217
Pubs 219

Unternehmungen

Stadtrundgänge 219
Veranstaltungen 220
Musik 220
Theater 220
Museen & Bibliotheken 221
Galerien 221
Einkaufen 222
Nachtclubs 223
Kinos 223
Sport 223

Literaturhinweise

Deutsch 224
Englisch 224

Visuelle Beiträge 225
Register 226

Landeskunde

Geographie

Von der Gesamtfläche der Insel entfallen 70 283 km² auf die Republik Irland, 14 148 km² auf Nordirland. Geologisch betrachtet bildet Irland mit Großbritannien eine Einheit; die nordwestlichen Erhebungen bilden die Fortsetzung der schottischen Faltengebirge, während die Gebirgszüge im Süden ihre Entsprechung in Südwestengland haben.

Die Bergzüge entlang der Küste umschließen ein ebenes zentrales Tiefland, das intensiv landwirtschaftlich genutzt wird. Längster Fluß der Insel (wie der Britischen Inseln insgesamt) ist der Shannon, der von seinem Ursprung bis zur Mündung 370 km zurücklegt. Er entspringt östlich von Sligo unweit der Grenze zu Nordirland und bildet auf seinem Lauf mehrere Seen; bei Limerick weitet er sich fjordartig aus um etwa 100 km weiter westlich zu münden.

Dank seiner Schiffbarkeit spielt der Shannon inzwischen eine wichtige touristische Rolle; bedeutend ist er ferner für die Bewässerung und die Energiegewinnung: 25 % der Energie werden in Irland mit Wasserkraft – fast ausschließlich derjenigen des Shannon – erzeugt. Ähnliche Doppelfunktion haben die Torfmoore, die ein wesentliches landschaftliches und ökologisches Element der Insel darstellen (rund ein Fünftel der Gesamtfläche) und außerdem den Rohstoff für elf Torfkraftwerke hergeben.

Die hohen Niederschlagsmengen stellen ein durchgehendes Problem für die irische Landwirtschaft dar. Nur ca. 20 % der Inselfläche sind für den Ackerbau geeignet, wobei Futtergetreide, Braugerste und Kartoffeln an erster Stelle stehen.

Von Bedeutung ist die Viehwirtschaft, die sich in Mittelirland auf den Export von Lebendrindern und Fleischerzeugnissen, im Süden auf Milchwirtschaft spezialisiert hat. Traditionell spielt auch die Schafzucht eine wichtige Rolle, heutzutage aber hätte sie ohne die EU-Subventionen keine Überlebenschancen mehr.

Staatliche Fördermittel fließen sowohl in die Fischerei-Industrie als auch in die Forstwirtschaft: Die Waldbestände machen fünf Prozent der Bodenfläche aus.

An Bodenschätzen werden Blei, Silber, Kupfer und vor allem Zink abgebaut, in geringen Mengen wird Erdöl und Erdgas gewonnen. Die industriellen Schwerpunkte liegen in der Nahrungs- und Genußmittelindustrie sowie der Textilerzeugung, hier insbesondere bei der Leinenherstellung. Die günstigen Bedingungen, die ausländischen Investoren eingeräumt werden, haben in den letzten Jahrzehnten v.a. britische, amerikanische und deutsche, aber auch japanische Firmen angezogen. Haupthandelspartner Irlands sind die Staaten der EU, allen voran Großbritannien.

Verfassung & Verwaltung

Die Republik Irland (irisch: Poblacht Na h´Eireann, bzw. Eire) ist eine parlamentarische Demokratie. Der Staatspräsident (auf sieben Jahre gewählt) steht an der Spitze der Volksvertretung (Oireachtas). Das Abgeordnetenhaus (Dáil Eireann) hat 166 Mitglieder und wird auf fünf Jahre gewählt. Der Senat (Seanad Eireann setzt sich aus elf vom Regierungschef ernannten und 49 delegierten Mitgliedern zusammen. Regierungschef ist der Premierminister (Taoiseach).

Die vier historischen Provinzen der Insel – Leinster, Munster, Connacht und Ulster – teilen sich in insgesamt 32 Grafschaften (Counties) auf.

Die irische Flagge hat die Farben grün, weiß und orange.

Bevölkerung & Sprache

Von den 5,1 Millionen Einwohnern Irlands leben eine Million in Dublin, 2,5 Millionen in der restlichen Republik und 1,6 Millionen in Nordirland.

Die Republik Irland hat zwei Amtssprachen, Englisch und Irisch (Gälisch). Englisch wird überall gesprochen. Zwar gibt es Publikationen und Radioprogramme in Irisch, aber der Bevölkerungsanteil, der Irisch als seine Muttersprache bezeichnen kann, ist sehr gering. Das Gälische wird noch von etwa 10 000 Menschen gesprochen, vorwiegend in den sog. gaeltacht areas im Westen Irlands.

Klima

Obwohl Irland etwa auf demselben nördlichen Breitengrad liegt wie Neufundland, herrscht hier ein mildes, feuchtes Klima, was auf die vorherrschenden Südwestwinde und den Einfluß des warmen Golfstroms an der Westküste zurückzuführen ist. Da kein Ort weiter als 100 km vom Meer entfernt ist, herrschen praktisch im ganzen Land in etwa die gleichen Temperaturen, allerdings erhält die Ostküste mehr Sonnenschein und weniger Regenfälle. Die Meerwassertemperaturen liegen von Juli bis September zwischen 13 und 16° C. Die Lufttemperaturen in den kältesten Monaten Januar und Februar betragen im Schnitt zwischen 4 und 7° C. Die wärmsten Monate sind Juli und August. In dieser Zeit klettert das Thermometer auf durchschnittlich 14 bis 16° C, die Höchstwerte liegen bei etwa 25° C. Die sonnigsten Monate sind der Mai und der Juni mit im Schnitt 5,5 bis 6,5 Stunden Sonnenschein pro Tag. Im Winter fällt kaum Schnee, und es gibt sehr selten Frost.

Reiseplanung

Anreise

Mit dem Flugzeug

Der internationale Flughafen von Dublin, an der N1 nördlich der Stadt in der Nähe der Ortschaft Swords gelegen, ist der wichtigste Flughafen Irlands. Weitere Flughäfen gibt es in Shannon, Cork, Waterford, Knock und Belfast. Dublin und Shannon sind durch Linienflüge mit Düsseldorf, Frankfurt, Zürich und andere Städte in Deutschland, Österreich und der Schweiz verbunden. Daneben werden kleinere Flughäfen wie der Kerry Airport bei Tralee von Chartergesellschaften bedient.

Vom Dubliner Flughafen fahren regelmäßig Busse in die Stadt. Der *Airporter* fährt alle zwanzig Minuten nonstop zum Busbahnhof (Central Bus Station) und zum Bahnhof (Heuston Station).

Mit dem Schiff

Irland ist von Großbritannien sowie von Frankreich aus mit der Fähre erreichbar. Von Großbritannien (Holyhead, Pembroke, Fishard) aus bestehen Fährverbindungen nach Dublin, Dun Laoghaire, Rosslare und Cork. Von Cherbourg, Le Havre, Roscoff und St. Malo verkehren die Schiffe von Irish Ferries mit Rosslare und Cork. (Generalvertretung in Deutschland: Karl Geuther GmbH & Co., Martinistr. 58, 28195 Bremen; Tel.: 0421-14970/14981; Fax: 0421-18057.

Besucher aus der Bundesrepublik Deutschland benötigen lediglich einen gültigen Personalausweis. Ein Visum ist nicht erforderlich, sofern der Aufenthalt die Dauer von drei Monaten nicht überschreitet. Andernfalls wenden Sie sich an das Polizeirevier in Dublin Castle, Aliens Office, Dublin 2, Tel.: 781 122. Österreicher und Schweizer benötigen einen Reisepaß; für sie wird bei der Ankunft eine „Visitor's Card" ausgestellt.

Zoll

Seit der Einführung des Binnenmarkts entfallen für Reisende aus EU-Ländern die Bestimmungen für im Lande selbst gekaufte Waren, das heißt, Sie dürfen beliebige Mengen ein- und ausführen, sofern sie zum persönlichen Gebrauch bestimmt sind.

Für im Duty Free Shop gekaufte Waren sowie generell für Österreicher und Schweizer gilt: 200 Zigaretten oder 100 Zigarillos oder 50 Zigarren oder 250 g Tabak, 1 l Spirituosen oder 2 l Sherry u. ä. und 2 Liter Wein, 50 g Parfum oder 0,25 l Eau de Cologne. Diese Bestimmungen bleiben auch nach der Einführung des EU-Binnenmarkts bestehen.

Die Einfuhr von frischen oder konservierten Fleisch-, Geflügel- oder Molkereiprodukten ist verboten. Dies gilt auch für Waffen aller Art.

Geldfragen

Nationale Währung ist das Irische Punt (zur Unterscheidung vom englischen Pfund IR£ geschrieben), unterteilt in 100 pence (p). Münzen sind im Wert von 1, 2, 5, 10, 20 und 50 p im Umlauf, Banknoten im Wert von 1, 5, 10, 20, 50 und 100 IR£ .

Durch die Loslösung des irischen Punts vom englischen Pfund ist die irische Währung preisgünstiger geworden. Es empfiehlt sich, einen Grundbedarf schon im Heimatland zu kaufen, weiteren Umtausch jedoch in Irland selbst vorzunehmen. An irischer Währung darf ein Betrag bis zu IR£ 150 aus Irland ausgeführt werden, ausländische Währung kann in unbegrenzter Höhe ein- und ausgeführt werden.

Die Banken haben Montag bis Freitag von 10.00 bis 12.30 Uhr und von 13.30 bis 15.00 Uhr Schalterstunden. Donnerstags bleiben die meisten Banken Dublins bis 17.00 Uhr offen. Euroschecks, Reiseschecks und die meisten internationalen Kreditkarten werden von Banken sowie von größeren Hotels und Geschäften angenommen. Es ist möglich, beim GPO in Dublin Geld vom blauen Postsparbuch abzuheben (Mo. - Sa. 9.30 - 18.00 Uhr, So 10.30 - 17.30 Uhr).

Kleidung

In Dublin können Sie so gut wie überall in zwangloser Kleidung erscheinen; dies gilt auch für bessere Hotels und Restaurants. Wegen des oft unbeständigen Wetters empfiehlt es sich, auch im Sommer immer Regenschutz und einen wärmeren Pulli mitzunehmen.

Wissenswertes

Ortszeit

In Irland gilt die Greenwich Meantime (GMT: MEZ minus 1 Stunde). Vom vierten Sonntag im März bis zum vierten Sonntag im Oktober gilt die Sommerzeit, in der die Uhren um eine Stunde vorgestellt werden.

Einheiten & Gewichte

1 inch (in.) = 2,54 cm
1 foot (ft.) = 12 inches = 30,48 cm
1 yard (yd.) = 3 feet = 91,44 cm
1 mile (mi.) = 1,609 km

1 gill (gl.) = 0,142 l
1 pint (pt.) = 4 gills = 0,568 l
1 quart (qt.) = 2 pints = 1,136 l
1 gallon (gal.) = 4 quarts = 4,546 l

1 ounce (oz.) = 28,35 g
1 pound (lb.) = 16 oz. = 453,6 g
1 stone (st.) = 14 lbs. = 6,35 kg
1 quarter (qt.) = 2 st. = 12,7 kg
1 hundredweight (cwt.) = 4 qt. = 50,8 kg

Temperatur: Die Umrechnungsformel für Fahrenheit (F) in Celsius (C) lautet:

$$\frac{(°F - 32) \times 5}{9}$$

(0° C = 32° F, 10° C = 50° F, 20° C = 68° F.)

Trinkgeld

Üblich sind zwischen 5 % und 15 %. In vielen Hotels und Restaurants wird ein Bedienungszuschlag von 10 bis 15 % erhoben. In vielen Fällen wird ein kleines zusätzliches Trinkgeld erwartet. Gepäckträger bekommen üblicherweise 30 p pro Gepäckstück. In Pubs ist es nicht üblich, Trinkgelder zu geben.

Geschäftszeiten

Die meisten Geschäfte haben zwischen 9.00 und 17.30 Uhr geöffnet. Im Zentrum bleiben die Läden jeden Donnerstag bis 20.00 Uhr offen, die Einkaufszentren in den Vororten donnerstags und freitags gar bis 21.00 Uhr. Viele kleine Lebensmittelläden schließen erst spät abends, und in Gegenden mit vielen Pendlern wie Rathmines und Ranelagh auf der Southside und Phibsboro/Cabra im Norden gibt es Geschäfte, die rund um die Uhr offen haben.

Gesetzliche Feiertage

Neujahr (1. Januar)
St. Patrick's Day (17. März)
Karfreitag
Ostermontag
Maifeiertag: 1. Montag im Mai
Juni-Feiertag: 1. Montag im Juni;
August-Feiertag: 1. Montag im August;
Oktober-Feiertag: letzter Montag im Oktober; Weihnachtsfeiertag: 25. Dezember;
St.Stephen's Tag: 26. Dezember.

Öffentliche Toiletten

Die Zahl der öffentlichen Toiletten in Dublin ist begrenzt. „Fir" bedeutet Herren und „Mna" Damen. Pubbesitzer haben in der Regel nichts dagegen, wenn ihre Toiletten von Nicht-Kunden benutzt werden.

Strom

In der Regel 230 Volt Wechselstrom. In manchen Hotels gibt es Doppelstecker für 220 und 110 Volt. Kontinentaleuropäische Stecker passen nicht in irische Steckdosen, Adapter erhalten Sie in jedem Elektrohandel oder in Ihrem Hotel.

Kommunikation

Telefon

Der Telefondienst liegt in der Verantwortung der halbstaatlichen Telecom Eireann. Das Telefonsystem ist in den letzten Jahren verbessert worden, Ferngespräche sind von fast jedem öffentlichen Apparat möglich.

Ein Ortsgespräch von einem öffentlichen Telefon aus kostet 20 p. Ferngespräche innerhalb Irlands können direkt angewählt werden, die Vorwahlen sind vorne im Telefonbuch aufgeführt. (Teil Eins ist für Dublin und Umgebung, Teil Zwei für die übrigen Gebiete der Republik.) Kartentelefone sind inzwischen häufiger als Münzfernsprecher. Bei Problemen erreicht man die Vermittlung unter der Rufnummer 114; die Telefonauskunft hat die Nummer 1198. Die Vorwahl von Dublin ist 01 (innerhalb Irlands).

Die Bundesrepublik Deutschland erreicht man unter der Vorwahl 0049, Österreich unter 0043, die Schweiz unter 0041.

Post

Ein Brief von bis zu 20 g (entspricht in der Regel einem Briefumschlag und bis zu drei normalen Blättern DIN A4) mit Ziel Irland oder einem EU-Staat kostet 32 p; Für Postkarten zahlt man 28 p. In andere Länder kostet der Brief 44 p, die Postkarte 37 p.

Schalterstunden sind von 9.00 bis 18.00 Uhr und samstags von 9.00 bis 12.00 Uhr.

Zeitungen

In Dublin erscheinen drei Morgenzeitungen: *Irish Times*, *Irish Independent* und *Irish Press*. Die seriöse und sehr umfassende *Times* ist politisch unabhängig, hat sehr gute Auslandsnachrichten, Feuilletons und einen informativen Wirtschaftsteil, außerdem viel Platz für Leserbriefe. Die *Independent* liegt auf der politischen Linie der Fine-Gael-Partei und schlägt einen eher kämpferischen Ton an, während die *Press* die Partei Fianna Fáil unterstützt. Die beiden Abendzeitungen *Evening Press* und *Evening Herald* haben einen umfangreichen Sportteil und breite Klatschspalten.

Sonntags kommen neben einer Sonntagsausgabe der *Press* und des *Independent* die einigermaßen seriöse *Sunday Tribune* und die reißerische *Sunday World* heraus.

Zeitschriften

In Dublin (14tägig) informiert über die Programme von Theatern, Kinos und Rockclubs, *Magill* informiert über in-nenpolitische Themen, und *Hot Press* (14tägig) berichtet über die irische Musikszene.

Radio & Fernsehen

Die staatliche Rundfunk- und Fernsehanstalt Radio Telefis Eireann (RTE) betreibt zwei Radio- und zwei Fernsehsender. Darüber hinaus können in den meisten Teilen des Landes alle englischen Sender (BBC 1, BBC 2, ITV und Channel 4) empfangen werden.

Der Fernsehsender RTE 2 gilt als der seriösere der beiden Kanäle. Radio RTE 1 ist der Hauptsender für Nachrichten, Aktuelles und Hörspiel, RTE 2 bietet viel Popmusik. Wenn Sie sich für das Alltagsleben und die Belange der Menschen in Irland interessieren, schalten Sie sich am besten in die Radiosendung „Gay Byrne Show" ein, die fast das ganze Jahr über montags bis freitags von 9.15 Uhr bis 11.00 Uhr gesendet wird.

Gesundheit & Notdienste

Es empfiehlt sich, eine Reisekrankenversicherung abzuschließen. Im Rahmen eines gegenseitigen Abkommens haben Bürger aus EU-Staaten Anspruch auf medizinische Versorgung. Bei Ihrer Krankenkasse können Sie sich das Formblatt E 111 besorgen, mit dem Sie in Irland kostenlose ärztliche Betreuung und verschriebene Arzneien erhalten. Auch die stationäre Behandlung in öffentlichen Krankenhäusern ist kostenlos.

Bürger von Nicht-EU-Staaten müssen die Kosten auslegen, erhalten sie jedoch im allgemeinen von ihren Krankenversicherungen zurück.

Allgemeine Notfall-Nummer in Irland ist 999. Unter ihr erreicht man Polizei, Notarzt und Feuerwehr.

Bereitschaftsarzt (24 Stunden): South Circular Road, Tel.: 453 9333.

Apotheken: Dublin Nord: Corrigans, 80 Malahide Road, Tel.: 833 8803. Dublin Süd: Donnybrook Pharmacy, 8 The Mall, Donnybrook, Tel.: 269 5236. County Dublin: Hayes Conyningham Robinson, The Square, Tallaght, Tel.: 459 8377.

Disability Federation (Hilfe für Behinderte): Tel.: 295 9344.

National League of the Blind (Blindenbund): Tel.: 874 2792.

PRIMA SUPER 135 38-135 MM

PRIMA SUPER 115 38-115 MM

YOUR TRAVEL COMPANION FOR THOSE PRICELESS MOMENTS

PRIMA SUPER 28V 28-70 MM

PRIMA ZOOM 70F 35-70 MM

There's no better way to capture life's most cherished moments than with a Canon Prima Zoom camera. All Prima Zoom cameras are durable and light and come with easy-to-use features like an intelligent Automatic Focusing system, and a special feature that reduces the undesirable "red-eye" effect. Buying a Canon Prima Zoom also means you're getting Canon's reputation for optical excellence. It's your guarantee for breathtaking pictures, every time.

Canon
PRIMA ZOOM

PRIMA ZOOM SHOT 38-60 MM

Canon Europa N.V., P.O. Box 2262, 1180 EG Amstelveen, the Netherlands

Ständige Vertretungen

Bundesrepublik Deutschland, 31 Trimleston Avenue, Booterstown, Tel.: 269 3011, Fax: 269 3946.
Österreich, 15 Ailesbury Court, 93 Ailesbury Road, Dublin 4, Tel.: 269 4577, Fax: 283 0860.
Schweiz, 6 Ailesbury Road, Ballsbridge, Dublin 4, Tel.: 269 2515, Fax: 283 0344.

Irische Botschaft in Deutschland:
Godesberger Allee 119, 53175 Bonn, Tel.: 0228-95 92 90.
Konsulate in Berlin, Bremen, Hamburg, München.

Irische Botschaft in Österreich:
Hilton Center, 16. Stock, Landstraßer Hauptstr. 2a, A-1030 Wien, Tel.: 0222-71 54 24 60.

Irische Botschaft in der Schweiz:
Eigerstr. 71, CH-3007 Bern, Tel.: 031-3 52 114 42.

Touristeninformation

Zentrales Touristen-Informationsbüro in der St. Andrew's Church, Suffolk Street, Dublin 2, Tel.: 1550 112233 (aus dem Ausland: 00353-1-605 7797).
In Deutschland: Irische Fremdenverkehrszentrale, Untermainanlage, 60 329 Frankfurt/Main; Tel.: 069/23 33 41, Fax: 069/23 46 26.

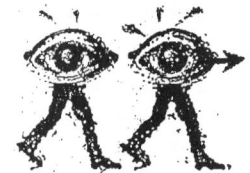

Unterwegs

Busse & Züge

Die staatliche Transportbehörde CIE ist die Dachorganisation dreier Gesellschaften: Dublin Bus (Stadtverkehr), Irish Bus (Regionalverkehr von Dublin aus) und Irish Rail (Intercityverkehr und die Vorortzüge DART – Dublin Area Rapid Transit).

Fahrpläne sowie Informationen über die günstigeren Zeit- und Touristenkarten bekommen Sie beim Zeitungshändler. Nähere Einzelheiten erfahren Sie bei der **CIE** unter Tel.: 677 1871 oder im **Informationsbüro**, in der St. Andrew's Church, Suffolk Street, Dublin 2, Tel.: 1550 112233 (aus dem Ausland: 00353-1-6057797).

Die beiden wichtigsten Bahnhöfe, die Dublin mit dem Rest des Landes verbinden, sind die Connolly Station in der Amiens Street und die Heuston Station an der Parkgate Street. Die Busse in die Region fahren vom Busbahnhof Busaras am Beresford Place ab.

Bestes Transportmittel für Fahrten in Nord-Süd-Richtung durch Dublin und in die Vororte ist die DART-Bahn. Die Züge verkehren zwischen Howth und Bray, es gibt es ein begrenztes Netz von Zubringerbussen.

Die Busse innerhalb der Stadt verkehren zwischen 6.00 Uhr morgens und 23.00 Uhr abends. Auskünfte: Tel.: 836 6111.

Taxis

Am Flughafen, den Bahnhöfen und den Fährhäfen stehen Taxis bereit. In der Stadt können Sie nicht wie in anderen Städten einfach ein Taxi von der Straße heranwinken. Sie müssen zu einem Taxistand gehen, dort oder bei einer der Taxigesellschaften anrufen. Taxistände gibt es unter anderem am St. Stephen's Green, beim Burlington Hotel in der Leeson Street, am College Green, in der O'Connell Street und in der Westland Row. Die größte Funktaxigesellschaft sind die National Radio Cabs (Tel.: 6772222) und die Metro Cabs (668 3333) . Weitere Taxiunternehmen finden Sie in den „Golden Pages" des Telefonbuchs unter „Taxis".

Mit dem Rad

Die besondere Art der Fortbewegung! Leihräder erhält man bei:
Raleigh Rent-a-Bike, Raleigh House, Kylemore Road, Dublin 10, Tel.: 626 1333.
Hardings, 30 Bachelor's Walk, Dublin 1, Tel.: 873 2455.
The Bike Store, 53 Lower Gardiner Street, Dublin 1, Tel.: 872 5399.
Pro Tag bezahlt man etwa IR£ 7, pro Woche IR£ 30 einschließlich Versicherung. In der Regel muß eine Kaution von IR£ 50 hinterlegt werden.

Leihwagen

Die Geschwindigkeit ist in Dublin auf 30 Meilen pro Stunde (48 km/h) begrenzt, auf Landstraßen beträgt die Höchstgeschwindigkeit 55 Meilen (89 km/h). Es herrscht Linksverkehr, trotzdem hat immer der von rechts kommende Vorfahrt – wenn die Kreuzung nicht anders beschildert ist. Es besteht Gurtpflicht. Die Preise für einen Mietwagen sind hoch und spiegeln die hohen Benzin- und Versicherungskosten wider.

Alle genannten Leihfirmen sind Mitglied des **Car Rental Council** und orientieren sich an den vom Council und dem Irish Tourist Board erarbeiteten

Haltestellen der DART

Howth	Sutton	Bayside	Howth Junction	Kilbarrack	Raheny	Harmonston	Killester	Connolly Station	Tara Street	Pearse Station	Lansdowne Road	Sandymount	Sydney Paarade	Booterstown	Blackrock	Monkstown/Seapoint	Salthill	Dun Laoghaire	Sandycove	Glenageary	Dalkey	Killiney	Shankhill	Bray

Richtlinien. Beachten Sie, daß Sie die 01 vorwählen, wenn Sie von außerhalb Dublins anrufen.

Argus Automobiles, 59 Terenure Road East, Terenure, Dublin 6, Tel.: 490 4444, Fax: 490 6328. Lieferung zum Flughafen, zu den Fährhäfen und Hotels.

Atlas Car Rentals, Ankunftshalle, Flughafen Dublin, Tel.: 844 4859; Fax: 844 4084.

Avis, Local Reservations: Tel.: 677 4010; International Reservations:, Tel.: 677 6971, Fax: 6776642.

Budget Rent-a-Car, Flughafen, Tel.: 844 5919 und 844 5150.

Cahills Car Rentals, Howth Road, Raheny Tel.: 831 1944, Fax: 831 5215.

Hertz Rent-a-Car, Hertz House, 19/20 Hogan Place, Lower Grand Canal Street, Dublin 2, Tel.: 660 2255.

Murrays Europcar Car Rental, Baggot Street Bridge, Dublin 4, Tel.: 668 1777, Fay: 660 2958.

South County Self-Drive Ltd, Rochestown Avenue, Dun Laoghaire, Co. Dublin, Tel.: 280 6005, Fax: 285 7016.

Unterkunft

Die Preise für ein Zimmer mit Frühstück reichen von IR£ 12.- in einer privaten Bed & Breakfast-Pension bis zu mehr als IR£ 100.- in einem erstklassigen Dubliner Hotel.

Sollten Sie Reisebüro-Gutscheine benutzen, beachten Sie bitte, daß nicht alle Häuser diese akzeptieren. Lassen Sie sich von Ihrem Reisebüro eine Liste der Häusern geben, die diese Gutscheine annehmen, informieren sie sich außerdem über die Benutzungsregeln.

Eine umfangreiche Liste aller Unterkünfte bietet das offizielle Verzeichnis „Accomodation Guide" des **Irish Tourist Board,** das in Fremdenverkehrsämtern für £ 3.— erhältlich ist. In diesem Verzeichnis sind die Unterkünfte wie folgt klassifiziert:

Hotels

Der Hotelstandard ist nicht einheitlich, im allgemeinen aber sehr gut. Mahlzeiten und Getränke sind in den Hotels auch für nicht im Haus Wohnende erhältlich. Jedes Hotel besitzt ein Pub bzw. eine Bar.

A*: Hotels mit besonders guter Ausstattung, viel Komfort und sehr gutem Service. Sie stehen unter erfahrener Leitung und verfügen über ein sachkundiges Personal. Der Standard der Küche ist für viele kontinentale Besucher geradezu überraschend hoch. Alle Zimmer haben ein eigenes Bad, in manchen Hotels stehen Suiten zur Verfügung.

A: Dies sind teils moderne Zweckbauten, teils umgebaute, renovierte, alte Häuser. Sie bieten ein hohes Maß an Komfort und Service und stehen unter fachkundiger Leitung mit ausgebildetem Personal. Fast alle Zimmer haben ein eigenes Bad.

B*: Gut möblierte Hotels der mittleren Preisklasse, die eine sehr bequeme Unterbringung und guten Service bieten. Zimmer mit eigenem Bad erhältlich. In der Regel gute Küche.

B: Gute, meist von einer Familie geführte Häuser, die ausreichenden Komfort und gute sanitäre Einrichtungen bieten. Küche und Service stehen nicht unbedingt in vollem Umfang zur Verfügung.

C: Saubere, bequeme Hotels mit zufriedenstellendem Service, was die Rezeption, die Unterbringung und den Komfort der Gäste anbelangt. Warmes und kaltes Wasser, Heizung in den Zimmern. Adäquate sanitäre Einrichtungen.

Adressen

Die folgenden Preisangaben sind in irischen Pfund angegeben und gelten für ein Doppelzimmer pro Person, ob das Frühstück im Preis beeinhaltet ist, erfährt man beim Einchecken. Einzelzimmer sind in der Regel teurer. Im Preis, der nach Saison variiert, sind Mehrwertsteuer und Service enthalten.

DUBLIN

Berkeley Court Hotel (A*), Lansdowne Road, Ballsbridge, Dublin 4, Tel.: 660 1711, Fax: 661 7238. 207 Zimmer, Konferenzraum, Telefon im Zimmer, TV, beheiztes Hallenbad. £ 80.

Burlington Hotel (A*), Upper Leeson Street, Dublin 4, Tel.: 660 5222, Fax: 660 8496. 477 Zimmer, Konferenzraum, Telefon, TV, familienfreundliches Hotel. £ 60.

Conrad International (A*), Earlsfort Terrace, Dublin 2, Tel.: 676 5555, Fax: 676 5424. 190 Zimmer, Konferenzraum, Telefon, TV. £ 90.

Gresham (A*), Upper O'Connell Street, Dublin 1, Tel.: 874 6881, Fax: 878 7175. 200 Zimmer, Konferenzraum, Telefon, TV. £ 80.

Jury's Hotel (A*), Pembroke Rd. Ballsbridge, Dublin 4; Tel.: 660 5000, Fax: 660 5540. 390 Zimmer, Konferenzraum, Garten, nächster Sandstrand 2 km, Telefon, TV, familienfreundlich, beheiztes Hallen- und Freibad. £ 90.

Shelbourne Hotel (A*), St. Stephen's Green, Dublin 2, Tel.: 676 6471, Fax: 661 6006. Seit Jahren eines der bekanntesten Hotels der Stadt und beliebter Treffpunkt. 164 Zimmer, Konferenzraum, Telefon, TV. £ 130

Westbury Hotel (A*), an der Grafton Street, Dublin 2, Tel.: 679 1122, Fax: 679 7078. Luxushotel nahe des Einkaufsviertels. 206 Zimmer, Konferenzraum, Telefon, TV. £ 80.

Ashling (A), Parkgate Street, Tel.: 677 2324, Fax: 679 3783. 56 Zimmer, Telefon, TV. £ 42.

Bewley's Hotel (A), 19/20 Fleet Street, Tel.: 670 8122, Fax: 670 8103. 70 Zimmer, im Temple Bar Bezirk gelegen, mit Restaurant im Bistro-Stil, Telefon, TV. £ 40.

Buswell's Hotel (A), Molesworth Street, Tel.: 676 4013, Fax: 676 2090. Altmodisches, aber bequemes Haus in der Nähe des Dail (Parlament). 67 Zimmer, Konferenzraum, Telefon, TV. £ 65.

Doyle Green Isle (A), Naas Road, Clondalkin, Tel.: 459 3406, Fax: 459 2178. 83 Zimmer, Garten, Konferenzraum, Telefon, TV, familienfreundlich. £ 45.

Mont Clare (A), Merrion Square, Tel.: 661 6799, Fax: 661 5663. 80 Zimmer, Konferenzraum, Telefon, TV. £ 60-75.

Montrose (A), Stillorgan Road, Tel.: 269 3311, Fax: 269 1164. 190 Zimmer, Konferenzraum, Telefon, TV, familienfreundlich. £ 48.

Royal Dublin (A), O'Connell Street, Tel.: 873 3666, Fax: 873 3120. 117

Wohin Sie auch fahren, wir sind schon da.

Von Aschaffenburg bis Simbabwe, Hertz ist auf der ganzen Welt für Sie da.

Mit über 500.000 Mietwagen in mehr als 150 Ländern und 5000 Stationen, von denen 2000 an Flughäfen sind, ist bei Hertz eines sicher: Zum richtigen Zeitpunkt das richtige Auto zum richtigen Preis.

Das einzige, was dabei Standard bleibt, ist ein äußerst freundlicher Service.

Kein Wunder, daß uns die Verbindung aus unglaublichen Preisen und unschlagbarem Service zu einem der führenden Autovermieter weltweit gemacht hat.

Wenn Sie mehr von Hertz wissen möchten, fragen Sie Ihr Reisebüro oder bei Hertz direkt.

Große Qualität. Kleine Preise.

Hertz

APA GUIDES

Für die
Sammler von
Apa Guides:

Was hat das
kleine Dreieck
auf dem
Buchrücken
der Apa Guides
zu bedeuten?
Wenn Sie einen
vollständigen
Satz Apa
Guides besitzen
und die Bücher
in der
Nummernfolge
100 bis 300
nebeneinander
stellen, wird
Ihr Regal in
den sieben
Farben des
Regenbogens
bunt
erstrahlen.
Ihr
Buchhändler
weiß, wie Sie
die Serie als
ganze erwerben
– Sie können
sich aber auch
direkt an den
Verlag wenden.

Nordamerika
160 Alaska
100 Boston
184C Chicago
243 Florida
240 Hawaii
269 Indianerreservate
275 Kalifornien
237 Kanada
275A Los Angeles
243A Miami
237B Montreal
100 Neuengland
184G New Orleans
184F New York City
133 New York State
180 Nordkalifornien
147 Pazifischer Nordwesten
184B Philadelphia
172 Rocky Mountains
275B San Francisco
184D Seattle
161 Südkalifornien
186 Texas
173 USA Der Südwesten
184H USA Nationalparks West
184 USA Special
237A Vancouver
184A Washington DC

Lateinamerika und Karibik
150 Amazonas
260 Argentinien
188 Bahamas
292 Barbados
251 Belize
217 Bermuda
127 Brasilien
260A Buenos Aires
151 Chile
281 Costa Rica
118 Ecuador
213 Jamaika
162 Karibik
282 Kuba
285A Mexico City
285 Mexiko
249 Peru
156 Puerto Rico
127A Rio de Janeiro
116 Südamerika
139 Trinidad & Tobago
198 Venezuela

Europa
158A Amsterdam
220 Andalusien
167A Athen
107 Baltische Staaten
219B Barcelona
109 Belgien
135A Berlin
178 Bretagne
109A Brüssel

144A Budapest
213 Burgund
291 Côte d'Azur
238 Dänemark
135 Deutschland
135B Dresden
142A Dublin
135F Düsseldorf
148A Edinburgh
155 Elsass
123 Finnland
209B Florenz
135C Frankfurt
154 Frankreich
148B Glasgow
279 Gran Canaria
167 Griechenland
166 Griechische Inseln
124 Grossbritannien
135G Hamburg
142 Irland
256 Island
209 Italien
141 Kanalinseln
122 Katalonien
135E Köln
189 Korsika
165 Kreta
124A Lissabon
258 Loiretal
124A London
201 Madeira
219A Madrid
157 Mallorca & Ibiza
117 Malta
101A Moskau
135D München
187 Neapel
158 Niederlande
111 Normandie
120 Norwegen
263 Österreich
149 Osteuropa
124B Oxford
154A Paris
115 Polen
202 Portugal
114A Prag
153 Provence
177 Rhein, Der
209A Rom
101 Russland
130 Sardinien
148 Schottland
170 Schweden
232 Schweiz
261 Sizilien
219 Spanien
101B St. Petersburg
264 Südtirol
112 Teneriffa
210 Toskana
114 Tschechische Rep. & Slowakei
174 Umbrien

144 Ungarn
209C Venedig
267 Wales
183 Wasserwege in Europa
263A Wien
226 Zypern

Naher Osten und Afrika
268 Ägypten
208 Gambia & Senegal
252 Israel
236A Istanbul
215 Jemen
252A Jerusalem
214 Jordanien
268A Kairo
270 Kenia
235 Marokko
259 Namibia
265 Nil, Der
204 Ostafrika Natur
257 Südafrika
113 Tunesien
236 Türkei
171 Türkische Küste

Asien/Pazifik
272 Australien
206 Bali
246A Bangkok
211 Birma
234 China
247A Delhi, Jaipur, Agra
169 Great Barrier Reef
193 Himalaya, Western
196 Hongkong
247 Indien
128 Indien Erlebnis Natur
143 Indonesien
278 Japan
266 Java
203A Katmandu
300 Korea
145 Malaysia
272B Melbourne
203 Nepal
293 Neuseeland
287 Ostasien
205 Pakistan
234A Peking
222 Philippinen
250 Rajasthan
159 Singapur
105 Sri Lanka
207 Südasien
212 Südindien
262 Südostasien
150 Südostasien Natur
272 Sydney
175 Taiwan
246 Thailand
278A Tokio
218 Unterwasserwelt Südostasiens
255 Vietnam

Zimmer, Konferenzraum, Telefon, TV. £ 47.

Sachs (A), 19 - 29 Morehampton Rd. Donnybrook, Tel.: 668 0995, Fax: 668 6147. 20 Zimmer, Konferenzraum, Telefon, TV. £ 50.

Doyle Skylon (A), Upper Drumcondra Road, Tel.: 837 9121, Fax: 837 2778. 92 Zimmer, Konferenzraum, Telefon, TV, familienfreundlich. £ 48.

Doyle Tara Hotel (A), Merrion Road, Tel.: 269 4666, Fax: 269 1027. 84 Zimmer, Konferenzraum, Telefon, TV, familienfreundlich. £ 48.

Clarence (B*), 6/8 Wellington Quay, Tel.: 670 9000, Fax: 670 7800. 67 Zimmer, Telefon, TV. £ 77.

Regency Airport (B*), Swords Road, Whitehall, Tel.: 837 3544, Fax: 837 9167. 126 Zimmer, Konferenzraum, Telefon, TV. £ 47.

Wynn's (B*), 35/39 Lower Abbey Street, Tel.: 874 5131, Fax: 874 1556. 65 Zimmer, Telefon, TV. £ 30.

Castle (B), 3/4 Gardiners Row, Tel.: 874 6949, Fax: 872 7674. 26 Zimmer, Telefon, TV. £ 28.

Clontarf Court Hotel (B), 225 Clontarf Rd., Clontarf, Tel.: 833 2680; Fax 833 2680, 20 Zimmer, Familienbesitz, an der Küstenstraße, Telefon, TV. £ 20.

Clifton Court Hotel (B), 11 Eden Quay, O'Connell Bridge, Tel.: 874 3535, Fax: 878 6698. 20 Zimmer, Blick über den Liffey, Telefon, TV. £ 31.

Dergvale Hotel (B), 4 Gardiner Place, Tel.: 874 4753, Fax: 874 8276. 21 Zimmer, Telefon, TV. £ 25.

Harcourt (B), 60 Harcourt Street, Tel.: 478 3677, Fax: 475 2013. 14 Zimmer, Konferenzraum, Telefon, TV. £ 30.

Lansdowne Hotel (B), 27 Pembroke Road, Ballsbridge, Tel.: 668 2522, Fax: 668 5585. 28 Zimmer, Garten, Konferenzraum, Telefon, TV. £ 27,50-60.

Maple's House Hotel (B), 79 - 81 Iona Rd., Tel.: 830 3049, Fax: 830 3874, Edwardianisches Haus, 5 km vom Flughafen. £ 33.

North Star (B), Amiens Street, Tel.: 836 3136, Fax: 836 3561. 40 Zimmer, Konferenzraum, Telefon, TV. £ 40.

Ormond (B), 7 - 11 Upper Ormond Quay, Tel.: 872 1811, Fax: 872 1909. 55 Zimmer, Konferenzraum, Telefon, TV. £ 40.

O'Sheas (B), 19/20 Talbot Street, Tel.: 836 5670. Fax 836 5214. 33 Zimmer, Telefon, TV. £ 25.

Shieling (B), Howth Road, Raheny, Tel.: 831 42220. Fax 832 6040; 11 Zimmer, Garten, nächster Sandstrand 2 km, Konferenzraum, Telefon, TV. £ 30.

Kelly's Hotel (C), 36 South Great George's Street, Tel.: 677 9277, Fax: 6713216. 23 Zimmer, TV. £ 30.

Rathgar (C), 33/34 Kenilworth Square, Tel.: 497 6392. 20 Zimmer, Garten. £ 20-25.

UMLAND

Fitzpatrick's Killiney Castle (A*), Killiney, Tel.: 284 0700, Fax: 285 0207. 88 Zimmer, Garten, Konferenzraum, Telefon, TV, familienfreundlich, Spielzimmer, Freizeitzentrum, beheiztes Freibad, Tennisplatz. £ 656.

Court Hotel (A), Killiney Bay, Tel.: 285 1622, Fax: 285 2085. 86 Zimmer, Garten, Strand 2 km, Konferenzraum, Telefon, TV, Spielzimmer. £ 45.

Finnstown Country House Hotel and Golf Course (A), Lucan, Tel.: 628 0644, Fax: 628 1088. 24 Zimmer, Garten, Konferenzraum, Telefon, TV, Spielzimmer, Freizeitzentrum, beheiztes Freibad, Tennisplatz, 9-Loch-Golfplatz. £ 47,50.

Forte Crest (A), Dublin Airport, Tel.: 844 4211, Fax: 842 5874. 195 Zimmer, Garten, Konferenzraum, Telefon, TV, familienfreundlich. £ 50.

Grand (A), Malahide, Tel.: 845 0633, Fax: 845 0987. 100 Zimmer, Garten, 9 km vom Flughafen, Telefon, TV. £ 53.

Marine (A), Sutton, Tel.: 839 0000, Fax: 839 0442. 27 Zimmer, nächster Sandstrand 2 km, Konferenzraum, Telefon, TV, beheiztes Hallenbad. £ 47.

Royal Marine Hotel (A), Marine Road, Dun Laoghaire, Tel.: 280 1911, Fax: 280 1089. 104 Zimmer, Garten, nächster Sandstrand 2 km, Konferenzraum, Telefon, TV. £ 45-100.

Howth Lodge Hotel (B*), Howth, Tel.: 832 1010, Fax: 832 2268. 17 Zimmer, Garten, nächster Sandstrand 2 km, Konferenzraum, Telefon, TV, Freizeitzentrum, beheiztes Hallenbad. £ 35-60.

Lucan Spa (B*), Lucan, Tel.: 628 0494, Fax: 628 0841. 56 Zimmer, Garten, Konferenzraum, Telefon, TV. £ 35.

Pierre (B*), 3 Victoria Terrace, Dun Laoghaire, Tel.: 2800291, Fax:

846 2442. 36 Zimmer, Telefon, TV. £ 25-29.

Portmarnock Hotel and Golf Links (B*), Portmarnock, Tel.: 846 0611, Fax: 462442. 19 Zimmer, Garten, nächster Sandstrand 2 km, Konferenzraum, Telefon, TV. £ 90.

Stillorgan Park Hotel (B*), Stillorgan Road, Stillorgan, Tel.: 288 1621, Fax: 283 1610. 50 Zimmer, Konferenzraum, Telefon, TV. £ 40.

Sutton Castle Hotel (B*), Red Rock, Sutton, Tel.: 832 2688, Fax: 832 4476. 19 Zimmer, nächster Sandstrand 2 km, Konferenzraum, Telefon, TV. £ 42.

Victor (B*), Rochestown Avenue, Dun Laoghaire, Tel.: 285 3555, Fax: 285 3914. 58 Zimmer, Telefon. £ 28-33.

Deer Park Hotel & Golf Courses (B), Howth, Tel.: 832 2624, Fax: 839 2405. 48 Zimmer, Garten, nächster Sandstrand 2 km, Konferenzraum, Telefon, TV, 9- und 18-Loch-Golfplatz. £35.

Kingston (B), Adelaide St., Dun Laoghaire, Tel.: 280 1810, Fax: 280 1237. 24 Zimmer, Garten, nächster Sandstrand 2 km, Konferenzraum, Telefon, TV. £ 30.

Port View (B), Royal Marine Road, Dun Laoghaire, Tel.: 280 1636, Fax: 280 0047. 20 Zimmer, Telefon. £ 25.

Sands Hotel (B), Coast Road, Portmarnock, Tel.: 846 0003, Fax: 846 0420. 10 Zimmer, nächster Sandstrand 2 km, Konferenzraum, TV. £ 35.

Stuart Hotel (B), Coast Road, Malahide, Tel.:845 0099, Fax: 845 1498. 10 Zimmer, nächster Sandstrand 2 km, Telefon, TV. £ 30.

The Dunes (C), Belcarrick, Donabate, Tel.: 843 6153, Fax: 843 6111. 14 Zimmer, nächster Sandstrand 2 km, Telefon, TV. £ 20.

Pier Hotel (C), The Harbour, Skerries, Tel.: 849 1708, Fax: 849 1708. 10 Zimmer, nächster Sandstrand 2 km, Telefon, TV. £ 18.

Guesthouses

Guesthouses sind einfache Hotels meist im Familienbesitz, die unseren Pensionen entsprechen. Hier herrscht eine zwanglose und persönliche Atmosphäre. Sie werden in folgende Kategorien unterteilt:

A: Guesthouses mit sehr hohem Standard hinsichtlich Komfort und Service. In den meisten kann man abends ein sehr gutes Essen bekommen. In allen Zimmern warmes und kaltes Wasser. Die meisten Häuser bieten Zimmer mit eigenem Bad und WC an.

B*: Guesthouses mit hohem Standard in Bezug auf Komfort und Service. Warmes und kaltes Wasser in allen Zimmern. Einige Häuser bieten Zimmer mit eigenem Bad und WC an.

B: Gut eingerichtete Häuser mit komfortabler Unterkunft und eingeschränktem, aber zufriedenstellendem Standard bei Mahlzeiten und Service.

C: Saubere, einfache Guesthouses. Adäquate sanitäre Einrichtungen.

Daneben gibt es noch die Möglichkeit, sich eine Unterkunft in einem Townhouse (kleine Stadtpension mit vier oder fünf Zimmern) zu suchen, die dem Gast für £ 15 bis £ 30 ein „bed & breakfast"bietet. Die meisten dieser Unterkünfte haben warmes und kaltes Wasser in den Zimmern. Alle Häuser wurden von den Inspektoren des **Irish Tourist Board** für gut befunden. Eine komplette Aufstellung der Townhouses in Dublin und Umgebung finden Sie im oben erwähnten Accommodation Guide Irland, bzw. Accommodation Guide Dublin.

Adressen

DUBLIN

Carmel House, 16 Uppr. Gardiner Pl., Tel.: 874 63 64, Fax: 874 6122; 5 Minuten von der O'Connell Street, 20 £ .

Cedar Lodge (A), 98 Merrion Squ., Tel.: 668 3661, Fax: 668 3698. 9 Edwardianisches Haus, Telefon, TV. £ 35.

Charleville Lodge (A), 268 - 272 North Circular Road, Phibsboro, Tel.: 838 6633, Fax: 838 5854. 22 Zimmer, altes, gediegenes Haus. TV. £ 20.

Grey Door (B) 23 Upper Pembroke St. Tel.: 676 3286, Fax: 676 3287; 7 Zimmer, Konferenzraum Telefon, TV. £ 50.

Iona House (A), 5 Iona Park, Glasnevin, Tel.: 830 6217, Fax: 830 6732. 11 Zimmer, Telefon. £ 29.

Kilronan House (A), 70 Adelaide Road, Tel.: 475 5266, Fax: 478 2841. 10 Zimmer, Telefon, TV. £ 30.

Lansdowne Manor (A), 46 - 48 Lansdowne Rd., Tel.: 660 6697, Fax: 668 8873. 22 Zimmer, Viktorianischer Bau, Telefon, TV. £ 25.

Mount Herbert (A), 7 Herbert Road, Tel.: 668 4321, Fax: 660 7077. 135 Zimmer, Garten, nächster Sandstrand 2 km, Konferenzraum, Telefon, TV. £ 35.

St. Aiden's Guesthouse (A), 32 Brighton Road, Rathgar, 490 2011, Fax: 492 0234). Hervorragendes Guesthouse mit gutem Essen. 9 Zimmer, Telefon, TV. £ 25-30.

Talbot Guest House, 95/98 Talbot Street, Tel.: 874 9202; Fax: 874 9672. Neu eingerichtetes Haus nahe der O'Connell STreet. 25 £.

Uppercross House (A), 26/30 Upper Rathmines Road, Rathmines, Tel.: 497 5486. Fax: 497 5361, 14 Zimmer, Garten, Telefon, TV. £ 23-25.

Glenveagh Townhouse (B*), 31 Northumberland Road, Tel.: 668 4612, Fax: 668 4559. 11 Zimmer, Garten, nächster Sandstrand 2 km, Konferenzraum, Telefon, TV. £ 25.

Dorchester House (B), 69 North Circular Road, Tel.: 838 5204. 11 Zimmer, Garten. £ 20.

Harvey's Guesthouse (B), 11 Upper Gardiner St., Tel: 874 8384, Fax: 874 5140. £ 20.

Highfield (B), 1 Highfield Road, Rathgar, Tel.: 497 7068 Fax: 497 3991. 18 Zimmer, Garten. £ 22.

Othello House (B), 74 Gardiner Street, Tel.: 878 6098, Fax: 874 3460. 12 Zimmer, nächster Sandstrand 2 km, TV. £ 20.

Parkview House (B), 492 North Circular Road, Tel.: 874 3697, Fax: 874 0624. 23 Zimmer, Telefon, TV. £ 15.

Phoenix Park (B), 38/39 Parkgate Street, Tel.: 677 2870 Fax: 679 9769. 13 Zimmer, TV. £ 18.

Tramore Guesthouse (B), 272 South Circular Road, Tel.: 454 2183. 5 Zimmer. £ 18.

UMLAND

Seaview (B), Strand Road, Portmarnock, Tel.: 846 2242, Fax: 846 2008. 9 Zimmer, nächster Sandstrand 2 km. £ 22.

Sandycove Guesthouse (A), Newtownsmith, Sandycove Tel.: 284 1600, Fax: 284 1600. 8 Zimmer, 5 Fußminuten vom Hafen Dun Laoghaire. £ 20.

Kingswood County House, Naas Rd. Clondalkin, Tel.: 459 2428, Fax: 459 2428. £ 31.

Eine Art der Unterkunft zu sehr günstigen Preisen bieten Herbergen, z. B. **Isaac's Hostel**, 2-5 Frenchman's Lane, Tel.: 874 9321, Fax: 874 1574; ein umgebautes Lagerhaus, das pro Nacht 250 Menschen Platz bietet. Unterbringung in größeren Zimmern – vier bis acht Betten pro Raum – für £ 6,50. Einzelzimmer ab £ 8

Kinlay House Christchurch, 2 - 12 Lord Edward St. Tel.: 679 6644, Fax: 679 7437, Zimmer mit 2, 4 und 6 Betten; im Temple Bar Bezirk, Ca. 10 £.

Old School House, Eblana Avenue, Dun Loaghaire, Tel.: 280 8777, Fax: 284 2266. Nahe an Fährhafen und DART-Bahn. Übernachtung und Frühstück ca. £ 10.

Der Verband irischer Jugendherbergen (**Irish Youth Hostel Association - An Óige**) gibt eine Liste sämtlicher irischer Jugendherbergen zum Preis von £ 1.50 heraus. In Dublin gibt es zwei Herbergen:

Dublin International Youth Hostel, 61 Mountjo Square, Tel. 830 1766; Maximal 3 Übernachtungen; £ 9 im Schlafsaal.

Harcourt Street Hostel, 70 Harcourt Street, Tel.: 475 0430; £ 9.

In Irland gibt es 128 von der Irischen Fremdenverkehrszentrale offiziell anerkannte Camping- und Caravanplätze. Mit Toiletteneinrichtungen, Wasserhähnen, Abfallkübeln, festgesetzter Parzellendichte, Pflege und Bewachung, verbindlicher Gebührenordnung. In der Broschüre „Caravan & Camping Parks" der Irischen Fremdenverkehrszentrale erfährt man Näheres darüber. Camping außerhalb der offiziellen Plätze ist nicht gestattet.

Gasflaschen sind meist an Ort und Stelle, aber auch in fast jedem „Tante Emma"-Laden erhältlich.

Campingausrüstung verleiht:

O'Meara Holidays Ltd, Ossory Business Park, 26 Ossory Rd., Dublin 3, Tel.: 836 3233.

Campieren kann man u.a. im **Shankill Caravan and Camping Park**, Tel.: 282 0011, der allerdings kein idealer Ausgangspunkt für die Besichtigung von Dublin ist.

Mobile Homes (Wohnmobile), komplett eingerichtet, können gemietet werden bei:
Irish Caravan Council Ltd/Caravan and Camping Holidays Ltd, 2 Offington Court, Sutton, Dublin 13, Tel.: 832 3776, Fax: 832 4126.

Essen & Trinken

Irland hat eine ganze Reihe ausgesprochen köstlicher Lebensmittel zu bieten: Den bereits erwähnten geräucherten, aber auch frischen Lachs, Forelle, Seezunge, Steinbutt, Seebarsch, Makrele, Hering und andere Fischarten, ferner Garnelen, Muscheln, Hummer, Austern und verschiedene weitere Arten von Meeresfrüchten. Die Iren selbst essen traditionell mehr Rind, Schwein und Lamm. Eine Spezialität ist auch das sog. „brown bread", ein Vollkorn-Sojabrot. Das Angebot an Käse und Wurstwaren hat sich in den letzten Jahren erheblich vergrößert.

Zwar bekommt man in den Restaurants ein breites Spektrum internationaler Gerichte serviert, doch finden sich unter ihnen nur wenige spezifisch irische Speisen: Die Haute Cuisine hat in Irland keine Tradition. Die meisten der zahlreichen Restaurants von Dublin wurden erst in den letzten zehn Jahren eröffnet.

Ein Restaurantbesuch ist in Dublin eine vergleichsweise teure Angelegenheit. Die Kluft, die sich zwischen den wirklich guten Restaurants mit gepflegter Atmosphäre und hervorragender Küche und den am anderen Ende der Skala rangierenden Lokale auftut, ist weit. Groß allerdings ist die Zahl der Fast-food-, Hamburger-, Fish-and-chips- und Kebab-Buden.

Das irische Gesetz versagt es Lokalen, die nicht zu einem Hotel gehören oder als Pub gemeldet sind, bestimmte Alkoholika auszuschenken. Das heißt, daß man in den meisten Restaurants auf die zwei großen Getränke Irlands – Guinness und Whiskey – verzichten muß. Wein ist in besseren Lokalen erhältlich.

Wer beim Essen nicht auf sein Pint of Guinness verzichten möchte, nimmt es in einem Pub ein, das einen Pub-Grub serviert, also kleine Mahlzeiten. Es ist zwar nicht unbedingt das Essen, bei dem der Gourmet mit der Zunge schnalzt, paßt aber in der Regel zum Bier und der Atmosphäre. Außerdem gibt es hier zur Verdauung irischen Whiskey - Jameson's, Power's, Paddy, Bushmills oder Tullamore Dew.

Restaurants

Die Preise beziehen sich auf ein Menü ohne Wein.

IR£ 8 und weniger

Abrakebabra, eine Kette von Selbstbedienungsrestaurants mit fast 20 Filialen. Geöffnet: Montag bis Samstag 12.00 Uhr bis spät in die Nacht.
Beshoff, 14 Westmoreland Street und 7 Upper O'Connell Street. Ungewöhnliches Fast-food-Lokal in pseudoviktorianischem Ambiente. Zum gleich essen oder Mitnehmen.Tel.: 677 8026
Bewley's Cafés, 11-12 Westmoreland Street, 13 South Great George's Street und 78-79 Grafton Street. Die Cafés, große, altmodische Räume mit Buntglasfenstern, sind bei Dublinern sehr beliebt. Das Essen ist einfach – die Atmosphäre macht den Unterschied. Geöffnet: Montag bis Samstag 8.15 bis 18.00 Uhr. Tel.: 677 6761.
Fitzer's, National Gallery Restaurant, Merrion Square, Tel.: 677 1155. Großes Selbstbedienungsrestaurant mit warmen und kalten Gerichten, Vollwertkost, Salaten. Geöffnet: Montag bis Samstag 10 bis 17.30 Uhr, Donnerstag bis 20.30, Sonntag 14 bis 16.30. Karfreitag und 25. Dezember geschlossen.
Kilkenny Kitchen, Nassau Street (über dem Kilkenny Design Shop), Tel.: 677 7066. Populäres, angenehmes Selbstbedienungsrestaurant, in dem mittags immer viel Betrieb herrscht. Selbstgemachte Kuchen, gebackene Desserts, schön angerichtete Salate, Käse; vorwiegend irische Erzeugnisse. Geöffnet: Montag bis Samstag 9.30 bis 17 Uhr, Donnerstag 9.00 bis 20.00 Uhr.
Gray's Restaurant, 109 Lower Baggott St. Dublin 2, Tel.: 676 0676. Coffeeshop, Salatbar, Speisen auch zum Mitnehmen. Geöffnet: Montag bis Samstag 7.30 bis 16.00 Uhr, Do. u. Samstag 17.00 - 23.00 Uhr.
McDonald's Restaurant, 9/10 Grafton Street und 62 Upper O'Connell Street, Schnellimbiß. Geöffnet: 7.30 bis 24 Uhr (Upper O'Connell Street Samstag bis 1 Uhr). Weitere Filialen: 30-31 Upper Georges Street, Dun Laoghaire, und Kylemore Road. Geöffnet: Dun Laoghaire: Sonntag bis Donnerstag 10 bis 24 Uhr, Freitag und Samstag 10 bis 1 Uhr. Kylemore Road: Montag bis Samstag 7.30 bis 24 Uhr, Sonntag 8 bis 24 Uhr, Drive In jede Nacht bis 1 Uhr.

IR£ 8 bis IR£ 17

101 Talbot, 101/102 Talbot Street, Dublin 1, Tel.: 874 5011, sonntags geschlossen, internationale Küche
Alamo, 22 Temple Bar, Tel.: 677 6546; mexikanisch/texanisch.
Baton Rouge, 119 St. Stephen´s Green, Dublin 2, Tel.: 475 1181; 7 Tage geöffnet, sonntags Brunch mit Jazz von 12. 00 - 15.00 Uhr, Cajun/Creolisch.
Bad Ass Café, 9-11 Crown Alley (hinter der Central Bank), Tel.: 671 2596. Laute, zwanglose Pizzeria, die vor allem bei jungen Leuten hoch im Kurs steht. Laute Rockmusik aus der Video-Jukebox. Große Portionen. Geöffnet: 9 bis 24 Uhr. Karfreitag und 25. Dez. geschlossen.
Bernardo's, 19 Lincoln Place, Tel.: 676 2471. Hauptattraktion ist nicht das (gängige italienische) Essen, sondern die angenehme Atmosphäre des warmen, schmuddelig eleganten Raums mit verblaßten alten Ölbildern an der Wand, in dem man sich einen Abend lang wie zu Hause fühlen kann. Der Hauswein schmeckt gut und ist nicht zu teuer. Geöffnet: Montag bis Samstag 12.30 bis 14.45 Uhr und 18.30 bis 0.30 Uhr. Alle Kreditkarten.
Café Bar, Renards, 33/35 Sth. Frederick St., Dublin 2, Tel.: 677 5876; Frühstück, Mittag- und Abendessen, lockere Café-Atmosphäre.
Cedar Tree Restaurant, 11a St. Andrew's Street, Tel.: 677 2121. Gute Atmosphäre in arabischem Ambiente, traditionelle libanesische Küche. Geöffnet: 12 bis 14.30 Uhr und 17.30 bis 23.30 Uhr.
Chapter One, im Dublin Writers Museum, 18-19 Parnell Square North, Tel.: 821 7766. Irische und kontinentale

Küche. Geöffnet: 12.00 bis 15.00 Uhr und 18.00 bis 23.00 Uhr.

Coffee Dock, Ballsbridge, Tel.: 660 5000. Snacks und Mahlzeiten; in Jury´s Hotel, fast rund um die Uhr geöffnet.

Coffer's Restaurant, 6 Cope Street, Dublin 2, Tel.: 671 5740. Kleines, freundliches Lokal in der Nähe der Central Bank. Französisch. Geöffnet: Montag bis Freitag 12.30 bis 14.30 Uhr und 18 bis 23.30 Uhr, Samstag 18 bis 23.30 Uhr.

Cornucopia, 19 Wicklow St, Dublin 2, Tel.: 677 7583. Vegetarisch.

Eastern Tandoori, 34-35 South William Street,Dublin 2 Tel.: 671 0506. Indische Küche für den Gourmet, Bierausschank. Geöffnet 12 bis 14.30 Uhr und 18 bis 23.30 Uhr. Karfreitag, 25. und 26. Dezember geschlossen.

Elephant & Castle, 18 Temple Bar, Dublin 2, Tel.: 679 3121. Amerikanisch.

Gallagher's Boxty House, 20-21 Temple Bar, Dublin 2, Tel.: 677 2762. Irische Gerichte in gemütlicher Atmosphäre; Bierausschank. Geöffnet täglich von 12 bis 23 Uhr.

Galligans Restaurant, 27 Westmoreland St., Dublin 2. Tel.: 679 8849, A la Carte Menü mit Tages-Spezialitäten; große Auswahl an Weinen.

Kingfisher Restaurant, 166 Parnell St., Dublin 1, Tel.: 872 8732, auf Fisch spezialisiert, irisch.

Kingsland Chinese Restaurant, 15 Dame Street, Tel.: 679 8286. Schneller, guter Service, gutes Essen, hübsche Einrichtung. Geöffnet: Montag bis Donnerstag 17.30 bis 0.30 Uhr, Freitag und Samstag 12.30 bis 0.30 Uhr, Sonntag 13 bis 23.30 Uhr.

La Pizza Bistro, 1 St. Stephen's Grean, Dublin 2, Tel.: 671 7175, an Wochenenden lange Öffnungszeiten, Pizza/Pasta.

McGrattan's Restaurant, Fitzwilliam Lane, Tel.: 661 8808; irisch/französisch.

Omar Khayyam, 51 Wellington Quay, Tel.: 677 5758; Verkauf auch außer Haus, nahöstliche und vegetarische Küche.

Periwinkle Seafood Bar, Powerscourt Townhouse Centre, South William Street, Tel.: 679 4203. Bar, mittags herrscht viel Betrieb. Snacks und Gerichte mit Fisch und Meeresfrüchten. Geöffnet: Montag bis Samstag 11.30 bis 17 Uhr.

Pierre Victoire, 1 Fade St., Dublin 2, Tel.: 677 0597. Französisches Bistro mit moderaten Preisen.

Royal Garden Chinese Restaurant, Westbury Centre, Clarendown Street, Tel.: 679 1397. Erstklassiges chinesisches Restaurant. Geöffnet: 12.30 bis 14.30 Uhr und 18 bis 24 Uhr. 25., 26. und 27. Dezember geschlossen.

Wok In, 17a Lwr. Baggot St., Dublin 2, Tel.: 676 2050; hervorragende, preiswerte chinesische Küche.

Über IR£ 17

Ayumi-ya, Newpark Centre, Newtownpark Avenue, Blackrock, Tel.: 283 1767. Angenehmes japanisches Restaurant. Sushi & Sashimi, vegetarische Menüs. Geöffnet: Montag bis Samstag 19 bis 23 Uhr, Sonntag 13 bis 14.30 Uhr und 18 bis 22 Uhr. Karfreitag und 25., 26. Dezember geschlossen. Alle Kreditkarten.

Black Forest Restaurant, Goldsmith Terrace, Quinsboro Rd., Bray, tägl. geöffnet „Ein Stück Deutschland in Irland".

Georgian Restaurant, 35 South Richmond St., Dublin 2, Tel.: 475 1508; Steakhouse.

The Grey Door, 23 Upper Pembroke Street, Dublin 2, Tel.: 676 3286. Russische und skandinavische Küche, gepflegte Atmosphäre. Geöffnet: Montag bis Samstag 12.30 bis 14.30 Uhr und 19 bis 23 Uhr. Alle Kreditkarten.

The King Sitric, East Pier, Howth, Tel.: 832 5235. Etabliertes Fischrestaurant. Sorgfältige Zubereitung frischer Zutaten. Geöffnet: Montag bis Samstag 18.30 bis 23 Uhr.

La Taverna 33 Wicklow St., Dublin 2, Tel.: 677 3665; griechisch.

Le Coq Hardi, 35 Pembroke Road, Dublin 4, Ballsbridge, Tel.: 668 4130. Ein Restaurant von traditionellem Wert und Eleganz. Gerichte von höchster Qualität nach der Saison, prestigeträchtige Weinliste. Geöffnet: Montag bis Samstag 12.30 bis 15 Uhr und 19 bis 23 Uhr. Alle Kreditkarten.

Les Frères Jacques, 74 Dame Street, Tel.: 679 4555. Seriöses französisches Restaurant für Feinschmecker in ruhiger Lage im Zentrum. Geöffnet: Montag bis Freitag 12.30 bis 14.30 Uhr und 19 bis 23 Uhr, Samstag 19 bis 23 Uhr.

Lord Edward Restaurant, 23 Christchurch Place, Dublin 8, Tel.:

454 2420. Dublins ältestes Fischrestaurant mit Blick auf die Christchurch Cathedral, charmante altmodische Atmosphäre, täglich frische Meeresfrüchte. Geöffnet: Montag bis Freitag 12 bis 15 Uhr und 17 bis 22.45 Uhr, Samstag 17 bis 22.45 Uhr.

Number 10 Longfields, Lr. Fitzwilliam St., Dublin 2, Tel.: 676 1060. Gehobene Klasse, internationale Küche.

Old Dublin Restaurant, 91 Francis Street, Dublin 8, Tel.: 454 2028; Russische und skandinavische Küche mit Schwerpunkt Fisch; intim. Geöffnet: Montag bis Samstag 12 bis 14.30 Uhr und 19 bis 22 Uhr. Alle Kreditkarten.

The Old Schoolhouse, Coolbanagher, Swords, Co. Dublin, Tel.: 840 2846. Frisches Essen einfallsreich zubereitet in bistroartigem Lokal. Geöffnet: Montag bis Samstag 12.30 bis 14.30 Uhr und 19 bis 22.30 Uhr. Alle Kreditkarten.

Orchid Szechuan Restaurant, 120 Pembroke Road, Ballsbridge, Dublin 4, Tel.: 660 0629. Ausgezeichnete chinesische Küche in eleganter Umgebung. Guter Service. Geöffnet: Montag bis Samstag 18 bis 24 Uhr, Sonntag 18 bis 23.30 Uhr. Alle Kreditkarten.

Patrick Guilbaud, 46 James Place, Dublin 2, Tel.: 676 4192. Französische Küche mit hervorragenden Gerichten, bei denen man viel Wert aufs Detail legt. Die Preise sind entsprechend hoch. Geöffnet: Dienstag bis Samstag 12.30 bis 14 Uhr und 19.30 bis 22.15 Uhr. Alle Kreditkarten.

Rajdoot Tandoori Restaurant, 26-28 Clarendon Street, Westbury Centre, Dublin 2, Tel.: 679 4274. Gehört zur britischen Restaurantkette Rajdoot. Gute nordindische Küche und Tandoorigerichte. Angenehme Atmosphäre. Geöffnet: Montag bis Samstag 12 bis 14.30 Uhr und 18.30 bis 23.30 Uhr. Alle Kreditkarten.

Smyth's on the Green, 6/7 St. Stephen's Green, Dublin 2, Tel.: 677 1058. Elegantes Restaurant mit Mittelmeerischer Küche. Eindrucksvolle Weinkarte. Geöffnet: Montag bis Freitag 12.30 bis 15 Uhr und 19 bis 23 Uhr, Samstag 19 bis 23 Uhr. Alle Kreditkarten.

Wong's Chinese Restaurant, 435 Clontarf Road, Dublin 3, Tel.: 833 4400. Wunderschön eingerichtetes, freundliches China-Restaurant. Geöffnet: Sonntag bis Donnerstag 18 bis 24 Uhr, Freitag und Samstag 18 bis 0.30. Alle Kreditkarten.

Pubs

Die Dubliner Pubs sind nicht nur dazu da, den Durst zu stillen. Sie sind vielmehr die privaten Bühnen der Dubliner, wo Geschichten erzählt werden und Romanzen beginnen. Sie bewahren den Geist der Stadt und spielen in ihrem sozialen Leben eine nicht zu unterschätzende Rolle.

Dubliner erwarten vom Barkeeper, daß er sie mit ihrem Namen begrüßt und von ihren Freunden, daß sie zumindest einen Teil ihrer Freizeit mit ihnen im Pub verbringen und es sich gut gehen lassen.

In manchen Pubs finden regelmäßig, z. B. an den Wochenende Musikveranstaltungen statt, in manchen werden spontan musikalische Beiträge dargeboten.

Adressen

The Bailey, 2 Duke Street. Im Bailey befindet sich die Tür Number 7 Eccles Street, die Eingangstür zum Haus des Leopold Bloom in James Joyce' *Ulysses.*

Baggot Inn, 143 Lower Baggot Street. Die meist jungen Besucher in ihren schwarzen Lederjacken geben sich vor allen Dingen zu den Folkkonzerten am Wochenende ein Stelldichein.

The Brazen Head, 20 Lower Bridge Street. Das Brazen Head ist die älteste Bar der Stadt.

Davy Byrne's, 21 Duke Street. Hier nahm Joyce' Leopold Bloom sein Gorgonzolasandwich und ein Glas Burgunder zu sich.

Clifton Court Hotel Pub, O'Connell Bridge, Dublin 1. Sonntags und mittwochs gibt es hier mit Blick auf die O'Connell Bridge traditionelle irische Musik, donnerstags Jazzkonzerte.

Doheny & Nesbitt's, 5 Lower Baggot Street. Ein Pub, in dem man sein Guinness in abgetrennten Nischen zu sich nehmen kann.

The Duke, 9 Duke Street. Wenn Sie Dubliner Orignale in ihrer natürlichen Umgebung sehen wollen – bitte treten Sie ein.

Hartigan's, 100 Lower Leeson Street. Treffpunkt der Dubliner Studenten und Angestellten.

International Bar, 23 Wicklow Street. Die kunstvolle holzgeschnitzte Theke fügt sich harmonisch in die prächtige, exzentrische Atmosphäre dieses beliebten Pubs.

Kehoe's, 9 South Anne Street. Auch hier findet man die durch Holz abgetrennten Nischen – so müssen sie zu Sean O'Caseys Zeiten gewesen sein.

Kenny's, Lincoln Place. Hier finden oft spontane Musik-„Sessions" statt.

The Long Hall, South Great George's Street. Mit seinen Spiegeln und der holzgeschnitzten Theke ist dies eines der schönsten Pubs in Dublin.

McDaid's, Harry Street. Brendan Behan und andere Schriftsteller verkehrten hier oft und gerne.

Mother Redcap's Tavern, Back Lane, an der Christchurch. Das einzig Negative an dieser Kneipe ist, daß das exzellente gälische Essen von nebenan nicht mehr zu haben ist, wenn der Pub seine Pforten schließt.

Mulligan's, 8 Poolbeg Street. „The Regulars" im Mulligan's sind fast ebenso bekannt wie ein „pint". An der Bar kann man ihre seltsame Ausstrahlung bewundern.

The Norseman, Temple Bar. Ist „in". Hier trifft man viele bekannte Musiker und Schauspieler.

O'Donoghue's, 15 Merrion Row. Im O'Donoghue's trafen sich früher die Dubliners. Ihre Tradition wird weitergeführt, es finden regelmäßig Musik-„Sessions" statt.

The Palace, 21 Fleet Street. Ein Pub im klassischen Dubliner Stil.

The Porto Bello, 33 South Richmond Street, Dublin 2. Altmodisches Pub. Traditionelle „Session" und Brunch am Sonntag vormittag.

Ryan's, 28 Parkgate Street. Sollten Sie mit dem Zug ankommen, finden Sie diese hübsche, alte Bar gleich gegenüber der Heuston Station. Sie haben das Gefühl, als seien Sie schon immer hier gewesen.

Slattery's, 29 Capel Street. Bekanntester Pub für traditionelle irische Musik, Tanz, Rock- und Blueskonzerte, sieben Nächte in der Woche.

Stag's Head, 1 Dame Court. Typische Pub-Mahlzeiten, freundliche Mitarbeiter.

Stillorgan Orchard, The Hill, Stillorgan. Hier wird ein ausgezeichnetes Mittag- und Abendessen serviert.

The Temple Bar, Temple Bar. Kürzlich renoviert, wird es heute von der Schik-

keria, die sich gern in diesem Viertel trifft, besucht.

Toner's, 139 Lower Baggot Street. W. B. Yeats nahm hier einen Drink zu sich und wollte dann sofort nach Hause gefahren werden. Vielleicht möchten Sie ja länger bleiben...

The Waterfront Rock Bar, 14 Sir John Rogerson Quay. Bar und Café nahe der Windmill Lane Studios. Geöffnet bis 2 Uhr nachts.

Whelan's, Wexford Street. Musik, Komödie, „Sessions", Essen, Trinken und Unterhaltung aller Art sind in diesem wunderschön restaurierten Pub zu finden.

The Zoo, Setanta Centre, Dublin 2. Ist „in". Hier trifft man sich zum Sehen und Gesehenwerden und um einen Cocktail zu sich zu nehmen.

Unternehmungen

Stadtrundgänge

Sightseeing zu Fuß. Eine gute Gelegenheit, in Begleitung eines Führers, der mit Geschichte, Architektur und den aktuellen Gegebenheiten vertraut ist, Dublin kennenzulernen. Vorausbuchungen sind nicht notwendig. Treffpunkte und Zeiten sind jeweils angegeben.

„Dublin Footsteps". Juni bis September täglich um 10.30 und 14.30 Uhr, Dauer: 2 Stunden. IR£ 4 pro Person. Treffpunkt: Bewleys Museum im Bewleys Oriental Café, Grafton Street. Tel.: 469 0641 u. 845 0772.

„The Dublin Literary Pub Crawl". Juni, Juli, August. Dienstag, Mittwoch und Donnerstag um 19.30 Uhr. IR£ 5 pro Person. Treffpunkt: The Bailey, Duke Street.

„Historical Walking Tours of Dublin". Juni bis August. Täglich um 11, 13 und 15 Uhr, Dauer 2 Stunden. Treffpunkt: Haupteingang des Trinity College.

„Joycean Literary Tours". Juni bis September. Montag, Mittwoch und Freitag um 15 Uhr. IR£ 3 pro Person. Treffpunkt: James Joyce Cultural Centre, 35 North Great Georges Street.

„Walking Tours of Georgian Dublin". Juni bis Oktober. Montag bis Freitag 11 und 14 Uhr, Dauer 2 Stunden. IR£ 2,50 pro Person. Treffpunkt: Haupteingang der Universität Trinity College.

Veranstaltungen

Die Zahl an großen und kleinen Veranstaltungen und Festen in Irland scheint jedes Jahr noch anzuwachsen. Im folgenden eine kleine Auswahl der in Dublin stattfindenden Ereignisse:

JANUAR

January Races, Leopardstown, Springreiten.
Aer Lingus Young Scientists Exhibition, RDS, Ballsbridge.

MÄRZ

National Tree Week, geführte Spaziergänge, Seminare, Anpflanzen von Bäumen; Royal Hospital; Tel.: 679 0699.
St. Patrick's Day (17. März), Fest des irischen Schutzpatrons. Gefeiert wird in ganz Irland.
National Tree Week, geführte Spaziergänge, Seminare, Anpflanzen von Bäumen; Royal Hospital; Tel.: 679 0699.
Dublin Film Festival, in verschiedenen Kinos; Tel.: 679 2937.
Feis Cheoil, verschiedene Veranstaltungsorte, Musikfestival mit 160 Teilnehmergruppen, Tel.: 676 73 65.
Dublin Grand Opera Society Spring Season, Gaiety Theatre (März/April).

APRIL

First Irish International Craft Beer Festival and Seminar; Tel.: 628 7770.
Howth Jazz Festival; Tel.: 834 4777.

MAI

Irish Garden Festival, Royal Hospital, Kilmainham, Tel. 490 0600.
Dublin Irish Music Festival, findet an verschiedenen Orten statt.
Dublin Maritime Festival; Marinejubiläum, South City Quays, Dublin, mit Ausstellungen zur Schiffahrt, Tel.: 677 1442.
Spring Show, RDS, Ballsbridge. Große Landwirtschaftsausstellung mit großem Unterhaltungsprogramm.

JUNI

Music in Great Irish Houses Festival, klassische Musik; findet in verschiede-

nen Villen in der Nähe von Dublin statt. Tel.: 278 1528.
Bloomsday Literary Festival, 16. Juni. Wird an dem Tag abgehalten, an dem Joyce' *Ulysses* im Jahre 1904 spielt.
Kitty O'Shea's Golf Classic, Island Gold Club, Donabate, Co. Dublin, Tel.: 660 8050.

JULI

Temple Bar Blues Festival; lauf den Straßen und in den Pubs von Temple Bar; Tel.: 677 3255.

AUGUST

Kerrygold Horse Show; RDS, Ballsbridge, wichtigste Pferdesportveranstaltung Irlands; Tel.: 668 0866.
People's Photography Exhibition; St. Stephen's Green; Tel.: 835 0712.
Irish Antique Dealer's Fair; RDS, Merrion Rd., Tel.: 396 409.

SEPTEMBER

Dublin Theatre Festival – mit irischen und internationalen Theaterinszenierungen. Tel.: 677 8439 - September/Oktober.

OKTOBER

Dublin City Marathon – Ende Oktober.

DEZEMBER

Dublin Grand Opera Society Winter Season, Gaiety Theatre, Dublin.

Musik

In Irland ist die traditionelle Musik so lebendig wie in kaum einem anderen Land der Welt. Die besten „Sessions" finden oft ganz spontan in Pubs statt. Wer jedoch sichergehen will, daß er gute Musik zu hören bekommt, sollte eine der organisierten Sessions besuchen, wie jene, die jeden Mittwoch und Donnerstag im Culturlann na hEireann, dem Sitz der **Comhaltas Ceoltóirí Éireann** (des irischen Verbandes für traditionelle Musik) veranstaltet werden.

Hier die Adresse:

32 Belgrave Square, Monkstown, Co. Dublin, Tel.: 280 0295, Fax: 280 3759. Vom Stadtzentrum aus mit den Bussen der Linie 7 und 8 zu erreichen, nahe den Haltestellen Monkstown und Seapoint der DART.

In zahlreichen Pubs in der ganzen Stadt wird Musik gespielt. Genaueres erfahren Sie aus der Zeitschrift *In Du-*

blin. Diese informiert Sie auch über Jazz-, Rock- und klassische Konzerte. Letztere werden vor allem in der National Concert Hall am St. Stephen's Green geboten.

Folkmusik

Slattery's, 129 Capel Street, Dublin 1, Tel.: 872 7971.
Bad Bob's Backstage Bar, 35-37 East Essex Street, Dublin 2, Tel.: 677 5482.
An Beal Bocht, 68 Charlemont Street, Dublin 2, Tel.: 475 5614.
Brazen Head, 20 Bridge Street, Dublin 8, Tel.: 679 5186.
O'Donoghue's, 15 Merrion Row, Dublin 2, Tel.: 676 2807.

Country

Bad Bob's Backstage Bar, Adresse s. o.
Break For The Border, Lower Stephen St., Dublin 2, Tel.: 478 0300.

Jazz

Gaiety Theatre, South King Street, Dublin 2, Tel.: 677 1717.
Olympia Theatre, 74 Dame Street, Dublin 2, Tel.: 677 7744.
McDaid's, 3 Harry St., Dublin 2, Tel.: 679 4395 .

Klassik

The National Concert Hall, Earl's Fort Terrace, Dublin 2, Tel.: 671 1533
Hugh Lane Municipal Gallery, Parnell Square, Dublin 1, Tel.: 741903.

Theater

Das **Abbey Theatre** in der Lower Abbey Street, Tel.: 878 7222, ist das Nationaltheater Irlands. Es wurde in den ersten Jahren dieses Jahrhunderts von W. B. Yeats, Lady Gregory und ihren Mitarbeitern gegründet, erwarb sich mit exzellenten Stücken und hervorragenden Schauspielern internationalen Ruf. Auf dem Programm stehen zahlreiche irische Klassiker. Im Peacock, seiner kleineren Bühne, wird experimentelles Theater geboten.

Das **Gate Theatre** am Parnell Square, Tel.: 874 4045, wurde von Micheál MacLiammóir und Hilton Edwards gegründet. Als Teenager hatte

Orson Welles hier seinen ersten Auftritt. Das Niveau der Darbietungen ist hoch, und der kleine Zuschauerraum läßt eine angenehme Atmosphäre aufkommen.

Das **Gaiety Theatre** in der South King Street, Tel.: 677 1717, ist in einem viktorianischen Gebäude untergebracht, das vor einiger Zeit renoviert wurde. Auf dem Programm stehen Oper, Ballett, Pantomime, Varieté und klassisches Theater.

Das **Olympia Theatre**, 72 Dame Street, Tel.: 677 7744, ist ein ehemaliges viktorianisches Varieté und bietet ein ähnliches Programm wie das Gaiety Theatre.

Das **Project Arts Centre**, 39 East Essex Street, Tel.: 671 2321, bietet experimentelles Theater und modernen Tanz.

Museen & Bibliotheken

National Museum, Kildare Street, Dublin 2, Tel.: 677 7444. Irische Kunst und Geschichte aus mehreren Jahrtausenden.

National Library of Ireland, Kildare Street, Tel.: 618 8811.

Trinity College Library, College Green, Tel.: 677 2941. Unzählige kostbare Bücher, darunter das Book of Kells.

Dublin Civic Museum, 58 South William Street, Dublin 2, Tel.: 679 4260. Geschichte und Altertümer Dublins.

Dublin Writers Museum, 18/19 Parnell Square North, Dublin 1, Tel.: 872 2077. Den großen irischen Dichtern und Schriftstellern gewidmet. Es beherbergt Originalschriften und seltene Buchausgaben.

Marsh's Library, St. Patrick's Close, Dublin 8, Tel.: 454 3511. Älteste öffentliche Bibliothek Irlands. Faszinierend.

National Wax Museum, Granby Row, Dublin 1, Tel.: 8726340. Lebensgroße Wachsfiguren von Persönlichkeiten aus Geschichte, Politik, Literatur, Theater und Sport.

Kilmainham Gaol Museum, Kilmainham, Dublin 8, Tel.: 453 5984. Geschichte des Unabhängigkeitskampfes.

Pearse Museum, St. Enda's Park, Rathfarnham, Dublin 14, Tel.: 493 4208. Dokumente, Fotos etc., die mit Patrick Pearse, dem Anführer des Aufstands von 1916, in Zusammenhang stehen.

Guinness Hop Store, Crane Street, Dublin 8, Tel.: 453 6700.

Irish Museum of Modern Art, Kilmainham, Royal Hospital, Dublin 8, Tel.: 671 8666. Kunst des 20. Jh.

Naturkundemuseum, Merrion St. Dublin 2, Tel.: 661 8811. Tausende ausgestopfter Tiere, Skelette, etc.

Bank von Irland, 2 College Green, Dublin 2, Tel.: 677 6801; ehemaliger Sitz des irischen Parlaments.

Dublin Castle, Dame St., Dublin 2, Tel.: 677 7129, die Dubliner Burg mit ihren Repräsentationsräumen und der Hofkapelle.

Dublinia, Christ Church, Dublin 8, Tel.: 679 4611; Dioramen, Modelle, Audiovisuelle Show etc. zur Stadtgeschichte Dublins.

The Dublin Experience, Trinity College, Audiovisuelle Show zur Stadtgeschichte Dublins,

Dubliner Zoo, Phoenix Park, Dublin 8 (Tel.: 677 1425)

AUSSERHALB DUBLINS

Malahide Castle, Malahide, Tel.: 01-846 2184 hervorragend renoviertes mittelalterliches Schloß, in dem auch eine Sammlung von Modelleisenbahnen untergebracht ist.

James Joyce Museum, Martello Tower, Sandycove, Tel.: 280 9265 oder 280 8571. Dokumente und Erinnerungsstücke in dem Turm, den Joyce kurze Zeit bewohnte. Ca. 13 km südlich von Dublin, zu erreichen mit dem Bus Nr. 8 und DART.

National Maritime Museum, Haigh Terrace, Dun Laoghaire. Tel.: 280 0969.

Glendalough Visitor Centre, Besucherzentrum des Klosterbezirkes in den Wicklow Mountains, Tel.: 0404-45325.

Newgrange, Co. Meath, Tel.: 041-24488 u. 24824; 5000 Jahre altes Ganggrab.

Knowth, Co. Meath, Tel. 041-24824; Ganggrab, wie Newgrange aus dem Neolithikum.

Galerien

National Gallery of Ireland, Merrion Square West, Tel.: 661 5133. Wochentags 10 bis 18 Uhr, donnerstags 10 bis 21 Uhr, sonntags 14 bis 17 Uhr.

Hugh Lane Municipal Gallery of Modern Art, Parnell Square, Tel.:

874 1903. Dienstag bis Samstag 9.30 bis 18 Uhr, sonntags 11 bis 17 Uhr.

Gallery of Oriental Art (Chester Beatty), 20 Shrewsbury Road, Tel.: 269 2386. Dienstag bis Freitag 10 bis 17 Uhr, Samstag 14 bis 17 Uhr. Führungen samstags und mittwochs um 14.30 Uhr.

Neben den drei genannten Galerien hat Dublin zahlreiche kleinere Ausstellungszentren und kommerziell betriebene Galerien mit oft interessanten Kunstwerken zu bieten. Hier eine kleine Auswahl:

Douglas Hyde Gallery, Trinity College, Tel.: 677 2941, App. 1116. Montag bis Samstag 11 bis 17 Uhr. Zeitgenössische irische und internationale Malerei, Bildhauerei und Fotografie.

Bank of Ireland Exhibition Hall, Lower Baggot Street, Tel.: 677 6801. Montag bis Freitag 10 bis 17 Uhr. Irische und internationale Ausstellungen.

Tom Caldwell Gallery, 31 Upper Fitzwilliam Street, Tel.: 468 8629. Dienstag bis Freitag 11 bis 17 Uhr, Samstag 11 bis 13 Uhr. Zeitgenössische irische Künstler, vor allem aus dem Norden.

Combridge Fine Arts, 24 Suffolk Street, Tel.: 677 4652. Montag bis Freitag 9.30 bis 17.30 Uhr, Samstag 10 bis 13 Uhr. Konventionelle Landschaften in Öl und Aquarell.

Oliver Dowling Gallery, 19 Kildare Street, Tel.: 676 6573. Montag bis Freitag 10 bis 17.30 Uhr, Samstag 10 bis 13 Uhr. Gemälde und Skulpturen irischer und internationaler Künstler.

Hendrik's Gallery, 119 St. Stephen's Green (Westseite), Tel.: 675 6062. Montag bis Freitag 10 bis 17.30 Uhr, Samstag 11 bis 13 Uhr. Moderne irische Kunst – abstrakt, „neuimpressionistisch" etc.

Oriel Gallery, 17 Clare Street, Tel.: 676 3410. Montag bis Freitag 10 bis 17.30 Uhr, Samstag 10 bis 13 Uhr. Irische Malerei, meist Landschaften, des 19. und 20. Jahrhunderts. Bekannte Namen wie Paul Henry, Jack B. Yeats u. ä.

Taylor Gallery, 6 Dawson Street, Tel.: 677 6089. Montag bis Freitag 10 bis 17.30 Uhr, Samstag 11 bis 13 Uhr. Zeitgenössische irische Malerei und Bildhauerei.

Portrait Gallery, Malahide Castle, Malahide, Grafschaft Dublin, Tel.: 845 2337/845 2706. Montag bis Freitag 10 bis 17 Uhr, Samstag 11 bis

18 Uhr (April bis Oktober), 14 bis 17 Uhr (November bis März), Sonntag 14 bis 18 Uhr (April bis Oktober), 14 bis 17 Uhr (November bis März).

Einkaufen

Wie in vielen anderen Hauptstädten bestehen auch in Dublin die ausgiebigsten Einkaufsmöglichkeiten in den Kaufhäusern. Es gibt etwa zehn große Geschäfte (darunter Marks & Spencer, British Home Stores und Next). Fragt man einen Dubliner, wird er mit einiger Wahrscheinlichkeit folgende vier auflisten: **Brown Thomas** und **Switzer** in der Grafton Street, **Arnott** in der Henry Street und **Clery** in der O'Connell Street.

Der Liffey teilt Dublin in zwei Hälften ein – geographisch wie soziologisch. Dieser Zweiteilung entspricht der Charakter der Kaufhäuser: Die Northside besitzt zwar mit der O'Connell Street die herrlichste Einkaufsstraße der Stadt, doch werden dort vorwiegend Gebrauchsgegenstände verkauft. Außerdem haben dort viele Burger-Lokale und andere Fast-Food-Restaurants eröffnet. Die Henry Street hat in den letzten Jahren viel an Glanz gewonnen und darf nun zu den ansprechendsten Einzelhandelsstraßen Europas gerechnet werden. Das **ILAC Centre** ist ein buntes Gewirr von unterschiedlichen Läden, deren Angebot von Reformkost bis hin zu bedruckten T-Shirts reicht. Zum Charme der Henry Street trägt der Markt in einer ihrer Seitenstaßen, der Moore Street, bei.

Der kommerzielle Mittelpunkt der Southside ist die Grafton Street, ihre Anziehungskraft strahlt auf ihre Seiten- und Nebenstraßen aus, in denen sich in den vergangenen Jahren viele Boutiquen, chice Restaurants u.ä. angesiedelt haben. Führend ist hier die Dawson Street: Das neue Einkaufszentrum, **Royal Hibernian Way**, trägt erheblich dazu bei, ihr weltstädtische Eleganz zu verleihen.

Unweit dieses Zentrums hat die Buchhandlung **Waterstones** eröffnet, in einen Laden an der Ecke zu St. Stephen's Green ist einer der besten Designer Irlands, Mariad Whisker, eingezogen.

Auf der anderen Seite der Grafton Street liegt das **Powerscourt Townhouse Centre**, ein 200 Jahre altes Herrenhaus mit einem geräumigen Innenhof, das stilvoll umgestaltet wurde. Es ist inzwischen zu einem attraktiven, lebendigen Einkaufszentrum geworden, in dem es gut ein halbes Dutzend Restaurants gibt, von denen manche zu den beliebtesten der Stadt zählen. Auch seine Antiquitätenhandlungen sind einen Besuch wert.

Lohnend ist auch ein Abstecher in den **Kilkenny Design Shop** in der Nassau Street, der als einer der führenden Geschäfte für irisches Design und Handwerk gilt. Sie können hier Textilien, Stricksachen, Glas und Keramik erwerben.

Auch das **William Elliott Centre** liegt in einer Seitenstraße der Grafton Street, der Wicklow Street. Auch in diesem Shopping Center kann man gute Selbstbedienungs-Restaurants und Cafés finden.

Das **Tower Design Craft Centre** in der Pearse Street in der Nähe der Quays ist Teil des Programms zur urbanen Erneuerung, das vom Amt für industrielle Entwicklung durchgeführt wurde. Die ehemalige Zuckerfabrik beherbergt heute 35 Handwerksbetriebe und erfreut sich bei Besuchern wie Einheimischen großer Beliebtheit.

Neben den erwähnten Geschäften findet man auch im Zentrum Dublins eine Filiale von Dunnes Stores – der größten Einzelhandelskette Irlands. Hier kann man zu günstigen Preisen Kleidung, Haushaltswaren und Lebensmittel erwerben.

Einkaufstips

Auf der Suche nach originellen Artikeln, die man von einem Irland-Urlaub mit nach Hause bringen kann, wird man ganz sicher auf die Strickwaren stoßen. In Dublin bekommt man Pullis, die in Boutiquen auf dem Kontinent oder in Amerika für ein Mehrfaches des Preises angeboten werden, den man hier bezahlt. Jacken, Hosen, etc. aus Leinen, Wolle und Tweed, die von irischen Designern entworfen werden, sind nicht selten äußerst kleidsam und von erstklassiger Qualität.

Zahlreichen Dubliner Galerien bieten die Arbeiten junger irischer Künstler an – zu sehr vernünftigen Preisen. Auch in den Ateliers dieser Leute können gelegentlich großartige Stück günstig erworben werden. Das Kunsthandwerk (Schmuck, Keramik, Strickwaren) zählt zum Besten, was Irland zu bieten hat. Hervorragende Materialien und innovative Muster (verwiesen sei hier nur auf den Juwelierladen **Patrick Flood's Celtic** im Powerscourt Townhouse Centre) machen die Arbeiten zu einem guten Kauf.

Gold, Zinn, Marmor aus Connemara, Bronzefiguren und irische Stoffe verkauft das **House of Ireland**, in der Nassau Street, Tel.: 677 7949.

Das Kristallglas aus Waterford ist berühmt und in vielen Läden zu bekommen. Die ganze Palette der Waterford-Kristallwaren kann man bei **Schwitzer** bewundern. Waterford Cristal ist allerdings auch in anderen Städten Irlands – vor allem in Waterford selbst – zu bekommen.

Wer originelle kleine Souvenirs sucht, kann sein Glück in den Antiquitätenläden, vor allem in der Francis Street, der Hauptstraße der Liberties, versuchen.

Das wichtigste Auktionshaus für Antiquitäten, Kunst und Gemälde ist **James Adam's** an der Ecke von Kildare Street und St. Stephen's Green in der Nähe des Shelbourne Hotels.

Schließlich eignet sich auch geräucherter irischer Lachs als Mitbringsel. Vakuumverpackt und nach Möglichkeit gekühlt, übersteht er die Heimreise durchaus – egal, ob man ihn selbst transportiert oder per Post nach Hause verschickt.

BUCHLÄDEN

Books Upstairs, 36 College Green, Dublin 2, Tel.: 679 6687
Easons, O'Connell Street, Dublin 2, Tel.: 873 3811
Hodges Figgis, 56-58 Dawson Street, Dublin 2, Tel.: 677 4754.
Government Publications, Molesworth Street, Dublin 2, Tel.: 661 3111.

Mehrwertsteuerrückerstattung

Für Besucher aus Deutschland entfällt seit der Einführung des EU-Binnenmarktes die Mehrwertsteuerrückerstattung.

Besucher aus Nicht-EU-Ländern können das sogenannte „Cashback System" in Anspruch nehmen, das etwa 2000 irische Geschäfte anwenden. Dabei erhält der Käufer im Geschäft einen Cashback-Gutschein. Zur Rückerstattung der Mehrwertsteuer werden diese Gutscheine auf den Flughäfen Dublin und Shannon vor dem Abflug in Bargeld umgetauscht. Fährt man mit der Fähre zurück, muß der Gutschein vom irischen Zoll im Fährhafen abgestempelt und an Cashback geschickt werden. Es wird eine Bearbeitungsgebühr erhoben. Detaillierte Informationen erhält man beim Kauf.

Irische Geschäfte, die nicht das Cashback-System verwenden, stellen dem Käufer eine Rechnung aus, die bei der Abreise vom irischen Zoll abgestempelt werden und an das Geschäft zurückgeschickt werden muß. Die Rückerstattung erfolgt per Post abzüglich einer Bearbeitungsgebühr.

Nachtclubs

Erwarten Sie nicht zu viel, wenn die Dubliner über den „Strip nach dem Pub" reden. Dennoch: In den letzten Jahren entwickelt sich ein im katholischen Irland früher nicht gekannte *scene*. Was sich auf ihr tut, ist z. B. dem *In Dublin Magazine* zu entnehmen. Gemeinsam haben die meisten Nachtclubs, daß sie den Eintritt in Jeans nicht gestatten und relativ teuer sind. Hier eine Liste von Clubs:

Annabels, Burlington Hotel, Upper Leeson Street, Dublin 4, Tel.: 660 5222.
The Block, 89 Sth. Great Georges Street, Dublin 2, Tel.: 478 2983.
Deep, Stillorgan Park Hotel, Tel.: 288 1621.
Lilllies Bordello, Adam Court, Grafton Street, Dublin 2, Tel.: 679 9204.
Mean Fiddler, Wexford Street, Dublin 2, Tel.: 475 8555.
Night Owls, Ranelagh Village, Dublin 6, Tel.: 496 0570
Parnell Mooney, 72 Parnell Street, Dublin 1, Tel.: 873 1544.
Shaft, 22 Ely Place, Dublin 2.
Temple of Sound, Ormond Hotel, Upr. Ormond Quay, Dublin 7. Tel.: 872 1811.

Kinos

Adelphi, 98 Mid Abbey Street, Dublin 1, Tel.: 873 0433.
Ambassador, Parnell Square, Dublin 1 Tel.: 872 7000.
Cameo, 52 Mid Abbey Street, Dublin 1, Tel.: 873 0249.
Carlton, 52 Upper O'Connell Street, Dublin 1, Tel.: 873 1609.
The Lighthouse, 106 Mid Abbey Street, Tel.: 679 9585.

Savoy, 19 O'Connell Street, Tel.: 874 6000.
Screen , D'olier Street, Dublin 2, Tel.: 671 4988.

Sport

Angeln

Irland ist ein klassisches Land des Angelsports. Das Angeln auf Nichtsalmoniden wie Hecht, Brachse, Schleie, Rotauge, Barsch und Karpfen), wird „Coarse Fishing", genannt. Die beste Gegend hierfür ist Mittelirland. Das Angeln mit Lebendködern ist generell verboten. Eine Schonzeit besteht nicht; eine Lizenz ist nicht erforderlich.

Die meisten irischen Angler konzentrieren sich auf den Lachs- und Forellenfang („Game Fishing"). Für den Salmonidenfang benötigt man eine Lizenz bzw. einen Angelschein. Die Lizenz ist bei den Geschäftsführern der Fischereidistrikte, in den Anglergeschäften und in einigen Geschäften und Hotels erhältlich. Die Saison für die Lachsfischerei dauert vom 1. Januar bis 30. September.

Auskünfte erteilt das **Central Fishery Board,** Mobhi Boreen, Glasnevin, Dublin 9, Tel.: 01-379206; Fax: 01-360060.

Begünstigt durch den warmen Golfstrom hat Irland hervorragende Fanggründe für den Hochseeangelsport. Fischen kann man von der Hafenmole, vom Brandungsfelsen oder vom Strand. Am besten fährt man aber mit hochseetüchtigen Booten und einem erfahrenen Skipper aufs Meer hinaus. Auskünfte darüber erteilt die **Irish Federation of Sea Angling,** 67 Windsor Drive, Monkstown, Tel.: 280 6873.

Drachenfliegen

Irland mit seinem Ring von Bergen und dem stetigen Südwestwind bietet hervorragende Bedingungen für Hang-Gliders. Die benutzten Drachen müssen den FAI-Bestimmungen entsprechen. Jeder Drachenflieger muß über eine ausreichende Haftpflichtversicherung verfügen. Bei Nachfragen: **Irish Hang Gliding Association** (AFAS), House of Sport, Long Mile Rd., Dublin 12, Tel.: 01-4509845, Fax: 01-4502805.

Golf

Die irischen Golfklubs freuen sich über ausländische Gäste. Hier herrscht kein „Snobismus" – in Irland ist Golf ein echter Volkssport. Die Gebühren („Green Fees") schwanken zwischen £ 8 und £ 25 (je nach Platz und Spieltag). Ein Golflehrer kostet pro halbe Stunde etwa £ 10.

Auch Anfänger dürfen sofort auf den Platz. Die Ausrüstung kann vielerorts gemietet werden. Genauere Einzelheiten über Golfplätze, Ferienangebote oder individuelle Golf- Reiserouten können dem „Golfers Guide" oder anderen Veröffentlichungen entnommen werden, die bei der Irischen Fremdenverkehrszentrale kostenlos erhältlich sind.

Informationen erteilt auch die **Golfing Union of Ireland,** 31 Eglinton Road, Dublin 4, Tel.: 269 4111.

Kanusport

Dieser Sport wird immer beliebter, man kann ihn das ganze Jahr über ausüben. Auskünfte erteilt die **Irish Canoe Union,** House of Sport, Long Mile Rd., Walkinstown, Dublin 12, Tel.: 450 9838 oder 450 1633, Fax: 450 2805. Kanu-Touren veranstaltet u. a. **Shannon Adventure Canoeing Holidays,** 21 Cuba Ave., Banagher, Co. Offaly, Tel.: 0509-51411, Fax: 20600. Kanus verleiht die **Irish Canoe Hire,** 25 Adelaide Street, Dun Laoghaire, Tel.: 280 0251, Fax: 284 2603.

Pferderennen

Pferdefreunde kommen in Irland auf jeden Fall auf ihre Kosten, sei es, daß sie sich selbst in den Sattel setzen oder bei den zahlreichen Pferderennen zuschauen. Kontaktadresse hierfür ist **The Racing Board,** Leopardstown Racecourse, Foxrock, Dublin 18, Tel.: 289 2888.

Windhundrennen

Windhundrennen (Greyhound Racing) ist in Irland sehr populär. Weiteres erfahren Sie bei **Bord na gCon, Irish Greyhound Racing Board,** Shelbourne Park, Dublin 4, Tel.: 668 3502, Fax: 6683503.

Segeln

Der Royal Cork Yacht Club, gegründet 1720, ist der älteste Yachtclub der Welt – Segeln hat also Tradition in Irland. Entlang der Küste bieten Segelschulen Kurse für Anfänger und Könner an. Diese Segelkurse werden vom Deutschen Seglerverband anerkannt. In Dublin kann man Boote leihen bei der **Dun Laoghaire Sailing School,** Dun Laoghaire, **Fingall Sailing School** (Adresse siehe Windsurfen), **Glenans Irish Sailing Club** (Adresse siehe Windsurfen), **Dolphin Offshore Sailing Group,** Dublin 13 und der **Irish National Sailing School,** Dun Laoghaire. Folgende Organisationen geben Auskunft über Segelkurse:

The Irish Yachting Association, 3 Park Road, Dun Laoghaire, Tel.: 280 0239, Fax: 280 7558.

The Irish Association for Sail Training, c/o Irish Federation of Marine Industries, Conferderation House, Kildare Street, Dublin 2, Tel.: 677 9801, Fax: 677 7823.

Tauchen

Die irischen Küstengewässer bieten gute Tauchmöglichkeiten (Scubadiving). Die Sichtweiten betragen bis zu 30 m. Durch den warmen Golfstrom betragen die Wassertemperaturen bis 20 m Tiefe ca. 17 Grad, zwischen 20 und 30 m ca. 14 Grad und unter 30 m um die 10 Grad. Die beste Zeit ist von April bis Oktober. Auf dem Grund liegen zahlreiche Schiffswracks, Tauchen kann also noch zu einem echten Abenteuer werden. Informationen über Tauchsportveranstaltungen gibt es beim **Honorary Secretary, Irish Underwater Council,** 7 a Patrick Street, Dun Laoghaire, Tel.: 284 4601, Fax: 284 4602. Tauchausrüstung verleiht **Oceantec Ltd,** 10/11 Marine Terrace, Dun Laoghaire, Tel.: 280 1083, Fax: 284 3885.

Tennis

Nähere Auskünfte gibt es bei **Tennis Ireland,** 54 Wellington Road, Dublin 4, Tel.: 868 1841.

Windsurfen

Windsurfen kann man praktisch überall in Irland, wo es Wasser gibt. Die dazu nötige Brise weht in jedem Fall. Informationen gibt es bei der **Irish Windsurfing Association,** c/o Irish Yachting Association, 3 Park Road, Dun Laoghaire, Tel.: 280 0239, Fax: 280 7558.

Windsurfschulen: **Wind & Wave Windsurfing,** 16A The Crescent, Monkstown, Tel. 284 4177,

Glenans Irish Sailing Club, 28 Merrion Square, Dublin 2, Tel.: 661 1481, Fax: 676 4249.

Fingall Sailing School, Upper Strand, Broadmeadow Estuary, Malahide, Tel.: 845 1979, Fax: 845 3689.

☞ ☞ ☞
Literaturhinweise

Deutsch

Apa Guide Irland, Travel Media Langenscheidt KG München, 1996.
Apa Pocket Guide Irland, Travel Media Langenscheidt KG München 1994
Bartsch, V.: *Irland – Ein Reise-Lesebuch.* Ellert & Richter Verlag.
Irisches Logbuch. Edition Maritim.
Beckett, J. C.: *Geschichte Irlands,* Stuttgart, 1982
Behan, Brendan: *Bekenntnisse eines irischen Rebellen,* Frankfurt.
Boebé, S.: *Eines Fürsten Irland – Auf Pücklers Spuren.* Reiher Verlag Berlin.
Böll, Heinrich: *Irisches Tagebuch.* dtv Verlag.
Botheroyd, S. u. P.: *Irland-Kunst und Reise.* Kohlhammer.
Bottigheimer, K. S.: *Geschichte Irlands.* Kohlhammer.
Dusik, R.: *Irland selbst erleben.* Syro Verlagsbuchhandlung.
Hetmann, Frederick: *Irische Märchen.* Fischer.
Maletzke, E.: *Dublin.* Insel Verlag.
Nach Irland reisen. Fischer.
Morton, H. V.: *Wanderungen in Irland.* Societäts-Verlag
Sotschek, R./Schneider, J.: *Dublin Preiswert.* Interconnections G. Beckmann Verlag.
Treffpunkt Irland – Iren über Irland. Tour Guide Publications Ltd, Dublin.

Englisch

Arnold, Bruce: *A Concise History of Irish Art.* Thames & Hudson.
Caprani, Vincent: *A View from the DART.* MO Books, Dublin.
Constitution of Ireland. Stationery Office, Dublin.
Craig, Maurice: *Dublin 1660-1880.* Allen Giggis Ltd, Dublin.
Delaney, Frank: *James Joyce's Odyssey – A Guide to the Dublin of Ulysses.* Hodder & Stoughton.
Department of Foreign Affairs, Dublin: *Facts about Ireland.*
Ellman, Richard: *James Joyce.* Oxford University Press.
Fitzgibbon, Theodora: *A Taste of Ireland.* Pan.
FitzSimon, Christopher: *The Irish Theatre.* Thames & Hudson.
FitzSimon, Christopher: *The Arts in Ireland.* Gill & Macmillan.
Gogarty, Oliver St. John: *As I Was Going Down Sackville Street.* Sphere.
Guinness, Desmond: *Georgian Dublin.* Batsford.
Harbison, Dr. P.: *Guide to the National Monuments of Ireland.* Gill & Macmillan.
Joyce, James: *Dubliners; Jugendbildnis; Ulysses.*
Kee, Robert: *Ireland – A History.* Weidenfeld.
Lehane, Brendan: *Dublin.* Time-Life.
Liddy, Pat: *Dublin Be Proud.* Chadworth, Dublin.
Lyons, F.S.L.: *Ireland Since the Famine.* Collins.
McDonald, Frank: *The Destruction of Dublin.* Gill & Macmillan.
McMahon, Sean: *A Book of Irish Quotations.* The O'Brien Press.
MacThomais, Eamonn: *Me Jewel and Darlin' Dublin.* The O'Brien Press.
O'Canainn, Thomas: *Traditional Music in Ireland.* Routledge & Kegan Paul.
O'Connor, Frank: *A Book of Ireland.* Collins.
O'Donnell, E.E.: *The Annals of Dublin.* Wolfhound Press, Dublin.
O'Faolain, Sean: *The Irish.* Penguin Books.
Potterton, Homan: *The National Gallery of Ireland.*
Ryan, John: *Remembering How We Stood.* Gill & Macmillan.
Somerville-Lager: *Dublin.* Hamish Hamilton.

224

Register

A

Abbey Theatre, 24, 29, 39, 61, 71, 146, 149, 150
Act of Union, 28, 35, 104, 145
„Adam and Eve", 139
Alchemist's Head, 118
All Hallows, 31
An Béal Bocht, 150
Anreise, 210
An Taisce, 134
Anglesea Street, 130
Anglo-Irish Treaty, 29
Annalen der Vier Meister, 116
Antient Concert Rooms, 61
Aquarium, 162
Aras an Uactarain, 162
Ardagh-Kelch, 119
Ardee, 197
Ärztliche Notdienste, 212
Ashford, 187
Athy, 206
Aughrim (Fluß), 187
Avoca, 187
Avonbeg (Fluß), 187
Avondale, 186
Avonmore (Fluß), 187

B

Baggot Inn, 150
Baggot Street, 122
Baile Atha Cliath, 103
Bailey's (Pub), 88, 113
Baily (Leuchtturm), 179
Baily Optic, 172, 179
Ballsbridge, 99, 169
Ballymun, 49
Bank of Ireland, 104, 122, 130, 138, 145
Barrow (Fluß), 206
Beckett, Samuel, 23, 40, 57, 59, 62, 70, 110
Behan, Brendan, 49, 62, 70, 88, 118
Belgrave Square, 150
Belvedere House, 35, 152
Beresford, Erzbischof, 106
Beresford Place, 146
Berkeley, Bischof George, 59, 108
Berkeley Library, 108
Beshoff (Restaurant), 104
Bettystown, 196
Bevölkerung, 210
Bewley's Oriental Cafés, 104, 111, 112
Blackrock, 170
Blackrock College, 170

Blessington, 185
Bloomsday, 57
Blue Coat School, 34
Bodenstown Churchyard, 204
Bolton Street, 152
Book of Armagh, 106
Book of Dimma, 106
Book of Durrow, 106
Book of Kells, 106
Books Upstairs, 118
Boomtown Rats, 69
Bord na Mona, 122
Börse, 130
Boru, Brian (König), 28, 177
Boswell, James, 180
Botanischer Garten (Glasnevin), 177
Boyle, Richard (Grab), 134
Boyle, Robert (Physiker), 135
Boyne (Fluß), 193
Boyne, Schlacht am, 40, 105, 129, 194, 195
Bray, 173
Bray Head, 173
Brazen Head (Pub), 89, 103, 139, 150
Bridge Street, 103, 139
Broad Meadow, 180
Brown Thomas, 111
Browne, Dr. Noel, 48
Brugh na Bóinne, 193
Burgh Quay, 145
Burgh, Thomas, 153
Burke, Edmund, 59, 105
Busaras (Busbahnhof), 146
Buswell's Hotel, 117
Butler, James, siehe auch Ormonde, Herzog von, 159
Byrne, Patrick, 188

C

Campbell, George, 206
Capel Street, 153
Carlingford, 196
Carlingford Lough, 196
Carlisle Bridge, siehe O'Conell Bridge
Carroll's Irish Open, 84
Carson, Edward, 110, 115
Casement, Sir Roger, 177
Casino (Marino), 180
Cassels, Richard (Architekt), 35
Castletown House, 207
Cathair Bookshop, 118
Catholic Church of St. Audoen, 134
Cavendish, Lord Frederick, 162
Cellbridge, 207
Central Bank, 130
Central Library, 149
Chamberlain, Neville, 47
Chambers, Sir William, 106, 180
Chapters, 118
Charlemont House, 35
Charles For, 159
Chester Beatty Library and Gallery of Oriental Art, 169
Chesterfield, Lord, 161
Christ Church Cathedral, 28, 31, 103, 123, 132
Church of Ireland, 123

Church of Ireland St. Audoen's, 134
Church of St. Nicholas of Myra, 136
Church of St. Sylvester, 180
City Hall, siehe Rathaus
Civic Offices, 103
Clane, 204
Clare, Richard le, 133
Clare Street, 121
Cleary, 149
Clongoweswood, 204
Clontarf, 177
Clontarf, Schlacht von, 28
Coliemore Harbour, 172
College Green, 104, 129
College Library Shop, 118
Collins, Michael, 42, 177
Comhaltas Ceoltoiri Eireann, 150
Congreve, William, 59
Connolly, James, 29
Cook Street, 139
Cooley (Halbinsel), 196
Cooley, Thomas, 130, 153
Cork, Grafen von, 134
Cork Hill, 130
Cosgrave, W. T., 45
Craig, Maurice, 110
Croke Park, 83
Cromwell, Oliver, 28, 33, 195
Cromwell, Thomas, 152
Cumann na nGael, 45
Curragh, 204
Cusack, Michael, 39
Custom House, 28, 34, 145
Custom House Docks, 145
„Cyclefolk", 130

D

Dáil Eireann, 29, 42, 116
Dalkey, 99, 172
Dalkey Hill, 173
Dalkey Island, 172
Dame Street, 129, 130
Dargan, William, 121
DART, 169
Davy Byrne's Bar (Pub), 88, 113
Dawson Street, 111, 116
Deane, Sir Thomas, 117
Delaney, Edward, 113
Devil's Glen, 188
Doheny and Nesbitt's (Pub), 89
Dominikanerkirche, 206
Donleavy, J. P., 62
Donnelly's Hollow, 205
Donnybrook Fair, 37
Dorset Street, 152
Douglas Hyde Gallery of Modern Art, 108
Dowland, John, 173
Dowling, Vincent, 71
Dr. Steeven's Hospital, 137
Dracula, 61
Drogheda, 195
Dubh Linn, 103
Dublin Castle, 28, 31, 129, 131
Dublin Film Festival, 150
Dublin Horse Show, 163, 169
Dublin Philosophical Society, 34

Dublin Theatre Festival, 48
Dublin Writers Museum, 151
Dubliners, The, 69, 88, 150
Duke Street, 113
Dun Laoghaire, 79, 99, 171
Dundalk, 196
Dyflin, 24

E

Earlsfort Terrace, 115
Eason, 118
East Link Bridge, 103
East Pier, 171
Eccles Street, 152
Eden Quay, 169
Edwards, Hilton, 66, 116, 149
EG, 29
Einkaufen, 222
Elisabeth I. (Königin), 28, 105, 110
Ely House, 114
Ely Place, 114
Emmet, Robert, 37, 59, 110, 129, 137
Enniskerry, 188
Erster Weltkrieg, 24
Essex Street, 130
Examination Hall, 105

F

Fairview, 83
Fanu, Sheridan Le, 110
Farquhar, George, 59
Feiertage, 212
Fianna Fáil, 29, 45, 46
Field, John (Komponist), 133
Fifteen Acres, 162
Fine Gael, 45
Fishamble Street, 132
FitzGerald, Garret, 50
FitzGerald, Lord Edward, 28, 134, 171
FitzGerald, Silken Thomas, 154
Fitzwilliam Square, 99, 122
Fitzwilliam Street, 49
Five Nations Championship, 83
Four Courts, 35, 103, 145, 153
Francis Street, 136
Franziskanerkirche, 139
Front Gate, 109

G

Gaelic Athletic Assiociation, 83
Gaelic Football, 83, 84
Gaelic League, 39
Gaiety Theatre, 150
Galilei, Alessandro, 207
Gallagher, Rory, 69
Gallery of Photography, 118
Gandon, James (Architekt), 35, 104, 145, 153, 161
Garden of Remembrance, 151
Gardiner, Luke, 152
Gate Theatre, 66, **149**, 150, 171
Gay, Sir John, 147
Geldfragen, 211
Geldof, Bob, 69, 70, 170

General Post Office, 148
Geographie, 210
Georg IV. (König), 171
George Webb, 118
Geschichte, 28
Gladstone, Premierminister, 38
Glasnevin, 177
Glencree, 188
Glendalough, 185
Gogarty, Oliver St. John, 110, 114
Goldsmith, Oliver, 59, 105, 108
Gonne, Maud, 114
Graduates Memorial Building, 110
Grafton Street, 79, 88, 111
Grand Canal, 122
Grattan, Henry, 40, 110
Great Denmark Street, 152
Greene's (Bücherladen), 118, 119
Greenore, 197
Gregory, Lady Augusta, 39, 146
Gresham Hotel, 148
Griffin, Gerald, 180
Griffith, Arthur, 39, 42, 177
Guinness (Bier), 87, 150
Guinness, Benjamin Lee, 138
Guinness-Brauerei, 103, 137
Guinness, Desmond, 138
Guinness, Sir Arthur, 28, 113, 137, 138

H

Haigh Terrace, 171
Hall-Walker, Colonel, 205
Halpin, Captain Robert, 172
Händel, Georg Friedrich, 28, 35, 129, 132, 153
Hanna, Fred, 118
Ha'penny Bridge, 103
Ha'penny Bridge (Buchhandlung), 118
Harcourt Street, 115
Harcourt Terrace, 115
Haughey, Charles, **52**, 70
Heaney, Seamus, 62, 118
Heinrich II. (König), 28, 30
Heinrich VIII. (König), 28, 31, 154
Henrietta Street, 99, 152
Henry Street, 149
Heuston Station, 103, 137
Hill of Dublin, 132
Hill of Slane, 193
Hill of Tara, 193, 197
Hodges Figgis, 118
Hollywood, 185
Home Rule, 39, 148
Home Rule League, 29
Hone, Nathaniel, 180
Hopkins, Gerard Manley, 115, 177
Hotels, 214
House of Commons, 105
House of Lords, 105
Howth, 178
Howth Castle, 179
Howth Yacht Club, 179
Hume Street, 114
Hurling, 84
Hyde, Douglas, 39, 110

I

ILAC-Zentrum, 149
International Bar, 150
IRA, 29, 41, 50
Ireland's Eye, 179
Irish Georgian Society, 138
Irish Horse Museum, 206
Irish Museum of Modern Art, 160
Irish National Theatre Society, 146
Irish Poor Relief Act, 38
Irish Republican Army, siehe IRA
Irish Volunteers, 35
Iveagh House, 115, 138
Ivory, Thomas (Architekt), 35

J

Jakob II., König, 28, 34, 105, 194
James's Street, 137
Japanische Gärten, 206
Jigginstown House, 203
John's Lane, 136
Johnson, Samuel, 108
Johnston, Francis, 104
Johnston's Court, 111
Joyce, James, 23, 39, 57, 70, 103, 114, 115, 119, 138, 149, 152, 172, 204
„Junges Irland", 38

K

Kapelle (Trinity College), 106
Karl I., 33
Kathedrale der hl. Brigid, 205
Kavanagh, Flash, 134
Kavanagh, Patrick, 49, 62, 70, 88, 122, 118
Kavanagh's (Pub), 89
Kells, 197
Kelten, 28
Kenny's (Pub), 109
Kerry House, 114
Kiely, Benedict, 118
Kildare, 203, 205
Kildare, Graf von, 135, 207
Killiney Bay, 173
Killiney Church, 173
Killiney Hill, 173
Killiney Strand, 173
Kilmainham Jail, 159
King's Inns, 145, 152
Kinos, 223
Kinsale, Schlacht von, 33
Klima, 210
Knowth, 194
Kommunikation, 212
Koralek, Paul, 108

L

Lambay Island, 179
Land League, 38
Lane, Sir Hugh, 151
Lansdowne Road, 169
Lanyon, Sir Charles, 106
Larkin, James, 41, 148, 177

Laytown, 196
Ledwidge, Francis, 193
Leeson Street, 113, 150
Lehare, Brendan, 108
Leinster House, 35, 45, 117, 129, 169
Leinster Lawn, 121
Lemass, Sean, 49
Leopardstown, 84, 163
Liberties, The, 79
Liberty Hall, 146
Library Act, 108
Liddy, Pat, 103
Liffey (Fluß), 23, 28, 30, 99, 103, 129
Liffey Bridge, siehe Ha'penny Bridge
Lincoln (Pub), 109
Literatur, 224
Long Room (Trinity College), 106
Lord Edward Street, 132
Louth, 196
Lutyens, Sir Edwin, 179
Lynott, Phil, 69

M

MacLiammóir, Micheál, 66, 149, 171
MacMurrough, Dermot, 30
MacNeice, Louis, 62
Madigan's (Pub), 89
Main Gate, 161
Malahide, 180
Mansion House, 28, 34, 116
Marino, 83, 180
Marlay Park, 189
Marlborough Street, 146
Marsh, Narcissus (Erzbisch.), 34, 136
Marsh's Library, 136
Martello Tower, 172
Martyn, Edward, 146
Mary's Lane, 153
Mathew, Father Theobald, 148
Mattock (Fluß), 196
Maturin, Reverend Charles, 61
„Maundy money", 105
Maynooth, 206
McCormack, John, 149, 206
McDaid's (Pub), 88
McGonagles, 150
McQuaid, Dr. (Erzbischof), 49
Meath, 193
Mellifont Abbey, 196
Merchant's Quay, 139
Merrion Square, 99, 119
Mespil Road, 122
Millmount, 195
Molesworth Street, 117
Monasterboice, 196
Monasterevan, 206
„Monto", 149
Moore, George, 39, 61, 114
Moore, Henry, 113
Moore Street, 75, 149
Moore, Thomas, 59, 110, 187
Mount Usher Gardens, 187
Mountjoy Square, 99, 152
Mourne Mountains, 189, 197
Moylough (Gürtelreliquiar), 119
Muiredach's Cross, 196
Mulligan's (Pub), 89

Municipal Corporation Act, 37
Municipal Gallery of Modern Art, 151
Museen und Galerien, 221
Music Festival of Great Irish Houses, 185
Music Hall, 28
Music Rooms, 132

N

Naas, 203
Nachtclubs, 223
National College of Art und Design, 136, 169
National Concert Hall, 115, 150
National Gallery, 116, 121
National History Museum, 169
National Library, 117, 169
National Maritime Museum, 171, 179
National Museum, 117, 119
National Stadium, 150
National Stud, 205
National Yacht Club, 171
Natural History Museum, 121
Navan, 197
Neary's (Pub), 88
Nelsonsäule, 103
Newgrange, 193
Newman House, 115
Nocturne, 134
North Bull Island, 178
North Bull Wall, 178
Northside, 99
Nützliche Adressen, 213

O

O'Brien, Flann, 57, 62, 60
O'Brien, William Smith, 147
O'Carolan, Turlough, 135
O'Casey, Sean, 23, 57, 62, 71, 147, 152, 154
O'Connell Bridge, 76, 103, 145, 169
O'Connell, Daniel, 29, 37, 103, 121, 147, 177
O'Connell Street, 147, 150
O'Connor, Frank, 62, 118
O'Connor, Ulick, 24
O'Donell, Red Hugh, 28
O'Donoghue's (Pub), 88, 150
Office of Public Works, 145, 159
O'Flaherty, Liam, 62
O'Higgins, Kevin, 46
Old Library (Trinity College), 106
Old Stand (Pub), 88
Olivier, Laurence, 188
Olympia Theatre, 130, 150
Omeath, 197
O'Neill, Hugh, 28
O'Neill's (Pub), 88, 109
O'Nolan, Brian, 49
Oranien, William III. von, 28, 34, 40, 105, 115, 194
Ormonde, Graf von, 135
Ormonde, Herzog von, 33, 159

P

Paperback Bookshop, 118
Parke, Robert, 104
Parkgate Street, 103
Parlament, 34, 130
Parnell, Charles Stewart, 29, 38, 148, 177, 186
Parnell Square, 149, 151
Parson (Buchhandlung), 118, 122
Pearce, Edward Lovett, 104
Pearse, Patrick, 29, 41
„Penal Laws", 28
People's Garden, 161
Pest, 28
Phoenix Park, 84, 160, 163
Plunkett, Oliver (Erzbischof), 195
Portmarnock, 180
Poulaphouca (Stausee), 185
Power's Whiskey, 136
Powerscourt (Schloßpark), 188
Powerscourt House, 188
Powerscourt Townhouse Centre, 111
Powerscout House, 35
Printing House, 105
Prospect-Friedhof, 177
Provost House, 110
Pubs, 87–89, 150, 219
Punchestown, 203
Purcell, Noel, 75
Purse, Sarah, 116

R

Radiators, 69
Rathaus, 130, 153
Record Tower, 131
Redmond, John, 41
„Relief Bill", 139
Rennbahn, 162
Restaurants, 216
Ringsend, 103
Ritter des Kolumban, 114
Robinson, Mary (Staatspräsidentin), 29
Robinson, William (Architekt), 34, 159
Roche, Stephen, 79
Rotunda Hospital, 35, 149
Roundwood, 188
Royal College of Surgeons, 116
Royal Dublin Fusiliers, 135
Royal Dublin Society, 45, 117, 163, 169, 177
Royal Exchange, 35
Royal Hibernian Academy, 114
Royal Hibernian Hotel, 111
Royal Hibernian Way, 111
Royal Hospital, 34, 159
Royal Irish Academy, 116
Royal Irish Yacht Club, 171
Royal St. George Yacht Club, 171
Royal-Dublin-Golfplatz, 178
Russborough House, 185
Russell, George, 39, 114
Rutland Fountain, 121
Ryan, John, 163
Ryan's (Pub), Meath Street, 89
Ryan's (Pub), Parkgate Street, 89

S

Sandycove, 172
Seanad (Senat), 117
Sechnaill II., König Mael, 24
SFX Hall, 150
Shakespeare, 106
Shaw, George Bernard, 23, 29, 57, 115, 119, 121, 173
Shelbourne Hotel, 114
Shell House, 206
Sheridan, Richard Brinsley, 152
Simmonscourt-Pavillon, 169
Simnel, Lambert, 133
Sinn Féin, 29, 41, 45, 145
Sitrick „Seidenbart", 132, 179
Slane, 193
Slane Castle, 193
Slattery (Pub), 150
Smithfield Market, 163
Smock Alley Theatre, 130
Smyth, Edward, 145
Southside, 99
Sport, 223
Spring Show, 169
St. Andrew Street, 130
St. Andrew's Church, 130
St. Anne's Church, 116
St. Begnet, 172
St. Catherine's Church, 137
St. Colmcille's House, 197
St. Doulagh's Church, 180
St. Doulagh's Lodge, 180
St. Erc, 193
St. George's Hall, 132
St. John's Castle, 196
St. John's Catholic Church, 171
St. Kevin's Bed, 186
St. Kevin's Cross, 186
St. Kevin's Kitchen, 186
St. Lawrence's Gate, 195
St. Mary's Abbey, 154, 179
St. Mary's Church, 153
St. Mary's Pro Cathedral, 37, 123, 149
St. Michan's Church, 153
St. Patrick-Dekanei, 136
St. Patrick's Cathedral, 28, 31, 58, 123, 129, 134, 138
St. Patrick's College, 206
St. Patrick's Hall, 131
St. Patrick's Hospital, 137
St. Peter's Church, 195
St. Stephen's Green, 113, 138
St. Teresa, 111
St. Werburgh's Church, 133
Stadtrundgänge, 219
Stag's Head (Pub), 89, 109
Stapleton, Michael, 114, 152
State Apartments, 131
Steeven's Lane, 137
Stephen's Green, 76, 79
Stephens, James, 39, 62
Stoker, Bram, 61, 110
Stowe-Missale, 116
Strafford, Graf von, 33
„Strip", 150
Strongbow, 30, 133

T

Swift, Jonathan, 23, 28, 34, 57, 58, 129, 134, 137, 207
Switzers, 111
Synge, John Millington, 61, 110, 146
Synge Street, 115

Tailor's Hall, 134
Tallaght, 185
Tara-Brosche, 119
Temple Bar, 130
The Hut (Pub), 89
The Liberties, 89
The Plough (Pub), 89
The Pogues, 69
Theaterfestival, 150
„Thingmote", 130
Thomas, Silken, 31
Thomas Street, 136
Three Fates Fountain, 113
Throne Room, 132
Tilted Wig (Pub), 89
Tone, Wolfe, 28, 35, 40, 110, 172, 204
Toner's (Pub), 89
Torca Cottage, 173
Transportmittel, 213
Trim, 197
Trinity College, 28, 31, 35, 59, 105, 109, 130
Turner, Richard, 177
Tyrconnell, Graf von, 34

U, V

U2, 70, 69
Ulysses, 39, 57, 138
Underground, 150
United Irishmen, 28, 35, 129
University College Dublin, 115
Unterkünfte, 214
US-Botschaft, 169
Valera, Eamon de, 29, 42, 45, 46, 159
Van Morrison, 69
Velure, 150
Veranstaltungen, 220
Vereinte Nationen, 29
Veritas Bookshop, 118
Viktoria, Königin, 38

W

Waterfront, 150
Wedgewood Room, 132
Weir, 111
Welles, Orson, 149
Wellington Monument, 161
Wentworth, Thomas, 33, 203
Westbury Hotel, 113
Westkreuz, 196
Westmoreland Street, 104
Whiskey, 87
White Rock, 173
Wicklow, 185
Wicklow Mountains, 173, 185
Wicklow Street, 113
Wicklow Way, 189

Wikinger, 24, 30, 185
Wilde, Oscar, 23, 84, 110, 115, 121, 151
Winding Stair, 118
Windmill Lane, 69
Wood Quay, 103, 139
Woodenbridge, 187
Woodward, Benjamin, 110

Y, Z

Yeats, Jack B., 121
Yeats, W. B., 23, 39, 40, 57, 61, 114, 121, 146
Yellow Steeple, 197
Zee Books, 118
Zoll, 211
Zoo, 162
Zweiter Weltkrieg, 47